史记20讲

黄玉峰　王召强○主编
虞　宙○编著

上海科学技术文献出版社
Shanghai Scientific and Technological Literature Press

图书在版编目（CIP）数据

史记二十讲／虞宙编著．—上海：上海科学技术文献出版社，2021
（中学生整本读经典丛书）
ISBN 978-7-5439-8249-9

Ⅰ．①史… Ⅱ．①虞… Ⅲ．①中国历史—古代史—纪传体②《史记》—青少年读物 Ⅳ．①K204.2-49

中国版本图书馆CIP数据核字（2021）第003017号

策划编辑：张 树
责任编辑：苏密娅
封面设计：留白文化

史记二十讲
SHIJI ERSHI JIANG
黄玉峰 王召强 主编 虞 宙 编著
出版发行：上海科学技术文献出版社
地 址：上海市长乐路746号
邮政编码：200040
经 销：全国新华书店
印 刷：常熟市人民印刷有限公司
开 本：720mm×1000mm 1/16
印 张：21.5
字 数：339 000
版 次：2021年2月第1版 2021年2月第1次印刷
书 号：ISBN 978-7-5439-8249-9
定 价：68.00元
http://www.sstlp.com

目录

自序

一

《史记》，是中国文化的一块瑰宝，在史学、文学乃至哲学、军事、地理等方面都有着开创性的意义和至高的地位。自从《史记》问世以来，对它的评价汗牛充栋，多为褒奖之辞。这里只举两个例子：

> 通才著书以百数，惟太史公为广大，余皆丛残小论。
>
> （桓谭《新论》）

> 余尝论《史记》之文，类大禹治水，山海之鬼怪毕出；黄帝张乐，洞庭之鱼龙怒飞，此当直以文章论。而儒家以理学捃束之，史家以体裁义例掎摭之，太史公不受也。
>
> （陈继儒《史记定本序》）

前者侧重《史记》思想之博大精深，后者张扬《史记》文章之超拔华美，与鲁迅所说“史家之绝唱，无韵之《离骚》”大致类同。本书并非《史记》研究的专著，于此不便赘述。总之可以明确，《史记》确然是一部伟大精彩的著作，当得起时间与世人的考验，值得我们细细品读，且无论怀有怎样的态度、通过怎样的视角，读者总能满载而归，欣然有所得。

我从中学便开始阅读《史记》，大学本科、硕士期间更把《史记》当作研究方向。七年之中，虽然愚钝懒散，终究有了些心得体悟。因为本书面向中学生或一般的文史爱好者，我便不再引述前贤专家的各种观点（那些观点篇幅较长，也略显深刻专业），而是谈谈我对《史记》的一些管见，以及《史记》对于当代青年人的意义。

二

青年人读《史记》，首先要感受到它勇敢自信的创造精神。

初中生都能毫不犹豫地背诵《史记》的性质，“中国第一部纪传体通史”，程度好些的同学还能具体解释何为纪传体、何为通史。然而在熟稔的念诵中，他们或许不能体会到“第一部”这三个字背后的力量与光芒。须知，司马迁在撰写《史记》时，面前并没有任何体例可以效仿；同时，《尚书》《春秋》这样的经典已然耸立于前，不容置疑。扬弃前贤的名作，开创独属于自己的史传体例，这需要作者莫大的勇气和朝气蓬勃的自信。而司马迁，恰恰同时拥有这两种可贵的精神，恰如他在《报任安书》中所言：

> 亦欲以究天人之际，通古今之变，成一家之言。

根据《报任安书》的前文，这“亦欲”之“亦”对应的，是作《周易》的周文王、著《春秋》的孔子、写《离骚》的屈原和撰《孙子兵法》的孙武——他们俱是各自领域具有首创性的巨擘，不拘泥于旧制，旺盛于创造，终于成就他们的“一家之言”。现在，凭借“纪传体”的体例和“以人传史”的洞见，司马迁也可以当之无愧地和他们站在一起，成为史学、文学领域的大家。当然，这种创造并非无中生有的狂妄之举，而是站在前人肩膀上的坚实开拓。

一个民族的进步与发展，离不开这种创造精神。古代中国的强盛和当代世界强国的崛起，都得益于他们锐意进取、开天辟地的种种创举。今日之中国正站在变革的门槛上，更是迫切需要年轻人敢于研究、勇于创造，而不是安于丰富舒适的物质享受，乃至山寨各种不入流的“尖端产品”。

面对《史记》，我们还要传承它抑强助弱的人道关怀。

客观地说，历史的确是胜利者书写的。就古代官修史书而言，在保证基本真实的前提下，作史者总会美化、歌颂当朝的统治者和权贵。司马迁也免不了受到这样的压力，例如《高祖本纪》中记载了刘邦早年的种种“神迹”。以他的智慧或许不难看穿其中的把戏，但付诸纸笔，依然一副庄严肃穆的风格（细读此段，还是能从微言法中体会到太史公的揶揄）。

与之相应的，则是“弱势群体”被忽略、被歧视、被压迫的残酷处境。《史记》的可贵，就在于它对弱者天然的关怀和对强者自觉的反省。约略言之，《史记》总是能从道德、纪律、才华等方面严格审视强者，同时不吝笔墨书写弱者的无奈、苦楚，乃至闪光点，进而引导读者反思前者，同情后者。这种人道关怀在“李陵之祸”中体现得尤其充分：面对“强者”汉武帝的凌然盛怒，满朝文武竟无一人为李陵辩护（哪怕只是谨慎地谏言），只有看似孱弱的司马迁挺身而出，从容引述李陵的为人、战斗的过程、败绩的真相，哪怕明知要付出生命的代价也无所畏惧——是的，抑强助弱需要一种大无畏的气概，因为这样的关怀常常引来强者的反感和群氓的误解。即便救弱者于水火，关怀者本人也不会得到什么物质上的收益，反而会有相当多的付出和牺牲。在这个时代，这种反其道而行之的关怀，正需要被大声呼吁！

青春是不断挑战自我又屡遭挫折的年纪，所以细读《史记》，我们很需要它奋发向上的士人价值观。

司马迁的时代距离战国并不遥远，战国士人“思想自由、平治天下”的风气依然昌盛，司马迁本人对此更有明确的自觉意识。《太史公自序》中他追述历代先祖的丰功，神往周公作礼乐、孔丘作《春秋》的伟业，亲自游历大半个中国，探访诸多故老遗迹，直至他与壶遂对话时畅谈作《史记》的雄心——这些都是司马迁“志在高远、礼抗王侯”的士人价值观的体现。

这种价值观念下，士人并非完全依附于君王，而有着独立的意志，君王有道则循循善诱，君王无道亦可拂袖而去，并不效什么愚忠。面对内外的挫折，士人也决不轻易低头放弃，而是咬紧牙关、潜心反思，不找回自己的名誉则誓不罢休。本书所选的《平原君列传》《魏公子列传》《豫让列传》，都是典型的例子。青年人在成长过程中，很容易遇到各种困难，也因为经验的短缺和意志的薄弱，最容易打退堂鼓。阅读这些热血沸腾的篇章，不啻为很好的激励与指引。

《史记》的文学价值，在二十四史中可谓鹤立鸡群。在学习读写的青春岁月中，《史记》争奇蕴玉的文章风格也是妙不可言的指南针。

所谓“争奇”，侧重内容选取上的特殊之处。史书的撰写看似没有什么发挥余地，司马迁却为后代史家树立了丰富的“选材空间”的标杆。大处而言，他继承了《左传》以来详写战前战后情况、略写战争过程的优良传统，其实质是“重挖掘事件之成因，轻描述事件之过程”的高明眼光。小处来看，司马迁善于挖掘一些“无关宏旨”的细节，来彰显人物的性格和事件的特性。《留侯世家》中张良拾履而见其诚挚，《陈丞相世家》中陈平袒露上身渡船而见其冷静多智，《刺客列传》中荆轲被盖聂吓退而见其志大才疏，都是令人难忘的妙笔。

所谓“蕴玉”，偏指写作手法上的出新和韵味。《史记》中独创的表现手法有互见法、微言法、侧笔法等（在本书中均有不同程度提及），勾连起五十二万字的《史记》，使之前后贯通，浑然一体。更叫人赞叹的，是《史记》“含而不露”的韵味。哪怕司马迁心中有一团烈火，他也总是娓娓写来，于无声处点睛几笔，反复品味后可以体会一二，几经反思后方能击节叫好。这里姑且举一个我颇欣赏的例子。

《彭越列传》中有“于是上使使掩梁王，梁王不觉，捕梁王”一句，同样的内容在《汉书》中则被班固改写成“于是上使使掩捕梁王”。从表达简洁的角度看，《汉书》修改很是得当。但从文章角度看，《史记》的三个短句主语各异（上、梁王、使），情态不同（阴使、浑然不知、迅雷不及掩耳），描写更为生动传神，突出了高祖的蓄谋已久和梁王的毫无防备，进而暗示太史公对梁王的同情态度和对朝廷高压政策的反思——如此雅乐，莫说孟坚难及，之后的二十二部史书中，也难闻回响。

这颗“不甘平庸、直刺要害”的文心，是每个写作爱好者的榜样。从我们笔端流淌出来的文字，不只要保证内容的准确与完整，更要力求阅读的惊奇与回味。如此，我们才能不断激起表达的欲望，汉语才能保持旺盛的生命力。

最后从现实角度而言，因其规范全面的文言范式，《史记》也是中学生绝好的文言学习材料。几乎所有课本中的词汇和语法现象，在《史记》中都有丰富体现，而且都是生动鲜活的语言现象。只要认真阅读《史记》（至少认真阅读本书），青年学生并不需要枯燥刷题，而是在津津有味的品读过程中便能自然掌握这些词汇和语法（当然本书也配套了适量的习题，具体指导详见后文），所谓珍贵的“语感”，大致如此。

三

本书是带有辅导性质的读本，所以我不能免俗，要介绍一下编写初衷和使用建议。

市面上的文言教辅读物累叠如山，大都也会选编一些《史记》的篇目，并配上若干习题。这些读物最大的问题，是以“文言知识”为中心、以“高考题型”为主干，把文质并美的文章当作纯粹的刷题对象，殆同牛嚼牡丹、煮鹤焚琴，无法引导学生体会《史记》的诸多优点。长此以往，更可能磨灭青年学生对于文言文和传统文化的兴趣。本书则专注《史记》一书，立足整体关照，精选重点篇目，以较有代表性、可读性的四十篇选文，勾勒出《史记》的轮廓和精华。配套的习题也不止于基础知识训练，而加入许多对《史记》文学、史学、思想方面的思考，帮助学生真正走入太史公的世界，提升个人的思维水平。

当然也有许多名家编选过《史记》选本，深入浅出、各富洞见。如此，本书价值何在？笔者觍颜而道：我以十年高中语文教师的经历，尽力挑选最匹配当下学生趣味的篇目，加入最贴近高考能力要求的习题——名家选本，或不擅于此道，小子庶可弥补一二。

本书共有二十讲、四十篇选文，来自《史记》的三十六篇本纪、世家、列传、书，基本可以体现《史记》的整体面貌。其中，《史记》五体中的“表”因为体例特殊，不予选入。出于主题之考虑，有两篇合传被拆分。另选入《报任少卿书》以体现司马迁作史之心迹，对读《汉书·彭越传》以彰显《史记》文史之特长。

本书每单元都有两篇选文，彼此存在一定的关联。或是人物身份相似，或是性格对立，或是同属一个主题，或是写作意图类同。每个单元的第一篇选文前，写有编选该单元的初衷，供读者参考。总之，希望读者能思考两者的关联，推测司马迁的态度，进而体会《史记》作为“一本书”，而非“一篇文章”的妙处。当然这只是我个人的拙见，决不能代表太史公本人的想法，或许也有不当之处。另外，对于这些选文我还撰写了十多篇小文章，结合前人的研究成果与自己阅读的浅见，试图通过一个个具体鲜明的角度来探析《史记》的史学价值或文章之美，也希望为大家理解《史记》提供一些参考和铺垫。

读者完成一篇选文，建议按照“阅读原文—完成词汇语法练习—再次通读全文—完成剩余思考题”的顺序进行。前半程的“课堂检测、文言积累、阅读提示”侧重文言基础的巩固，对中学生文言文能力之提高颇为实用。后半程的“咬文嚼字、合作探究、读史明理”意在文章赏析、辨析能力的提高，希望对提升思维和表达能力有所裨益。选文后的题解与注释力求精练明晰，帮助读者在“不查词典”的情况下读通文章（若是为了文言训练请务必留意，当然完成习题后复查词典也很有必要）。完成整篇选文，大概需要40—60分钟时间，稍有快慢无所谓，尽量保证阅读和做题过程的“完整”才是最重要的。

本书最后附有参考答案，皆由本人撰写，学识浅陋，势必存在疏漏错误，还望读者不吝指教。至于《史记》译文，市面上的译本和网络上的解析很多，不难查找。为读者考虑，本书便不再附上相关译文。

四

再补充说明几点。本书的选文和注释，主要依据韩兆琦先生编著的《史记笺证》。该书考订详尽、引证丰富，是本书最坚实的基础。本书习题所引前人评价，也主要源于韩先生的著作，间或援引张大可、安平秋、俞樟华三位先生主编的《史记研究集成》，该书是《史记》研究的集大成之作，亦不失独到之处。

本书的思考题（即“咬文嚼字、合作探究、读史明理”三部分），并无一定之答案，所以书后所附不过是我的一孔之见。希望借此让大家感受《史记》在思想和文采上的魅力，并生发更多思考。个别题目或许略难，也不必强求对答如流，思考之后再浏览参考答案，有所裨益也很好。

本书第十九讲编选了《彭越列传》和《汉书・彭越传》，这是《史记》研究的一个大题目，即“班马异同”（班固、司马迁著作之异同也），也是我本科研究的对象。在彭越这个争议人物的身上，格外能够体现司马迁之于班固乃至后代文人的区别。读者如有兴趣，不妨更多阅读《史记》《汉书》“重合”的篇目，大至立传选择，小到字词差异，都很富意味，值得反复吟咏。

如果浏览完本书还不觉满足，对《史记》产生更多兴趣，建议读者阅读《史记》更多篇章乃至全书。前面提及的韩兆琦先生的著作，自然是很理想的选择。程度稍好的朋友，也可以径直阅读中华书局版的《史记》，更加原汁原味。如果想要看一些研究《史记》的专著，我冒昧推荐以下三本：

《史记讲座》（韩兆琦）。这是很适合初学者的入门读物，全面而不失精炼，独到而不失中正。

《中国史官文化与〈史记〉》（陈桐生）。陈先生是我最喜欢的《史记》学者，他能潜心阅读一般人忽略的材料，更有常人所不及的高见，学风扎实，独立直言。这本书是他的博士学位论文，最为精彩。

《两汉思想史・第三卷》（徐复观）。这本书并非《史记》研究专著，但第三卷中有相当篇幅专论《史记》和班马异同。徐先生站在整个汉代思想史的高度审视太史公，又不厌其烦地从选材、立意、文字等角度详细分析《史记》的得失，思辨精当，文风畅达，情感充沛，正是一种青春洋溢的文字。

最后，很想感谢引导我走进《史记》大门的程怡老师、指导我本科毕业论文的方智范老师和指导我硕士毕业论文的彭国忠老师，以及执教"《史记》选读"、给予我许多关怀的王冉冉老师，还有认真阅读我论文的陈桐生老师（虽然只是一封电子邮件的往来，但陈先生言辞恳切，温言劝勉，至今长留我心）。各位师长学识渊博，为人严谨正直，是我做人、行事的榜样。同出于华东师范大学的王召强学长，给予本书最直接的指导和鼓励，我也衷心感谢。

《史记》之路从此书开始，请与我同行，高山仰止，必有一路风光。

第一讲　仁君与仁政

主题导读

“仁”，是中国古代帝王追求的最高道德境界。而经过一代代儒家先贤的诠释称颂，黄帝、尧、舜等五位帝王已成为公认的“仁君”；“郁郁乎文哉”的周朝，也是孔子心目中近乎完美的盛世。追溯历史，求诸史料，司马迁试图还原五帝和周朝的真实面貌，进而用史实而非传说来明确：何为“仁君”、何为“仁政”？

五帝本纪

① 黄帝者，少典之子(1)，姓公孙，名曰轩辕。生而神灵，弱而能言，幼而徇齐(2)，长而敦敏，成而聪明。

② 轩辕之时，神农氏世衰(3)。诸侯相侵伐，暴虐百姓，而神农氏弗能征。于是轩辕乃习用干戈，以征不享(4)，诸侯咸来宾从。而蚩尤最为暴(5)，莫能伐。炎帝欲侵陵诸侯(6)，诸侯咸归轩辕。轩辕乃修德振兵，治五气，艺五种，抚万民，度四方，教熊罴貔貅貙虎，以与炎帝战于阪泉之野(7)。三战，然后得其志。蚩尤作乱，不用帝命。于是黄帝乃征师诸侯，与蚩尤战于涿鹿之野，遂禽杀蚩尤。而诸侯咸尊轩辕为天子，代神农氏，是为黄帝。天下有不顺者，黄帝从而征之，平者去之(8)，披山通道(9)，未尝宁居。

③ 东至于海，登丸山，及岱宗。西至于空桐，登鸡头。南至于江，登熊、湘。北逐荤粥，合符釜山，而邑于涿鹿之阿(10)。迁徙往来无常处，以师兵为营卫。官名皆以云命，为云师(11)。置左右大监，监于万国。万国和，而鬼神山川封禅与为多焉(12)。获宝鼎，迎日推策(13)。举风后、力牧、常先、大鸿以治民(14)。顺天地之纪，幽明之占，死生之说，存亡之难(15)。时播百谷草木，淳化鸟兽虫蛾，旁罗日月星辰水波土石金玉(16)，劳勤心力耳目，节用水火材物。有土德之瑞，

故号黄帝[17]。

④ 黄帝二十五子，其得姓者十四人[18]。

⑤ 黄帝居轩辕之丘，而娶于西陵之女，是为嫘祖。嫘祖为黄帝正妃，生二子，其后皆有天下：其一曰玄嚣，是为青阳，青阳降居江水；其二曰昌意，降居若水[19]。昌意娶蜀山氏女，曰昌仆，生高阳，高阳有圣德焉。黄帝崩，葬桥山[20]。其孙昌意之子高阳立，是为帝颛顼也。

⑥ 帝颛顼高阳者，黄帝之孙而昌意之子也[21]。静渊以有谋，疏通而知事；养材以任地，载时以象天[22]，依鬼神以制义，治气以教化[23]，絜诚以祭祀[24]。北至于幽陵，南至于交阯，西至于流沙，东至于蟠木[25]。动静之物，大小之神，日月所照，莫不砥属[26]。

⑦ 帝颛顼生子曰穷蝉。颛顼崩，而玄嚣之孙高辛立，是为帝喾[27]。

⑧ 帝喾高辛者，黄帝之曾孙也。高辛父曰蟜极，蟜极父曰玄嚣，玄嚣父曰黄帝。自玄嚣与蟜极皆不得在位，至高辛即帝位。高辛于颛顼为族子。

⑨ 高辛生而神灵，自言其名。普施利物，不于其身。聪以知远，明以察微。顺天之义，知民之急。仁而威，惠而信，修身而天下服。取地之财而节用之，抚教万民而利诲之[28]，历日月而迎送之[29]，明鬼神而敬事之。其色郁郁，其德嶷嶷[30]。其动也时，其服也士[31]。帝喾溉执中而遍天下[32]，日月所照，风雨所至，莫不从服。……

⑩ 太史公曰[33]：学者多称五帝，尚矣[34]。然《尚书》独载尧以来；而百家言黄帝，其文不雅驯，荐绅先生难言之[35]。孔子所传《宰予问五帝德》及《帝系姓》，儒者或不传[36]。余尝西至空桐，北过涿鹿，东渐于海，南浮江淮矣，至长老皆各往往称黄帝、尧、舜之处，风教固殊焉，总之不离古文者近是[37]。予观《春秋》《国语》，其发明《五帝德》《帝系姓》章矣，顾弟弗深考，其所表见皆不虚。《书》缺有间矣，其轶乃时时见于他说。非好学深思，心知其意，固难为浅见寡闻道也。余并论次，择其言尤雅者，故著为本纪书首[38]。

题解

本文节选自《史记》。《史记》是中国第一部纪传体通史，共一百三十篇，五十二万字，记事上起轩辕黄帝，下迄汉武帝太初年间，共两千多年的历史。全书内容体大思精，包罗广泛，分为“本纪、表、书、世家、列传”五个部分，以人物为历史的中心，从不同纬度勾勒出历史发展的轨迹，遂成为中国正史的发端之作。

本篇记述了黄帝、颛顼、帝喾、尧、舜等五位古代帝王的事迹，他们统一各族，推行教化，奠定了中华文明的基础。本篇中尧、舜之事略显杂乱重复，故本文只摘录了前三位帝王的事迹与文末的“太史公曰”。

注释

(1)少典：诸侯国名，此指黄帝是少典氏的后代。(2)此指黄帝一出生就出奇的睿智，几个月就能开口说话，七岁便思维敏捷。徇：快。(3)神农氏：古帝王名，因其教人耕稼，故曰“神农”。有说是部族名。(4)不享：应朝拜而不来朝拜。(5)蚩尤：古代的部落领袖名，相传是各种兵器的发明者，以好战著称。(6)炎帝：或曰少典之子，黄帝之弟；或曰另一个部族领袖名。(7)振兵：调集军队、进行动员。五气：仁、义、礼、智、信五种基本道德观念。艺五种：种植稻、黍、麦、菽、稷五谷。教熊罴貔貅貙虎：驯化六种猛兽，用于战场。(8)平者去之：对那些表示归服的，即率兵离去。平：归顺。(9)披：开辟。(10)此处多为地名。丸山：今山东临朐县东北。岱宗：泰山。空桐：也作崆峒山，今甘肃平凉市西北。鸡头：山名，今宁夏泾源县北。熊、湘：熊耳山、湘山，今湖南洞庭一带。荤粥：古代北部的民族名，即后之匈奴。合符：验证信物。釜山：今河北怀来县东。阿：平地。(11)指黄帝受命有云瑞，故以云纪事，官名皆用云的名称，军队也以云命名。(12)鬼神山川封禅：指各种祭祀之事。与为多焉：数他最多。(13)迎日推策：制订原始的历法。(14)风后、力牧、常先、大鸿：这些都是传说中辅佐黄帝的重臣。(15)纪：法则。幽明之占：阴阳二气变化的道理。难：论辩，诘难。(16)此处意指观测天文，开发地力。(17)此指黄帝以土为尊贵，其色尚黄，故号称黄帝。这是战国邹衍阴阳五行与五德终始之说的附会，至汉时已成根深蒂固之正统观念。(18)此指有十四人受过分封，有过领土，得以别立为姓。(19)降居江水：被分封到江水(今四川岷江)立国。若水：即今四川西部雅砻江。(20)桥山：今陕西黄陵县西北。(21)颛顼(zhuān xū)：颛顼、高阳，何者为名，何者为号，说法不一。(22)载时以象天：根据天象运行来规定四季。载：履行，规定。(23)治气以教化：制订阴阳五行的原则来教化人民。气：由阴阳推衍出来的伦常关系。(24)絜诚：祭品洁净，态度虔诚。絜，通“洁”。(25)幽陵、交阯、流沙、蟠木：皆为地名，分别位于今北京市、越南河内市、内蒙古西部沙漠、东海。(26)砥属：归属。(27)高辛、帝喾的字、号之分，也各有说法。(28)利诲：引导、教诲。(29)此指依照日月运行的规律定制历法节气，并按节气举行迎送的祭祀之礼。历：观测，推算。(30)郁郁：神态肃穆宽和的样子。嶷嶷(yí)：崇高的样子。(31)其服也士：身穿一般士人的衣服，不奢侈。或曰像一般士人那样工作，勤劳不息。(32)此指帝喾治民若水之灌溉，平等中正，惠及天下。(33)太史公曰：司马迁对传记正文的说明或议论，源于《左传》《国语》的“君子曰”，后代史书也有书之为“赞曰”。太史公，是司马迁的自称，因其曾任职太史令。(34)尚：久远。(35)百家：此指儒家以外的其他诸家。不雅驯：荒诞、不正经。荐绅先生：有身份的人。荐绅，通“缙绅”，指官僚、士大夫。(36)此指二书皆不正经，汉代儒者以为非圣人之言，故不学习传播。(37)“风教”两句，指各地有关五帝的传说虽有差别，但总体来看它们和《宰予问五帝德》《帝系姓》两书的内容基本一致。(38)论次：整理、编排。著为本纪书首：写成“本纪”的第一篇。

课堂检测

1. 解释加点字，指出个别加点字的用法。
2. 指出划波浪线的句子在句式上的特点，并翻译成现代汉语。

文言积累

1. 下列选项中加点字词性活用与其他三项不一样的是 （　　）

A. 诸侯咸来宾从　　B. 官名皆以云命，为云师

C. 时播百谷草木　　D. 其动也时

2. 将下列句子翻译成现代汉语。

非好学深思，心知其意，固难为浅见寡闻道也。

阅读提示

1. 根据选文，制作一张黄帝家族的简明家谱，注明人物之间的关系。

2. 根据第②段，谈一谈黄帝为何归化炎帝、杀死蚩尤。

3. 根据第③段，归纳黄帝政教的主要内容。

咬文嚼字

分析下列语段中个别字词的表达作用。

轩辕之时，神农氏世衰。诸侯相侵伐，暴虐百姓，而神农氏弗能征。于是轩辕乃习用干戈，以征不享，诸侯咸来宾从。而蚩尤最为暴，莫能伐。炎帝欲侵陵诸侯，诸侯咸归轩辕。轩辕乃修德振兵，治五气，艺五种，抚万民，度四方，教熊罴貔貅貙虎，以与炎帝战于阪泉之野。三战，然后得其志。蚩尤作乱，不用帝命。于是黄帝乃征师诸侯，与蚩尤战于涿鹿之野，遂禽杀蚩尤。而诸侯咸尊轩辕为天子，代神农氏，是为黄帝。天下有不顺者，黄帝从而征之，平者去之，披山通道，未尝宁居。

1. 文中有三处“咸”，后两处是否可以省略？

2. “是为黄帝”这句话似乎多余，能否省略？

合作探究

1. 南宋学者黄震评论本文道：“然黄帝杀蚩尤与云纪官，才一二事，若封禅事已不经。”结合选文，分析“不经”之事的影响。

2. 清代学者李邺嗣评论本文道:"实太史公之谏书也。"想象你是一位刚即位的君主,你能从本文中得到什么治国理政的借鉴?

____

____

读史明理

1. 清代学者杨峒评论本文道:"篇内叙五帝之世,全用《五帝德》及《帝系》之文,二篇皆由孔氏,故子长谨而著之。"联系选文的内容,分析《史记》"谨"的内涵。

____

____

2. 明代学者陈仁锡评论本文道:"史公作本纪有二体,五帝、三王纪,编世也;秦、汉纪,编年也。"联系原文,分析本文"编世"的体现,并谈谈你的看法。

____

____

深度解析

仁君的意义

——解读《五帝本纪》

中华文明悠久绵延,源头实难考证。司马迁抛开传说中的"三皇",以黄帝、颛顼、帝喾、尧、舜等五位仁君作为《史记》的开篇,自有他的思考。细读本文,反观当下社会百态,应能体会太史公的用心。

大一统的期待

《五帝本纪》记载黄帝,有"诸侯咸来宾从""诸侯咸归轩辕""而诸侯咸尊轩辕为天子"的描述。短短一段,两百多字的篇幅,连续出现三个"咸"字,说明这不是一个巧合,而标识着作者对黄帝的关键理解。

推究"咸"字的上下文,指向大致相同:乱世征伐中,众多弱小诸侯畏惧强者的侵扰,故齐心归顺黄帝。由此,司马迁在《史记》中树立了"大一统"的基本理念:民众和诸侯渴望统一,拥有强大实力的王者便能受到众人的拥戴(当然,并非所有的王者都值得歌颂，解读《秦始皇本纪》时可具体对照）。这是因为分裂的状态下，会有持续不断的战斗，众人不堪其扰，急需一位有力的统治者来结束纷争的局面，开创大一统的新时代。这种心态的实质，是对和平、安定生活的向往，符合人类的本性，为文明的发展提供了空间。司马迁以三个“咸”字凸显黄帝的号召力，确实是一种先进的历史观。

农本思想的奠基

黄帝统率诸侯之后，有“艺五种”“时播百谷草木”的记载。“五种”即五谷，指的是稻、黍、麦、菽、稷等五种谷物。五谷之名，在《周礼》《孟子》《楚辞》等典籍中也有记载，大同小异，可见其对先民的重要性。在一个大陆文明的国家，农业的基础作用格外明显。所以历代开国君主革弊推新，必然会鼓励农耕、减免赋税，以期农人能安心本业，精耕细作，保证国家稳定的粮食来源。时至今日，农业依然是重要的第一产业，在国民生产总值中的占比虽远不如第二、三产业，但基础地位不可动摇。

传统农业非常依赖天时地利，然而旱涝无常，先民防治天灾的能力又远不如今时，所以农本思想必然衍生出“克勤克俭”的精神，这才能在莫测的天意中尽量保存粮食，抵御时艰。《五帝本纪》中黄帝“节用水火材物”，颛顼“养材以任地”，帝喾“取地之财而节用之”，如出一辙地告诫世人：勤俭节约，是中华民族的传统美德。时光荏苒，这种美德并未随生产力的高速发展而过时，而是以“环保”“可持续发展”的面目继续融入新时代，成为文化传承中的高光之处。

身教大于言传的力量

既然要教导百姓勤俭节约，黄帝便“迁徙往来无常处”，以至“未尝宁居”；帝喾也“修身而天下服”。这便揭示了当国者治天下的一个关键——成为“身体力行”的道德标杆。简言之，君主身居高位，就应实践自己倡导的诸多品行，使天下子民心服口服，齐心向善。绝不能凭借高位行使特权，骄奢淫逸，独立于道德约束之外。

五帝时代“中国”的范围，远小于秦汉（仅限于黄河中下游流域的一小片土地），人口也并不多（历史学家宋镇豪认为夏初的人口在二百四十万左右，五帝时代的人口当更小于此数），所以君主的一言一行，往往都落在民众的眼里，毕现无遗。黄帝、帝喾“言行一致”的形象，是实行节俭政令最好的助推器。由此，“身教大于言传”的文化基因在民族心理中扎根，渐渐成为亘古不变的传统。就其实质看，这反映了先民对“诚信”品质的认同和追求，这一品质值得我们每个人践行传承。

“天人之际”的分野

黄帝一统各部落后，“鬼神山川封禅与为多焉”。这看似是装神弄鬼的行为，但《五帝本纪》还写到“顺天地之纪，幽明之占，死生之说，存亡之难”，这个“顺”字表明了黄帝对待人力难解之事的态度：顺其自然，不否认也不张扬。这其实是一种很高明的态度。因为凭借当时的科学文化水平，人们尚不能摆脱对鬼神之事的迷信，表面顺应“天意”，实际致力“人心”的对策，是黄帝所能采取的最佳方案。如此，既不会引发民众的恐慌和迷惑，更能激励众人的干劲和信心，是一种先进的措施。沿至颛顼，“依鬼神以制义，治气以教化”，更明显点出“制义、教化”的人文目的。帝喾“明鬼神而敬事之”的做法，则几乎与孔子“不语怪力乱神”的态度一致。可见，我们的祖先很早就摆脱了愚昧状态，开始理性思考，关注现实生活，体认世间万物。

其实有关五帝的传说很多，最著名莫过黄帝“鼎湖飞天”的故事。对此司马迁做了毫不犹豫的剪裁，只记录到“获宝鼎”为止，不再引申至玄妙的传奇。这种自觉行为彰显了他的价值取向：在不否认“神力”的基础上，主动回避人力所不及的话题，转而关注理性所能辨析的人间事务——这就是可敬的“究天人之际”。

司马迁此举，还有隐隐讽谏汉武帝的意图。武帝为求长生不老，广征术士，遍寻丹药，更以黄帝为仙人。《五帝本纪》多记黄帝实事，还原其“凡人”的面目，正了视听，也拆了武帝的台。更可叹的是，某些可笑的迷信至今还盘旋在世界的各个角落，引发悲剧或危机。重读《史记》，恐怕并不过时。

周本纪

① 周后稷，名弃(1)。其母有邰氏女，曰姜原。姜原为帝喾元妃。姜原出野，见巨人迹，心忻然说(2)，欲践之，践之而身动如孕者。居期而生子(3)，以为不祥，弃之隘巷，马牛过者皆辟不践；徙置之林中，适会山林多人，迁之；而弃渠中冰上，飞鸟以其翼覆荐之(4)。姜原以为神，遂收养长之。初欲弃之，因名曰弃。

② 弃为儿时，屹如巨人之志[5]。其游戏，好种树麻、菽，麻、菽美[6]。及为成人，遂好耕农，相地之宜，宜谷者稼穑焉，民皆法则之。帝尧闻之，举弃为农师[7]，天下得其利，有功。帝舜曰："弃，黎民始饥，尔后稷播时百谷[8]。"封弃于邰[9]，号曰后稷，别姓姬氏。后稷之兴，在陶唐、虞、夏之际，皆有令德。

③ 后稷卒，子不窋立[10]。不窋末年，夏后氏政衰，去稷不务[11]，不窋以失其官而奔戎狄之间。不窋卒，子鞠立。鞠卒，子公刘立。公刘虽在戎狄之间，复修后稷之业，务耕种，行地宜[12]，自漆、沮度渭，取材用，行者有资[13]，居者有畜积，民赖其庆[14]。百姓怀之，多徙而保归焉。周道之兴自此始，故诗人歌乐思其德[15]。公刘卒，子庆节立，国于豳[16]。

④ 庆节卒，子皇仆立。皇仆卒，子差弗立。差弗卒，子毁隃立。毁隃卒，子公非立。公非卒，子高圉立。高圉卒，子亚圉立。亚圉卒，子公叔祖类立。公叔祖类卒，子古公亶父立[17]。古公亶父复修后稷、公刘之业，积德行义，国人皆戴之。薰育戎狄攻之[18]，欲得财物，予之。已复攻，欲得地与民。民皆怒，欲战。古公曰："有民立君，将以利之。今戎狄所为攻战，以吾地与民。民之在我，与其在彼，何异？民欲以我故战，杀人父子而君之，予不忍为。"乃与私属遂去豳，度漆、沮，逾梁山，止于岐下[19]。豳人举国扶老携弱，尽复归古公于岐下。及他旁国闻古公仁，亦多归之。于是古公乃贬戎狄之俗，而营筑城郭室屋，而邑别居之[20]。作五官有司[21]。民皆歌乐之，颂其德。

⑤ 古公有长子曰太伯，次曰虞仲。太姜生少子季历，季历娶太任，皆贤妇人，生昌，有圣瑞。古公曰："我世当有兴者，其在昌乎？"长子太伯、虞仲知古公欲立季历以传昌，乃二人亡如荆蛮，文身断发[22]，以让季历。

⑥ 古公卒，季历立，是为公季。公季修古公遗道，笃于行义，诸侯顺之。

⑦ 公季卒，子昌立，是为西伯[23]。西伯曰文王，遵后稷、公刘之业，则古公、公季之法，笃仁，敬老，慈少。礼下贤者，日中不暇食以待士，士以此多归之。伯夷、叔齐在孤竹[24]，闻西伯善养老，盍往归之。太颠、闳夭、散宜生、鬻子、辛甲大夫之徒皆往归之。

⑧ 崇侯虎谮西伯于殷纣曰："西伯积善累德，诸侯皆向之，将不利于帝。"帝纣乃囚西伯于羑里[25]。闳夭之徒患之，乃求有莘氏美女，骊戎之文马，有熊九驷，他奇怪物，因殷嬖臣费仲而献之纣[26]。纣大说，曰："此一物足以释西伯，况

其多乎！”乃赦西伯，赐之弓矢斧钺，使西伯得征伐。曰：“谮西伯者，崇侯虎也。”西伯乃献洛西之地，以请纣去炮格之刑。纣许之。

⑨ 西伯阴行善，诸侯皆来决平。于是虞、芮之人有狱不能决，乃如周。入界，耕者皆让畔(27)，民俗皆让长。虞、芮之人未见西伯，皆惭，相谓曰：“吾所争，周人所耻，何往为？衹取辱耳。”遂还，俱让而去。诸侯闻之，曰“西伯盖受命之君”。

⑩ 明年，伐犬戎。明年，伐密须。明年，败耆国。殷之祖伊闻之，惧，以告帝纣。纣曰：“不有天命乎？是何能为！”明年，伐邘。明年，伐崇侯虎。而作丰邑(28)，自岐下而徙都丰。明年，西伯崩，太子发立，是为武王。

⑪ 西伯盖即位五十年。其囚羑里，盖益《易》之八卦为六十四卦。诗人道西伯，盖受命之年称王而断虞、芮之讼(29)。后十年而崩，谥为文王。改法度，制正朔矣(30)。追尊古公为太王，公季为王季：盖王瑞自太王兴。……

题解

本篇记述周朝绵延千年的历史，其中详于西周而略于东周，并以一个“德”字贯穿周朝的兴衰过程。选文记叙了周族先世的发展历史，以及文王为灭商奠定基础的情形。

注释

(1)后：主管。稷：五谷之长。弃主管农业，故得名。(2)忻：同“欣”。(3)居期：足月。(4)荐：垫。(5)此指后稷健壮勇敢，有大人物的志向。屹同“仡”，高大。(6)种树：栽种。菽：大豆。(7)农师：掌管农事的官。(8)黎民始饥：百姓开始被饥饿所困。时：此。(9)邰：今陕西武功县西南。(10)不窋(zhú)：此非后稷子，而是隔数代之后人。(11)此指夏朝衰败，废去主农之官，不劝民务农。(12)行地宜：巡视领土，看适合种什么。(13)资：通“赍”，盘缠。(14)庆：福。(15)此指作诗歌颂公刘，见《诗经·大雅·公刘》。(16)豳(bīn)：今陕西旬邑县西南。(17)古公亶(dǎn)父：古，往昔；公亶父是名字。《史记》将古公亶父作为称号。(18)薰育：古代北方少数民族。(19)岐下：岐山脚下，今陕西岐山、扶风县北。(20)邑别居之：分在不同城邑居住。(21)五官：司徒、司马、司空、司士、司寇等五个主要官职。(22)荆蛮:古代中原对江南楚地民族的泛称。文身断发:古代荆楚习俗,身刺花纹,剪短头发,可避蛟龙。(23)伯:一方诸侯之长。(24)伯夷、叔齐:商末孤竹君之二子。(25)羑(yǒu)里:今河南汤阴县。(26)嬖(bì)臣:受宠幸的近臣。(27)让畔:相互推让地界。(28)丰邑:文王时周的都城,今陕西西安市西南。(29)此指《诗经》作者称颂西伯,说他从断虞、芮之讼的那一年起受命称王。(30)正朔:此指历法。

课堂检测

1. 解释加点字,指出个别加点字的用法。
2. 指出划波浪线的句子在句式上的特点,并翻译成现代汉语。

文言积累

1. 下列选项的加点字中没有通假字的一项是 ( )

   A. 心忻然说　　B. 马牛过者皆辟不践

   C. 自漆、沮度渭　　D. 国人皆戴之

2. 下列选项中"以"字含义和用法与其他三项不一样的是 ( )

   A. 今戎狄所为攻战,以吾地与民　　B. 民欲以我故战

   C. 日中不暇食以待士　　D. 士以此多归之

3. 将下列句子翻译成现代汉语。

   (1) 百姓怀之,多徙而保归焉。

   ______

   (2) 已复攻,欲得地与民。民皆怒,欲战。

   ______

阅读提示

1. 第⑤段古公的言下之意是什么?并由此分析古公、太伯的性格。

   ______

   ______

2. 结合第⑧、⑩段分析殷纣王的性格。

咬文嚼字

分析下列语段中个别字词的表达作用。

西伯盖即位五十年。其囚羑里，盖益《易》之八卦为六十四卦。诗人道西伯，盖受命之年称王而断虞、芮之讼。后十年而崩，谥为文王。改法度，制正朔矣。追尊古公为太王，公季为王季：盖王瑞自太王兴。

本段前后连用四个“盖”字，能否省略后三个？

合作探究

1. 明代学者陈仁锡评论本文道：“为善是圣人性内事，若显为善，则开积善累德之谗，故‘阴行善’三字，太史公写出至圣一段明夷艰贞苦心处，不是后来阴谋。”结合选文，分析西伯的“苦心处”是什么？

2. 明代学者陈仁锡评论选文语言风格道：“其文奥。”联系前三段，分析“奥”的含义。

读史明理

1. 清代学者吴汝纶评论本文道：“周事兴于仁义。”结合选文，归纳周之“仁政”的具体做法和作用。

2. 联系《五帝本纪》，梳理黄帝等三人和后稷、西伯等人的共同之处，并谈谈你的看法。

深度解析

仁政的先声

——解读《周本纪》

“郁郁乎文哉”——周公礼乐制度下的周朝，是孔子心目中近乎完美的盛世。追溯历史，求诸史料，司马迁笔下的周朝，正传出了中华民族仁政传统的“先声”。

弃婴传说的真相

本纪开头记载姜原踩巨人足迹而生子，这一起源传说看似与其他民族类似，实则隐藏着特殊的含义。以理性分析，姜原的孩子当然不是“巨人”的后裔，而更可能是犯了某些迷信忌讳的“凶兆之子”（这可与孟尝君幼时的经历比较阅读），甚至可能是姜原与其他男子的私生儿。总之，后稷一降生便被抛弃的命运，是上古人类文明未开，“殷人承之以敬”（语出《高祖本纪》）的缩影，现在看来虽然荒谬，但在当时自有其合理性。

但这个传说更值得关注的地方，是后稷被抛弃后得到了自然万物的庇护。如果纯粹用偶然性来解释，则既显得荒诞不经，也削弱了《史记》郑重其事记载这段历史的用心。以“求实”为己任的司马迁，看重的显然不是“神迹”，而是“神迹”背后的“仁心”。“马牛过者皆辟不践”，这是骑马牵牛者的恻隐之心；“适会山林多人”，这是暗示姜原害怕被他人看到，指责自己，心生惭愧；“飞鸟以其翼覆荐之”，更是用禽鸟的爱心象征人心的不忍。最关键的是本段的收尾句，“姜原以为神”——可见之前每次抛弃后稷时，姜原都没有离开现场，而是守在一边观察。她若真的狠心抛弃，哪里管得上牛马是否会践踏婴儿，山民是否会鄙视自己，一走了之便是。“遂收养长之”的“遂”字泄露了真相，姜原从一开始就不想抛弃后稷，三次反复，不过是她内心挣扎的过程而已——这挣扎的结果，恰是原始部族从蒙昧走向开化，从野性趋向人性的象征。司马迁详细记载、精心措辞，用意大抵如此。

后稷爱好的解读

后稷有一项与众不同的爱好:耕种。与其说这是爱好,倒更像是“早熟”的谋生立身之计。一方面,这与后稷的身世有关。不可言说的出身和屡次被抛弃的经历,让他从小就懂得了现实的残酷和生活的艰难。另一方面,这也是社会进化使然。如吕思勉先生在《中国社会史》中所言,最古之人,多从事渔猎之事,“农耕”则是漫长演变后的结果。其中最主要的原因是人类好逸恶劳的本性,农耕的收益不如渔猎那么快速直接,所以需要漫长的积累。而后稷正是这条探索之路上的标志性人物,他从小有意识地培养耕种技能,还能引导百姓“法则之”(这可算是“耕吾地,以及人之地”),从“独善其身”递进至“惠泽他人”,可谓善心。

后稷这种的“仁德”爱好,后来竟成为家族传统,历代子孙都“修后稷之业”,这使得其氏族历经朝代时事的变迁而屹立不倒,始终牢牢凝聚着民心。用吕思勉先生的话说,便是“周之先世,盖皆以能修农业而兴者也。”相比声色之好、征伐之癖,这样的爱好显然才是中华民族源远流长、生生不息的根源。

古公亶父的光彩

古公亶父,可谓是后稷与文王之间承上启下的重要人物。关于他,《史记》详细记载了两件事,“避戎狄而迁居豳地,婉言劝说长子次子让位于贤明的幼子”。司马迁在这两件事上,都寄托了深意。

迁居之事,当代学者谭戒甫持有异议。他认为后稷一族“复被狄族所压迫,遂又南下而依附于姜族了。……孟子复用儒家思想装饰起来,遂觉冠冕堂皇了”。或许谭先生的说法的确更符合历史的真实,但不免远离了文化的真实——面对残酷的丛林法则,是一味顺应,乃至火上浇油,还是冷静反思、心向文明?司马迁用“曲笔”做出了明确回答,古公亶父的选择也由此从强弱层面升华至“反战、安生”的思考。

让贤之事,也可能暗藏着权力斗争的杀机。但古公亶父最大的贡献,是用相对柔性的劝说,代替了血腥的杀戮和污名。如此,既保证了权力的顺利交接,也没有出现扰乱民心的死亡,更没有留下失德的流言蜚语——回看波云诡谲的巫蛊之乱、玄武门之变、烛光斧影、夺门之变,古公亶父便在这对比中显得更为温柔敦厚,熠熠生辉。

纣王的回响

《周本纪》记载文王时，顺带也记录了纣王的言行。这不仅让人联想起“鸿门宴”中项羽的作为——司马迁对于两位特殊人物的处理，颇可玩味。

面对西伯势力的强大，崇侯虎劝谏纣王提防西伯，一如曹无伤提醒项羽“沛王欲王关中”，纣王的确也迅速囚禁了西伯，和项羽以雷霆之势击破函谷关一样。但面对西伯阵营小小的利诱，纣王竟也像玩赏美玉的项羽一样喜出望外，轻易放走了西伯，顺带还让崇侯虎遭到了与曹无伤相同的出卖。最后西伯“请纣去炮格之刑”的行为，也与沛公在关中“约法三章”一样，顺利赢得民众的好感……

如此严丝合缝，恐怕并非巧合，而是司马迁强烈的暗示：纣王之败，与项羽的自取灭亡殊途同归。而文王之崛起，与高祖之胜利也异曲同工——安土重耕，缓政抚民，这就是司马迁认同的“治道”。从纣王到项羽再至武帝的反思，从文王到高祖再至文帝景帝的赞美，莫不体现了这一思想。

第二讲　暴君与暴政

主题导读

秦朝是中国历史上第一个大一统王朝，铸就伟业的嬴政因此成为“千古一帝”。然而秦朝又二世而亡，快得让人猝不及防。后人解读其速亡之因，大都归结于“残暴”二字。本单元选取《秦本纪》和《秦始皇本纪》，还原历史的真相，把解读权留给读者。

秦本纪

① 秦之先，帝颛顼之苗裔孙曰女修[(1)]。女修织，玄鸟陨卵，女修吞之，生子大业。大业取少典之子[(2)]，曰女华。女华生大费，与禹平水土。已成，帝锡玄圭。禹受曰：“非予能成，亦大费为辅。”帝舜曰：“咨尔费，赞禹功，其赐尔皂游[(3)]。尔后嗣将大出。”乃妻之姚姓之玉女。大费拜受，佐舜调驯鸟兽，鸟兽多驯服，是为柏翳。舜赐姓嬴氏。……

② 七年春，周幽王用褒姒废太子，立褒姒子为适，数欺诸侯，诸侯叛之[(4)]。西戎犬戎与申侯伐周[(5)]，杀幽王郦山下。而秦襄公将兵救周，战甚力，有功。周避犬戎难，东徙雒邑，襄公以兵送周平王。平王封襄公为诸侯，赐之岐以西之地[(6)]。曰：“戎无道，侵夺我岐、丰之地[(7)]，秦能攻逐戎，即有其地。”与誓，封爵之。襄公于是始国，与诸侯通使聘享之礼，乃用骍驹、黄牛、羝羊各三，祠上帝西畤[(8)]。十二年，伐戎而至岐，卒。生文公。……

③ 孝公元年，河山以东强国六，与齐威、楚宣、魏惠、燕悼、韩哀、赵成侯并[(9)]。淮、泗之间小国十余。楚、魏与秦接界。魏筑长城，自郑滨洛以北，有上郡。楚自汉中，南有巴、黔中。周室微，诸侯力政，争相并。秦僻在雍州，不与中国诸侯之会盟，夷翟遇之。孝公于是布惠，振孤寡，招战士，明功赏。下令国中

曰:“昔我缪公自岐、雍之间,修德行武,东平晋乱,以河为界,西霸戎翟,广地千里,天子致伯[10],诸侯毕贺,为后世开业,甚光美。会往者厉、躁、简公、出子之不宁,国家内忧,未遑外事,三晋攻夺我先君河西地,诸侯卑秦,丑莫大焉。献公即位,镇抚边境,徙治栎阳,且欲东伐,复缪公之故地,修缪公之政令。寡人思念先君之意,常痛于心。宾客群臣有能出奇计强秦者,吾且尊官[11],与之分土。”于是乃出兵东围陕城,西斩戎之獂王。

④ 卫鞅闻是令下[12],西入秦,因景监求见孝公。

⑤ 二年,天子致胙[13]。

⑥ 三年,卫鞅说孝公变法修刑,内务耕稼,外劝战死之赏罚,孝公善之。甘龙、杜挚等弗然[14],相与争之。卒用鞅法,百姓苦之;居三年,百姓便之。乃拜鞅为左庶长。其事在《商君》语中。

⑦ 七年,与魏惠王会杜平。八年,与魏战元里,有功。十年,卫鞅为大良造,将兵围魏安邑,降之。十二年,作为咸阳[15],筑冀阙,秦徙都之。并诸小乡聚[16],集为大县,县一令,四十一县。为田开阡陌,东地渡洛[17]。十四年,初为赋[18]。十九年,天子致伯。二十年,诸侯毕贺。秦使公子少官率师会诸侯逢泽[19],朝天子。

⑧ 二十一年,齐败魏马陵。

⑨ 二十二年,卫鞅击魏,虏魏公子卬。封鞅为列侯,号商君。

⑩ 二十四年,与晋战雁门,虏其将魏错。……

题解

本篇记述了秦始皇以前秦国历代先祖发家建国,逐渐奠定统一六国基础的过程。本文节选了秦国发迹、开国较为重要的两段史实,以及一代雄主秦孝公的事迹。

注释

(1)苗裔孙:若干代后的一位孙女。(2)少典之子:此指少典氏之女。(3)咨:感叹词。皁游:黑色的旌旗。(4)七年:襄公七年,即前771年。用:因为。适:通“嫡”,此指太子。(5)西戎犬戎:西方戎族中的犬戎一族。申侯:幽王原王后的父亲。(6)时秦襄公在位八年，至此秦始被周天子封为诸侯。(7)岐、丰之地：今陕西岐山县东北、西安市西南一带。(8)騮驹：赤身黑鬣的马。羝羊：公羊。祠上帝西畤：在祭天坛上祭天，这是僭越之举，因为只有周天子才能祭天，诸侯只可祭祀其境内的名山大川。(9)孝公元年：前361年。文中提及的六位君主，在位大致与秦孝公同时。(10)此指周天子将一方诸侯之长的称号“方伯”送给秦穆公。(11)尊官：提高其官爵。(12)卫鞅：即商鞅。(13)此指周显王送给秦孝公祭祀用过的肉，表特殊礼遇。(14)甘龙、杜挚：秦国大夫。(15)作为咸阳：在咸阳建筑城邑。(16)乡：县下级行政单位。聚：村落。(17)此指重新设置田地尺寸和田间界路，并把国界扩展至洛水以东。(18)此指开始按户和人口征收军赋。(19)逢泽：今河南开封市东南。

课堂检测

1. 解释加点字，指出个别加点字的用法。

2. 指出划波浪线的句子在句式上的特点，并翻译成现代汉语。

文言积累

1. 下列选项中加点字没有通假字的一项是　　(　　)

A. 大业取少典之子　　B. 周室微，诸侯力政

C. 振孤寡，招战士　　D. 秦徙都之

2. 将下列句子翻译成现代汉语。

(1) 秦僻在雍州，不与中国诸侯之会盟，夷翟遇之。

______

(2) 三年，卫鞅说孝公变法修刑，内务耕稼，外劝战死之赏罚，孝公善之。

______

阅读提示

1. 结合注释，分析第②段秦襄公“祠上帝西畤”的用意。

______

______

2. 根据第③段，分析卫鞅入秦的原因。

咬文嚼字

分析下列语段中个别字词的表达作用。

三年，卫鞅说孝公变法修刑，内务耕稼，外劝战死之赏罚，孝公善之。甘龙、杜挚等弗然，相与争之。卒用鞅法，百姓苦之；居三年，百姓便之。乃拜鞅为左庶长。其事在《商君》语中。

1. 分析“卒用鞅法”中“卒”的作用。

2. 第二个“百姓”似乎多余，能否省略？

合作探究

清代学者吴汝纶评论本文道：“此篇为秦有天下作势。”结合选文，分析作势之处的表现。

读史明理

1. 第⑥段“其事在《商君》语中”，是《史记》开创的述史手法：互见法，即在一个人的传记中表现他主要的经历和性格，而把其他材料安排到别的篇章中描述。结合本书的《商君列传》，分析此处互见法的作用。

2. 第⑧段记载“齐败魏马陵”与秦国历史没有直接关系，联系上下文分析本段的作用，并试着分析司马迁的历史观。

深度解析

帝国的兴与衰

——解读《秦本纪》

秦朝是中国历史上首个真正意义上的大一统王朝，秦朝统一之势虽盛，却又迅速二世而亡。追根溯源地细读《秦本纪》，或许能帮助我们更好地理解其中的缘由和司马迁对此的态度。

体裁之辨析

《秦本纪》的特别之处首先表现在体裁的划定上。按照《史记》体例，天子的传记才能纳入本纪，诸侯则为世家。而秦国至嬴政才统一全国，登基称帝，那么嬴政之前的历史，理应算作"世家"才对。历代持有这样观点的大家学者不乏其人，司马贞《史记索隐》认为秦国本是西戎附庸之君，不宜和五帝三王同称本纪；刘知己《史通》也写道："嬴自伯翳至于庄王，爵乃诸侯而名隶本纪，应……别作秦世家。"

这些说法当然都有道理，但只停留在表面的特征和固定的概念上，没有全盘考察《史记》的体例，更未细究司马迁的用意。就《史记》全书而言，像《秦本纪》这样的破例并非个例，最著名的便是《项羽本纪》，还有取代了《惠帝纪》的《吕太后本纪》，从本纪、世家中消失了的楚王熊心，被封为诸侯又历传数代的长沙王吴芮、赵王张耳只纳入列传而非世家，本为平民的陈涉和孔子却进入世家……这些看似粗疏不经的破例，恰是司马迁创新精神的反映。以《秦本纪》为例，《六国年表序》记载，秦国至献公后，"常雄诸侯"，《太史公自序》也认为"昭襄业帝"，可见司马迁认为历代秦国君主的耕耘，是嬴政统一天下不可缺少的基础，将他们的事迹纳入本纪，才符合历史的实际，端正了秦国的"名实"。清代学者牛运震评价司马迁这么做，"将始皇开疆辟土席卷囊括之业"有所"托基"，进而使"前后成序、本末相属"，正有一番"编次之苦心也"，可谓读懂了司马迁的用心。

源起之正道

再看《秦本纪》开头对于秦国先祖的记载，更可以了解司马迁视秦国为“正统”的用意。和三皇五帝的事迹一样，秦国先人的遭遇也缥缈难寻，并无太多史料可言。在简要的行文中，司马迁突出的，是秦国先人血缘的正统和用心的良善——秦人是五帝之一颛顼的后裔，又曾经辅佐大禹治水，为天下做出过重大贡献，还曾辅佐舜帝驯服鸟兽，着力改善百姓生活。总之，从这些先民的传说中，我们完全感受不到战国以后秦国上下的暴戾之气，只看到一代代秦人淳朴善良的面目。那么，司马迁无疑是在暗示读者：秦国的强大和统一，并不完全是源于武力，而是和“仁义”有着千丝万缕的关系。否则在商鞅变法前，秦国何以聚拢人心，安定政局？进而联想，如若始皇帝、二世能远绍先祖之风，改暴力专制为仁厚宽政，秦朝的结局或许又是另一番模样。

崛起之变色

秦国的转变从西周末年襄助周室开始。因为护送平王东迁，击退西戎，秦襄公被封为诸侯，得到西岐之地。表面来看这是由于秦公忠诚勇敢的表现，但司马迁的春秋笔法则泄露出异常之处：平王分封襄公时，没有赞扬襄公的忠勇，只是说“秦能攻逐戎，即有其地”——在平王的眼里，襄公的功劳止于攻伐，“即”字更暗示出襄公对西岐土地的渴望和霸占，平王之“封”，只是对西岐土地尽失“现实”的口头承认而已，既保留了周王的面子，也给了秦公顺水人情。周王的话语里，更以“戎无道，侵夺我岐、丰之地”暗示秦国受封的真实面目——西岐土地主人的改变，只是一次武力较量的结果，双方视周王为无物，也与仁义无关。

秦国受封后的行为更加明目张胆，正如《六国年表序》中所言，“秦襄公始封为诸侯，作西畤用事上帝，僭端见矣。”这是秦国兴盛的起点，也是其衰亡的渊薮——《史记》原始察终、观盛见衰的观念，在这里得到了完整的体现。

互见法之深意

《史记》“互见法”的第一次现身，也是在《秦本纪》中。这是司马迁首创的一种写史方法和表现手法，即把一个人的生平事迹，一件历史事件的来龙去脉，分散写在数篇之中，交错互见，相互补充。

《秦本纪》的互见法，主要体现在商鞅的事迹上。《商君列传》中，详细记载了甘龙等人和商鞅的辩论，以及变法的具体内容和百姓的具体反应。这些内容在

《秦本纪》中均一笔带过，不做展开。然而秦孝公广招贤才的一番话，则详载于《秦本纪》而略载于《商君列传》。这就体现出了司马迁的才华和深意——与商鞅有关的内容主要详载于其本传，与秦国国君有关的内容则详载于《秦本纪》，这与传记的主体对象有直接关系，由此更能突出主体的形象和价值。之所以略载，而非不记述，是因为商鞅变法与孝公时秦国之强大有直接关系，如果不记录，则会有损历史的真实和此事件的重要性，故略而记之。

另外，孝公之言表面上提倡追溯秦穆公之“修德”，实际上处处流露出争霸的野心（“平乱”“西霸”“广地”“天子致伯”“诸侯毕贺”），更毫不讲理地把河西之地视作秦国的固有土地（河西之地原本是秦晋之间的缓冲带，小国林立，且多归附晋国），司马迁将这段话放在《秦本纪》而非《商君列传》中，正是要最大限度地暴露秦王的真面目，暗示秦国“暴政祸根”之深。对读《商君列传》，或许能更深刻地体会这种无奈之感。

秦始皇本纪

① 秦始皇帝者，秦庄襄王子也[(1)]。庄襄王为秦质子于赵，见吕不韦姬[(2)]，悦而取之，生始皇。以秦昭王四十八年正月生于邯郸。及生，名为政，姓赵氏。年十三岁，庄襄王死，政代立为秦王。当是之时，秦地已并巴、蜀、汉中，越宛有郢，置南郡矣；北收上郡以东，有河东、太原、上党郡；东至荥阳，灭二周[(3)]，置三川郡。吕不韦为相，封十万户，号曰文信侯。招致宾客游士，欲以并天下。李斯为舍人。蒙骜、王齮、麃公等为将军。王年少，初即位，委国事大臣。……

② 大索，逐客[(4)]。李斯上书说，乃止逐客令。李斯因说秦王，请先取韩以恐他国，于是使斯下韩。韩王患之，与韩非谋弱秦。大梁人尉缭来，说秦王曰：“以秦之强，诸侯譬如郡县之君，臣但恐诸侯合从，翕而出不意[(5)]，此乃智伯、夫差、湣王之所以亡也。愿大王毋爱财物，赂其豪臣，以乱其谋，不过亡三十万金，则诸侯可尽。”秦王从其计，见尉缭亢礼[(6)]，衣服食饮与缭同。缭曰：“秦王为人，蜂准，长目，挚鸟膺，豺声[(7)]，少恩而虎狼心，居约易出人下，得志亦轻食人[(8)]。我布衣，然见我常身自下我。诚使秦王得志于天下，天下皆为虏矣。不可与久游。”乃亡去。秦王觉，固止，以为秦国尉，卒用其计策。而李斯用

事。……

③ 十八年，大兴兵攻赵，王翦将上地，下井陉，端和将河内，羌瘣伐赵，端和围邯郸城[9]。十九年，王翦、羌瘣尽定取赵地，东阳得赵王。引兵欲攻燕，屯中山。秦王之邯郸，诸尝与王生赵时母家有仇怨，皆坑之。秦王还，从太原、上郡归。始皇帝母太后崩。赵公子嘉率其宗数百人之代，自立为代王，东与燕合兵，军上谷。大饥。……

④ 秦初并天下，令丞相、御史曰[10]："……寡人以眇眇之身[11]，兴兵诛暴乱，赖宗庙之灵，六王咸伏其辜，天下大定。今名号不更，无以称成功，传后世。其议帝号。"丞相绾、御史大夫劫、廷尉斯等皆曰："昔者五帝地方千里，其外侯服夷服[12]，诸侯或朝或否，天子不能制。今陛下兴义兵，诛残贼，平定天下，海内为郡县，法令由一统，自上古以来未尝有，五帝所不及。臣等谨与博士议曰[13]：'古有天皇，有地皇，有泰皇，泰皇最贵。'臣等昧死上尊号，王为'泰皇'。命为'制'，令为'诏'，天子自称曰'朕'。"王曰："去'泰'，着'皇'，采上古'帝'位号，号曰'皇帝'。他如议。"制曰："可。"追尊庄襄王为太上皇。制曰："朕闻太古有号毋谥，中古有号，死而以行为谥。如此，则子议父，臣议君也，甚无谓，朕弗取焉。自今已来，除谥法。朕为始皇帝。后世以计数[14]，二世三世至于万世，传之无穷。"……

⑤ 分天下以为三十六郡，郡置守、尉、监。更名民曰"黔首"。大酺[15]。收天下兵，聚之咸阳，销以为钟鐻、金人十二，重各千石[16]，置廷宫中。一法度衡石丈尺[17]。车同轨。书同文字。地东至海暨朝鲜，西至临洮、羌中，南至北向户[18]，北据河为塞，并阴山至辽东。徙天下豪富于咸阳十二万户。诸庙及章台、上林皆在渭南。秦每破诸侯，写放其宫室[19]，作之咸阳北阪上，南临渭，自雍门以东至泾、渭，殿屋复道周阁相属。所得诸侯美人钟鼓，以充入之。……

⑥ 既已，齐人徐市等上书，言海中有三神山，名曰蓬莱、方丈、瀛洲，仙人居之。请得斋戒，与童男女求之。于是遣徐市发童男女数千人，入海求仙人。

⑦ 始皇还，过彭城，斋戒祷祠，欲出周鼎泗水。使千人没水求之[20]，弗得。乃西南渡淮水，之衡山、南郡。浮江，至湘山祠。逢大风，几不得渡。上问博士曰："湘君何神？"博士对曰："闻之，尧女，舜之妻，而葬此。"于是始皇大怒，使刑徒三千人皆伐湘山树，赭其山[21]。上自南郡由武关归。

⑧ 二十九年，始皇东游。至阳武博狼沙中，为盗所惊[22]。求弗得，乃令天下大索十日。……

⑨ 至平原津而病。始皇恶言死，群臣莫敢言死事。上病益甚，乃为玺书赐公子扶苏曰："与丧会咸阳而葬。"书已封，在中车府令赵高行符玺事所[23]，未授使者。七月丙寅，始皇崩于沙丘平台。丞相斯为上崩在外，恐诸公子及天下有变，乃秘之，不发丧。棺载辒凉车中[24]，故幸宦者参乘，所至上食[25]。百官奏事如故，宦者辄从辒凉车中可其奏事。独子胡亥、赵高及所幸宦者五六人知上死。赵高故尝教胡亥书及狱律令法事，胡亥私幸之。高乃与公子胡亥、丞相斯阴谋破去始皇所封书赐公子扶苏者，而更诈为丞相斯受始皇遗诏沙丘，立子胡亥为太子。更为书赐公子扶苏、蒙恬，数以罪，赐死。语具在《李斯传》中。行，遂从井陉抵九原。会暑，上辒车臭，乃诏从官令车载一石鲍鱼[26]，以乱其臭。……

⑩ 太史公曰：秦之先伯翳，尝有勋于唐虞之际，受土赐姓。及殷夏之间微散。至周之衰，秦兴，邑于西垂。自缪公以来，稍蚕食诸侯，竟成始皇。始皇自以为功过五帝，地广三王，而羞与之侔[27]。……

题解

本篇记述了秦始皇统一六国和治理天下至秦亡的全过程，司马迁既肯定了统一的成功，也揭露了始皇的暴行。因全文较长，本篇节选了较有代表性的几个片段。至于著名的"焚书坑儒"，自有其具体背景和原因，司马迁对其并无太多恶感，有兴趣的读者可阅读全文而进行思考。

注释

(1)庄襄王：名子楚。秦孝文王之子，秦始皇之父。(2)吕不韦：商人，后为秦相国。(3)二周：即东周与西周，周赧王时周天子已成傀儡，仅有的小片土地又被属下两贵族分治，是为东周西周。(4)此指秦王因嫪毐叛乱波及吕不韦，故驱逐六国门客。(5)翕：合，聚。(6)亢礼：对等之礼。(7)此指秦王鼻子像蜂腰一样高高隆起，眉眼细长，胸脯像猛禽而前突，声音如豺。(8)居约：不得志的时候。轻食人：不把吃人当一回事，意指飞扬跋扈。(9)此指王翦统领上郡之兵下攻井陉，杨端和率河内军、与羌瘣分两路包围赵都邯郸。(10)此指丞相王绾，御史大夫冯劫。(11)眇眇:微小。(12)侯服夷服:据《周礼》,自天子都城向四周辐射,千里之内是王畿,向外每扩展五百里为一"服",依次为侯服、甸服、夷服等。(13)博士:官名,掌管文籍,以备顾问,以知识渊博者为之。(14)以计数:以数字称。(15)大酺:特赐天下臣民聚饮。(16)石:重量单位,一石为一百二十斤。(17)此指统一全国的法律制度和度量衡。(18)北向户:古人心目中极南之地,约在今珠三角地区,因其地门窗多向北开而名。(19)写放:描摹、仿照。放,同"仿"。(20)没水:潜水。(21)赭(zhě):红褐色,此指砍光山上的树,使之露出红褐色的土壤。(22)此指嬴政被张良等狙击之事。(23)中车府令:官名,为皇帝主管车乘。行符玺事:为皇帝管理符节印玺。(24)辒凉车:卧车。(25)此指不论行车至何处,都照常给始皇帝送饭。(26)鲍鱼:盐干鱼。(27)侔:相等。

课堂检测

1. 解释加点字,指出个别加点字的用法。
2. 指出划波浪线的句子在句式上的特点,并翻译成现代汉语。

文言积累

1. 下列选项的加点字中没有通假字的一项是　　(　　)
   A. 悦而取之　　B. 臣但恐诸侯合从
   C. 然见我常身自下我　　D. 并阴山至辽东
2. 下列选项中加点字词活用与其他三项不一样的是　　(　　)
   A. 见尉缭亢礼　　B. 东阳得赵王
   C. 群臣莫敢言死事　　D. 稍蚕食诸侯
3. 将下列句子翻译成现代汉语。
   (1) 愿大王毋爱财物,赂其豪臣,以乱其谋,不过亡三十万金,则诸侯可尽。

   ____

   (2) 今名号不更,无以称成功,传后世。其议帝号。

   ____

阅读提示

1. 第⑥、⑦段中，秦始皇对待神仙的态度截然相反，是否矛盾，为什么？

2. 第⑨段中为什么赵高的诡计可以得逞，简要分析原因。

咬文嚼字

分析下列语段中个别字词的表达作用。

太史公曰：秦之先伯翳，尝有勋于唐虞之际，受土赐姓。及殷夏之间微散。至周之衰，秦兴，邑于西垂。自缪公以来，稍蚕食诸侯，竟成始皇。始皇自以为功过五帝，地广三王，而羞与之侔。

1. 分析“竟成始皇”中“竟”字的作用。

2. 分析“而羞与之侔”中“而”字的作用。

合作探究

1. 清代学者吴见思评论本文道：“秦始皇为人性情篇中不序，前借尉缭、后借卢生口中补出，尤为神妙。”结合选文，分析“神妙”之处。

2. 清代学者牛运震评论本文道：“本纪之体，大事书，小事不书。”结合第⑤—⑧段，分析这句话的含义。

读史明理

1. 北宋文学家苏辙评论本文道:“然秦得大势而不免于灭亡,盖治天下在德不在势。”结合选文,分析这句话的含义。

2. 和《秦本纪》选文比较,分析秦始皇与前代秦国帝王的异同之处。

深度解析

秦始皇是暴君吗?

——解读《秦始皇本纪》

说到暴君,秦始皇恐怕是“众望所归”。焚书坑儒,恶名远扬;秦朝速亡,教训深刻;就连语文课本里有关秦始皇暴政和秦朝灭亡的诗文,也一家独大。当然,千百年来为秦始皇辩护,乃至对他推崇至极的人也不少。拨开纷扰的争论,我们不妨重读《秦始皇本纪》,通过“第一手资料”去看清楚他的真面目。

“暴君”探源

“暴君”一词,语出《孟子·滕文公上》,“经界不正,井地不钧,谷禄不平,是故暴君污吏必慢其经界”。可见儒家眼中的暴君,重点在对百姓基本权益的轻视与侵占。既然连维系百姓生存的田界也视同儿戏,对于百姓的其他利益乃至生命,暴君自然也是予取予求。

用这个标准分析本纪中的秦始皇,我们可以发现一道清晰的界限——与诸侯争霸时,他完全听取尉缭的建议,“毋爱财物,赂其豪臣”,出手几十万金也毫不在意。统一六国后,他四海巡游、广建宫室,那些用来建造阿房宫的“蜀荆地材”,恐怕并非平价而得,所征发的民夫,多半也没有合理的报偿,这正是“慢其经界”的典型表现。所以苏辙批评他“奢淫”,凌稚隆以为其“暴乱”,都是很公允的评价。

当然，即便是争霸时的“慷慨”，其对象也只是六国的重臣，秦国的百姓并没有那么好运。不过拜商鞅变法所赐，平民只要勇敢杀敌便有封赏，生活还是有一点盼头的。

总之，从对百姓过度索取的标准看，秦始皇无疑是一个暴君。大凡开国之君，基本都历经民间甘苦和战乱杀伐，更懂得“靡不有初，鲜克有终”的道理，所以总会推行一些宽和的政策，与民休养生息。在这个意义上，秦始皇是他们中的异类，他没有“前车之鉴”，只有围绕身边的谀辞和自大的妄念，所以最后自己成了“前车之鉴”，可悲可叹。

焚书坑儒辨

焚书坑儒，是秦始皇最著名的劣迹。但细读《史记》原文，我们会发现此事恐怕不能简单地以“毁灭文化”视之。焚书之事，源于淳于越和李斯在朝堂上的辩论。李斯借反驳对方“师古”之建议，意欲中止春秋战国“百家争鸣”的风气，毁弃私学，归言论于一尊。“焚书”，焚的只是民间所藏六国史传、《诗》《书》和百家著作，让平民失去学习思辨的渠道，官方的“博士”仍然负责整理研究《诗》《书》百家之作。可见焚书的实质是消灭不利于秦国的言论（主要是六国史传），统一百姓的思想，这的确不是开明的行为，但做出焚书毁书禁书之举的专制君主不止他一人——梁元帝江陵焚书，乾隆帝编纂《四库全书》，对文化的破坏程度都远超秦始皇，恶名倒远不如他。

坑儒之事，更是名不副实。细读原文，秦始皇坑杀的，是“费以巨万计”而无所获、甚至散播诋毁朝廷的“文学方术士”（有学问的人），其中包含一些儒生，但更多的是阴阳家的术士。当时聚集在咸阳的文人应该不少，秦始皇也只是圈定了四百六十余人杀鸡儆猴。坑儒的实质，是秦始皇被欺骗后的泄愤之举，顺便杀灭一些“议论不合者”（梁玉绳语），固然可笑可讽，但正如清代学者史珥所言，“历代朋党株连何止此数……亦为恶有幸不幸哉！”

总之，秦始皇有过许多暴行，也当得起暴君的称呼。但把“焚书坑儒”当作暴君的证据，不免显得有些苛刻。焚书坑儒早已成为“天下之恶皆归焉”的刻板印象。用当代学者韩兆琦的话说：“以此为始皇之大恶，不独厚诬始皇，亦厚诬初载此事之《史记》。”

从对比中见不凡

读《史记》，既要精读某一传记，也要广泛与别传对比。通过和同时代几位地位相当人物的比较，我们能更清楚地认识秦始皇的地位和司马迁对他的评价。

楚国最后一位强势的君主——楚怀王，算是个出色的人物。他承袭先辈几十年的积累，励精图治，让楚国成为和秦、齐三足鼎立的大国。但他很快就轻信张仪，中断了和齐国的联盟，进而连续大败于秦军，更被韩魏两国侵占大片领土，直至本人在武关之盟中被秦国俘虏。虽然在异国保持了可敬的气节，但楚国的由盛转衰让个人的勇敢显得微不足道。楚怀王的刚愎自用与秦始皇“居约易出人下”的谦逊态度相比，司马迁显然更认同后者。

《平原君列传》中还有一个意味深长的细节：长平之战后，秦军乘胜进逼邯郸，赵国新败困乏，各国援军也未赶到。危急之中，一位小吏之子李同挺身而出，带领三千死士逼退秦军三十里，为邯郸解围赢得了宝贵的时机。李同劝说平原君，兵临城下时身为赵相的平原君还是“婢妾被绮縠，余粱肉”，平民则是“褐衣不完，糟糠不厌”——对比“衣服食饮与缭同”的秦始皇，名满天下的平原君是不是更像暴君？如果这样的人成为天下之主，百姓的生活未必会变得更好。所以司马迁在《六国年表》中写道“秦取天下多暴，然世异变，成功大”，总体上表达出肯定、正面的态度。

太史公的遗憾

秦始皇去世一节，《史记》记载详细，其中“车载一石鲍鱼”真实生动，于历史无大用，却正能表现司马迁对于秦始皇的遗憾——秦始皇称帝后虽然暴行累累，但国家总体稳定（汉高祖称帝后则连续发生叛乱，战事不断），传位于扶苏的遗命也可谓明智。堂堂千古一帝，怎么就被赵高这样的小人玩弄于“鲍鱼”之中，死不瞑目呢？

从选文中我们不难发现，秦始皇专断独行，动辄大肆搜捕刺客、清山开流，旁人实在难以亲近；他又格外宠信赵高，所以外人自然也连带信任赵高；加之位高权重的丞相李斯也参与其中，别人更不会怀疑“遗诏”有诈——司马迁的遗憾，就是“独断一世”的秦始皇晚节不保，在确定继任者的大事上优柔寡断，偏信小人。如果他早一些公布诏令，如果他识人的眼光再准一些，秦朝的历史或许就会改写。毕竟改朝换代的代价太大了，保持大环境的和平与稳定，才是司马迁的追求。他对秦始皇和汉高祖的肯定，也主要着眼于此。

历代开国君主“立储”之事，总是最具风波和血光的。在这一点上，司马迁无疑具有高明准确的历史眼光。他对秦始皇的批评和反思，也更多集中在这一点上。从这个意义上来说，“秦始皇是否暴君”的问题应该有了答案：他确实是一个普通意义上的“专制暴君”，但他更是一个识人不明、立储失当的昏君吧。

第三讲　楚汉胜负原因的探究

主题导读

项羽、刘邦，都是深刻影响历史进程的大人物。前者终结了旧时代，后者则开创了一个新时代。两人从携手抗秦到逐鹿天下，书写了一幕幕经典而意味深长的画卷，最终以刘邦建立统一的汉王朝落幕。汉高祖获胜的原因是什么，司马迁又为何替项羽作“本纪”？透过司马迁最富文学性和创造性的两篇传记，读者应能发现他的良苦用心。

项羽本纪

① 项籍者，下相人也，字羽。初起时，年二十四。其季父项梁，梁父即楚将项燕，为秦将王翦所戮者也。项氏世世为楚将，封于项(1)，故姓项氏。

② 项籍少时，学书不成，去学剑，又不成。项梁怒之。籍曰：“书足以记名姓而已。剑一人敌，不足学，学万人敌。”于是项梁乃教籍兵法，籍大喜，略知其意，又不肯竟学。……秦始皇帝游会稽，渡浙江，梁与籍俱观。籍曰：“彼可取而代也。”梁掩其口，曰：“毋妄言，族矣！”梁以此奇籍。籍长八尺余(2)，力能扛鼎，才气过人，虽吴中子弟皆已惮籍矣。

③ 秦二世元年七月，陈涉等起大泽中。其九月，会稽守通谓梁曰(3)：“江西皆反(4)，此亦天亡秦之时也。吾闻先即制人，后则为人所制。吾欲发兵，使公及桓楚将。”是时桓楚亡在泽中。梁曰：“桓楚亡，人莫知其处，独籍知之耳。”梁乃出，诫籍持剑居外待。梁复入，与守坐，曰：“请召籍，使受命召桓楚。”守曰：“诺。”梁召籍入。须臾，梁眴籍曰：“可行矣！”于是籍遂拔剑斩守头。项梁持守头，佩其印绶(5)。门下大惊，扰乱，籍所击杀数十百人。一府中皆慑伏，莫敢起。梁乃召故所知豪吏，谕以所为起大事，遂举吴中兵。使人收下县(6)，得精兵八千人。梁

部署吴中豪杰为校尉、候、司马。有一人不得用，自言于梁。梁曰：“前时某丧使公主某事，不能办，以此不任用公。”众乃皆伏。于是梁为会稽守，籍为裨将，徇下县。……

④（项羽）乃遣当阳君、蒲将军将卒二万渡河，救钜鹿。战少利，陈余复请兵。项羽乃悉引兵渡河，皆沈船，破釜甑[7]，烧庐舍，持三日粮，以示士卒必死，无一还心。于是至则围王离，与秦军遇，九战，绝其甬道[8]，大破之，杀苏角，虏王离。涉间不降楚，自烧杀。当是时，楚兵冠诸侯。诸侯军救钜鹿下者十余壁，莫敢纵兵。及楚击秦，诸将皆从壁上观。楚战士无不一以当十，楚兵呼声动天，诸侯军无不人人惴恐。于是已破秦军，项羽召见诸侯将，入辕门，无不膝行而前，莫敢仰视。项羽由是始为诸侯上将军，诸侯皆属焉。……

⑤ 到新安[9]。诸侯吏卒异时故繇使屯戍过秦中[10]，秦中吏卒遇之多无状；及秦军降诸侯，诸侯吏卒乘胜多奴虏使之，轻折辱秦吏卒。秦吏卒多窃言曰：“章将军等诈吾属降诸侯，今能入关破秦，大善；即不能，诸侯虏吾属而东，秦必尽诛吾父母妻子。”诸将微闻其计，以告项羽。项羽乃召黥布、蒲将军计曰：“秦吏卒尚众，其心不服，至关中不听，事必危。不如击杀之，而独与章邯、长史欣、都尉翳入秦。”于是楚军夜击阬秦卒二十余万人新安城南。

⑥ 行略定秦地。函谷关有兵守关，不得入。又闻沛公已破咸阳，项羽大怒，使当阳君等击关。项羽遂入，至于戏西。……

⑦ 居数日，项羽引兵西屠咸阳，杀秦降王子婴，烧秦宫室，火三月不灭；收其货宝妇女而东。人或说项王曰：“关中阻山河四塞[11]，地肥饶，可都以霸。”项王见秦宫室皆以烧残破，又心怀思欲东归，曰：“富贵不归故乡，如衣绣夜行，谁知之者！”说者曰：“人言楚人沐猴而冠耳[12]，果然。”项王闻之，烹说者。

⑧ 项王使人致命怀王，怀王曰：“如约[13]。”乃尊怀王为义帝。项王欲自王，先王诸将相，谓曰：“天下初发难时，假立诸侯后以伐秦。然身被坚执锐首事，暴露于野三年，灭秦定天下者，皆将相诸君与籍之力也。义帝虽无功，故当分其地而王之。”诸将皆曰：“善。”乃分天下，立诸将为侯王。……项王自立为西楚霸王，王九郡，都彭城。

⑨ 汉之元年四月，诸侯罢戏下，各就国。项王出之国，使人徙义帝，曰：“古之帝者地方千里，必居上游。”乃使使徙义帝长沙郴县。趣义帝行，其群臣稍稍背

叛之，乃阴令衡山、临江王击杀之江中。韩王成无军功，项王不使之国，与俱至彭城，废以为侯，已又杀之。臧荼之国，因逐韩广之辽东，广弗听，荼击杀广无终，并王其地。……

⑩ 陈余阴使张同、夏说说齐王田荣曰："项羽为天下宰，不平。今尽王故王于丑地，而王其群臣诸将善地，逐其故主……"

⑪ 春，汉王部五诸侯兵，凡五十六万人，东伐楚。项王闻之，即令诸将击齐，而自以精兵三万人南从鲁出胡陵。四月，汉皆已入彭城，收其货宝美人，日置酒高会。项王乃西从萧，晨击汉军而东，至彭城，日中，大破汉军。汉军皆走，相随入穀、泗水，杀汉卒十余万人。……于是大风从西北而起，折木发屋，扬沙石，窈冥昼晦(14)，逢迎楚军。楚军大乱，坏散，而汉王乃得与数十骑遁去。……

⑫ 历阳侯范增曰："汉易与耳，今释弗取，后必悔之。"项王乃与范增急围荥阳。汉王患之，乃用陈平计间项王。项王使者来，为太牢具(15)，举欲进之。见使者，详惊愕曰："吾以为亚父使者，乃反项王使者。"更持去，以恶食食项王使者。使者归报项王，项王乃疑范增与汉有私，稍夺之权。范增大怒，曰："天下事大定矣，君王自为之。愿赐骸骨归卒伍(16)。"项王许之。行未至彭城，疽发背而死(17)。……

⑬ 太史公曰：吾闻之周生曰"舜目盖重瞳子"(18)，又闻项羽亦重瞳子，羽岂其苗裔邪？何兴之暴也！夫秦失其政，陈涉首难，豪杰蜂起，相与并争，不可胜数。然羽非有尺寸，乘势起陇亩之中，三年，遂将五诸侯灭秦，分裂天下，而封王侯，政由羽出，号为"霸王"，位虽不终，近古以来未尝有也。及羽背关怀楚，放逐义帝而自立，怨王侯叛己，难矣。自矜功伐，奋其私智而不师古，谓霸王之业，欲以力征经营天下，五年卒亡其国，身死东城，尚不觉寤而不自责，过矣。乃引"天亡我，非用兵之罪也"，岂不谬哉！

题解

本篇记述了西楚霸王项羽兴兵灭秦，随后与刘邦争夺天下，最后身死乌江的壮烈事迹。既突出了他灭秦的功绩，也暴露了他在政治和军事上的问题。本篇文字纵横开阖，细腻深沉，是《史记》中首屈一指的名篇佳作。选文省略了高中课文《鸿门宴》的部分，节选了项羽人生中有代表性的几个片段，以呈现他波澜起伏的一生。

注释

(1)项:今河南省沈丘南。(2)八尺余:约为今一米八四以上。(3)会稽守通:会稽郡守殷通。(4)江西:长江自九江到南京一段,由西南流向东北,故古称今皖北一带为江西。(5)印绶:此指印章,绶是系在印纽上的丝带。(6)下县:会稽郡下属各县。(7)釜甑(zèng):锅子和瓦罐。(8)甬道:通路。(9)新安:此指秦军大将章邯投降项羽,诸侯军与降兵一起向咸阳进发。今河南渑池东。(10)繇使屯戍:被征调服徭役或屯守边地。(11)此指以崤山、黄河,以及四面的关塞为险阻屏障。(12)沐猴:猕猴。(13)此指怀王在诸侯起事时与大家约定:先入关中者为关中之王。(14)窈冥昼晦:虽是白天,昏暗得有如黑夜。(15)太牢具:牛羊猪三牲皆备的饭食,是古代待客的最高礼数。(16)此指请准许我回家为民。卒伍:基层的编制。(17)疽:一种恶性疖疮,治疗不及时会危及生命。(18)周生:汉代学者。重瞳子:眼球上有两个瞳孔。

课堂检测

1. 解释加点字,指出个别加点字的用法。
2. 指出划波浪线的句子在句式上的特点,并翻译成现代汉语。

文言积累

1. 下列选项中加点字活用现象与其他三项不一样的是 ( )
   A. 项梁怒之　　B. 梁以此奇籍
   C. 故当分其地而王之　　D. 王九郡,都彭城
2. 下列选项中加点字词活用现象与其他三项不一样的是 ( )
   A. 诸侯吏卒乘胜多奴虏使之　　B. 项羽引兵西屠咸阳
   C. 收其货宝妇女而东　　D. 日置酒高会
3. 下列选项中"乃"字含义和用法与其他三项不一样的是 ( )
   A. 梁乃出,诫籍持剑居外待　　B. 项羽乃召黥布、蒲将军计曰
   C. 乃尊怀王为义帝　　D. 乃反项王使者

4. 将下列句子翻译成现代汉语。

（1）章将军等诈吾属降诸侯，今能入关破秦，大善；即不能，诸侯虏吾属而东，秦必尽诛吾父母妻子。

______

（2）然身被坚执锐首事，暴露于野三年，灭秦定天下者，皆将相诸君与籍之力也。

______

阅读提示

1. 根据第①—②段，归纳项羽的性格。

______

______

2. 第③段中，项梁为何要杀死会稽郡守殷通？

______

______

3. 第⑪、⑫段从哪两个角度暗示了项羽失败的原因？

______

______

咬文嚼字

分析下列语段中个别字词的表达作用。

乃遣当阳君、蒲将军将卒二万渡河，救钜鹿。战少利，陈余复请兵。项羽乃悉引兵渡河，皆沈船，破釜甑，烧庐舍，持三日粮，以示士卒必死，无一还心。于是至则围王离，与秦军遇，九战，绝其甬道，大破之，杀苏角，虏王离。涉间不降楚，自烧杀。当是时，楚兵冠诸侯。诸侯军救钜鹿下者十余壁，莫敢纵兵。及楚击秦，诸将皆从壁上观。楚战士无不一以当十，楚兵呼声动天，诸侯军无不人人惴恐。于是已破秦军，项羽召见诸侯将，入辕门，无不膝行而前，莫敢仰视。项羽由是始为诸侯上将军，诸侯皆属焉。

1. “悉引兵”和“皆沈船”中的“悉”“皆”两字是否重复？

2. 有《史记》版本在“入辕门”前有“诸侯将”三字，是否重复？

3. 上文有三处“无不”，《汉书》记载这段历史时去掉了后两个“无不”，你认为孰优孰劣，为什么？

合作探究

1. 清代学者史珥评论本文道：“羽之亡始于此（坑杀二十万秦卒），成于咸阳，盖不待义帝之死也。”结合选文，分析史珥话中的意思。

2. 明代文学家唐顺之评论本文道：“太史公叙立义帝以后（即选文第④段后），气魄一日盛一日，杀义帝以后气魄一日衰一日。”结合选文，分析“盛”“衰”的表现。

读史明理

1. 唐代学者司马贞评论本文道：“（项羽）假号西楚，竟未践天子之位，而身首别离，斯亦不可称‘本纪’，宜降为‘世家’。”你是否同意他的观点，为什么？

2. 如果你有机会穿越到鸿门宴之后劝说项羽，联系背景和人物性格，你会怎样说？

深度解析

项羽是不是英雄?

——解读《项羽本纪》

毫无疑问,“在艺术上,《项羽本纪》是《史记》中最精彩的篇章之一”(韩兆琦语)。对项羽这个让人又爱又恨、丰富到难以用一言半语概括的人物,我们不妨从明朝学者李贽的评价开始思考。李贽认为,“(项王)自是千古英雄”——项羽到底是不是英雄呢?

“英雄”本义

何谓“英雄”? 英,本义是“花”;花是植物最鲜艳醒目的部位,于是“英”也用以指出众的人。男权社会的视角下,“雄”代表强有力的俊杰。所以,英雄便成为才能过人者的代称。《荀子·正论》称“尧、舜者,天下之英也”;辛弃疾《永遇乐·京口北固亭怀古》感慨“英雄无觅孙仲谋处”,都抒发了古人对英雄的向往和赞叹。

以此标准评论项羽,他当然是远超常人的英雄。当然,“才能”是一个模糊的词语。作为英雄,项羽的过人才能是什么? 三国时的学者刘劭认为项羽“英分少”而雄气多,即勇武而胆气过人,但智慧谋略不足。这一见解十分精到——项羽最出色之处,便是他不畏强暴的勇武精神;最让人遗憾之处,则是他刚愎自用的粗短见识。

项王本色

《项羽本纪》描写得最精彩的两处战争,正是项羽的两次转折性战役:巨鹿之战,项羽在绝境中击破秦军主力,奠定灭秦大业的基础;垓下之战,项羽同样在绝境中任意冲杀,视上万汉军如无物。如此旷世的勇武之力,谁能不佩服呢? 从宏观角度看,巨鹿之战中,其他诸侯都不敢与秦军对战,“作壁上观”,如果没有项羽的破釜沉舟,章邯便可以在击破赵军后快速移师咸阳,轻松击溃沛公军,后事如何便很难说了。可见,项羽是灭秦之役中功劳最卓著的人,没有人能与之相匹。垓下之战,虽是穷途末路的败仗,但司马迁却写出了项羽“败中求胜”的神采:几次突击,折损甚微,而杀敌无数,简直如天神下凡,不可阻挡。

所以在司马迁浓墨重彩的描绘中，读者可以分明感受到他对项羽的喜爱（同样是名将，因为个人喜好的不同，司马迁记叙卫青作战就寡淡许多）。当时的诸侯与士卒，自然也敬服这样的勇力（“膝行而前，莫敢仰视”）。项羽自号“西楚霸王”，这个“霸”字名副其实。

这种面对强大势力，却不屈不挠、拼死相抗的精神，是非常值得赞叹和传承的。所以司马迁评价其灭秦功劳之大，“近古以来未尝有也”。

英雄失路

项羽那么神勇无敌，怎么短短四年后就败给了刘邦呢？关于这个问题自古有很多探讨，我们不妨回到文中，关注司马迁的记叙重点。

在楚汉争霸前，关于项羽的记载看似光彩，其实已埋下失败的伏笔。他固然是天纵英才，但不管学什么都“不肯竟学”，这是他的浮躁。看见秦始皇的御驾，他脱口而出要取而代之，相较而言刘邦在同样场合同样心情下委婉得多（“大丈夫当如此也”），这是他的粗疏。至于他斩杀殷通的家人、坑杀二十万秦军、咸阳屠城，更显示了他的残暴。至于楚汉争霸后，鸿门宴的不忍、暗杀怀王的残酷、放逐范增的愚昧，更是不一而足——可以说在智慧谋略方面，项羽集反面教材之大成，可笑可悲。所以当他最后逃难时，一个普通的农人都要骗他走入歧路，可见他彻底失去了民心。英雄失路，理固宜然。

不过我们还要追问一句：项羽为什么会犯下这么多的错呢？他怎么不吸取一点点教训呢？性格决定命运，优势暴露弱点——项羽太过勇武，以致他不用耗费太多脑力便可赢得一切。长久以来，他既轻视了智慧的作用，又加深了对武力的自负。事实上，项羽的智慧近乎中人，一旦遇到高人便很容易暴露弱点（比如焚烧秦朝宫室后的说客、鸿门宴上的张良），所以这种自负背后，还深藏着面对智者的自卑与憎恨——所以项羽手下，智者唯有范增；如龙且、黥布这样的武将倒是层出不穷。因为在武力上没有人可以超过他，所以项羽尽可以接纳、任用其他武将；而略有智慧者只能遭他嫉妒迫害，范增便是典型的例子。

换位思考

讨论至此，我们似乎可以得出一个公允的结论：站在历史进步和勇武精神的角度，项羽是当之无愧的大英雄，司马迁以传神之笔将其写入“本纪”，确有道理。从智慧的角度来看，项羽则是不值一提的弱者，远不如刘邦和他的部下。项羽矛盾而悲剧的一生，值得后人反思。

但这样看待历史，总还是隔着一段距离的欣赏与品味，少了一些身临其境的感受与思考。设想自己是一个生活在楚汉之际的普通人，你会不会喜欢项羽，会不会认为他是一个英雄？

答案不言而喻：一个肆意屠杀俘虏，动辄屠城泄愤，心胸狭隘，热衷用武力解决问题，听不进任何劝谏的人，怎么可能成为"英雄"呢？项羽杀了那么多无辜的人，天下几乎一半的人都和他有血海深仇，对他"敬畏"或有，"敬爱"则绝无。

所以，项羽和《水浒传》中的李逵、张横一样，只能成为"故事"中的英雄，供人玩味。一旦现实中出现这样的魔星，我辈避之唯恐不及，谈何"英雄"呢？在今天，比起传唱《垓下歌》的浪漫悲情，让"项羽式"的英雄走下神坛，显然更为重要。

高祖本纪

① 高祖，沛丰邑中阳里人，姓刘氏，字季。父曰太公，母曰刘媪。其先刘媪尝息大泽之陂[(1)]，梦与神遇。是时雷电晦冥，太公往视，则见蛟龙于其上。已而有身，遂产高祖。……

② 高祖常繇咸阳，纵观，观秦皇帝，喟然太息曰："嗟乎，大丈夫当如此也！"……

③ 秦二世元年秋，陈胜等起蕲，至陈而王，号为"张楚"。诸郡县皆多杀其长吏以应陈涉。沛令恐，欲以沛应涉。掾、主吏萧何、曹参乃曰[(2)]："君为秦吏，今欲背之，率沛子弟，恐不听。愿君召诸亡在外者，可得数百人，因劫众，众不敢不听。"乃令樊哙召刘季。刘季之众已数十百人矣。

④ 于是樊哙从刘季来。沛令后悔，恐其有变，乃闭城城守，欲诛萧、曹。萧、曹恐，逾城保刘季[(3)]。刘季乃书帛射城上，谓沛父老曰："天下苦秦久矣。今父老虽为沛令守，诸侯并起，今屠沛。沛今共诛令，择子弟可立者立之，以应诸侯，则家室完。不然，父子俱屠，无为也。"父老乃率子弟共杀沛令，开城门迎刘季，欲以为沛令。刘季曰："天下方扰，诸侯并起，今置将不善，一败涂地。吾非敢自爱，恐能薄，不能完父兄子弟。此大事，愿更相推择可者。"萧、曹等皆文吏，自爱，恐事不就，后秦种族其家，尽让刘季。诸父老皆曰："平生所闻刘季诸珍怪，当贵，且

卜筮之，莫如刘季最吉。”于是刘季数让。众莫敢为，乃立季为沛公。……

⑤ 当是时，秦兵强，常乘胜逐北，诸将莫利先入关。独项羽怨秦破项梁军，奋，愿与沛公西入关。怀王诸老将皆曰：“项羽为人僄悍猾贼[4]。项羽尝攻襄城，襄城无遗类，皆阬之，诸所过无不残灭。且楚数进取，前陈王、项梁皆败。不如更遣长者扶义而西[5]，告谕秦父兄。秦父兄苦其主久矣，今诚得长者往，毋侵暴，宜可下。今项羽僄悍，今不可遣。独沛公素宽大长者，可遣。”卒不许项羽，而遣沛公西略地，收陈王、项梁散卒。……

⑥ 沛公引兵西，遇彭越昌邑，因与俱攻秦军，战不利。还至栗，遇刚武侯，夺其军，可四千余人，并之。与魏将皇欣、魏申徒武蒲之军并攻昌邑，昌邑未拔。西过高阳。郦食其为监门，曰：“诸将过此者多，吾视沛公大人长者。”乃求见说沛公。沛公方踞床[6]，使两女子洗足。郦生不拜，长揖，曰：“足下必欲诛无道秦，不宜踞见长者。”于是沛公起，摄衣谢之，延上坐。……

⑦ 当是时，赵别将司马卬方欲渡河入关，沛公乃北攻平阴，绝河津。南，战雒阳东，军不利，还至阳城，收军中马骑，与南阳守齮战犨东，破之。略南阳郡，南阳守齮走，保城守宛。沛公引兵过而西。张良谏曰：“沛公虽欲急入关，秦兵尚众，距险。今不下宛，宛从后击，强秦在前，此危道也。”于是沛公乃夜引兵从他道还，更旗帜[7]，黎明，围宛城三匝。南阳守欲自刭。其舍人陈恢曰：“死未晚也。”乃逾城见沛公，曰：“臣闻足下约，先入咸阳者王之。今足下留守宛。宛，大郡之都也，连城数十，人民众，积蓄多，吏人自以为降必死，故皆坚守乘城。今足下尽日止攻[8]，士死伤者必多；引兵去宛，宛必随足下后[9]：足下前则失咸阳之约，后又有强宛之患。为足下计，莫若约降，封其守，因使止守，引其甲卒与之西。诸城未下者，闻声争开门而待，足下通行无所累。”沛公曰：“善。”乃以宛守为殷侯，封陈恢千户。引兵西，无不下者。……

⑧ 汉元年十月，沛公兵遂先诸侯至霸上。秦王子婴素车白马，系颈以组，封皇帝玺符节，降轵道旁[10]。诸将或言诛秦王。沛公曰：“始怀王遣我，固以能宽容；且人已服降，又杀之，不祥。”乃以秦王属吏，遂西入咸阳。欲止宫休舍，樊哙、张良谏，乃封秦重宝财物府库，还军霸上。召诸县父老豪桀曰：“父老苦秦苛法久矣，诽谤者族，偶语者弃市[11]。吾与诸侯约，先入关者王之，吾当王关中。与父老约，法三章耳：杀人者死，伤人及盗抵罪。余悉除去秦法。诸吏人皆案堵如

故[12]。凡吾所以来，为父老除害，非有所侵暴，无恐！且吾所以还军霸上，待诸侯至而定约束耳。”乃使人与秦吏行县乡邑，告谕之。秦人大喜，争持牛羊酒食献飨军士。沛公又让不受，曰：“仓粟多，非乏，不欲费人。”人又益喜，唯恐沛公不为秦王。……

⑨ 新城三老董公遮说汉王以义帝死故[13]。汉王闻之，袒而大哭[14]。遂为义帝发丧，临三日。发使者告诸侯曰：“天下共立义帝，北面事之。今项羽放杀义帝于江南，大逆无道。寡人亲为发丧，诸侯皆缟素。悉发关内兵，收三河士，南浮江汉以下，愿从诸侯王击楚之杀义帝者。”……

⑩ 五年，高祖与诸侯兵共击楚军，与项羽决胜垓下。……项羽之卒可十万。淮阴先合，不利，却。孔将军、费将军纵，楚兵不利，淮阴侯复乘之，大败垓下。项羽卒闻汉军之楚歌，以为汉尽得楚地，项羽乃败而走，是以兵大败。使骑将灌婴追杀项羽东城，斩首八万，遂略定楚地。……

⑪ 太史公曰：夏之政忠[15]。忠之敝，小人以野[16]，故殷人承之以敬[17]。敬之敝，小人以鬼[18]，故周人承之以文[19]。文之敝，小人以僿[20]，故救僿莫若以忠。三王之道若循环，终而复始。周秦之间，可谓文敝矣。秦政不改，反酷刑法，岂不缪乎？故汉兴，承敝易变，使人不倦，得天统矣。……

题解

本篇记述了汉朝开国皇帝刘邦起事反秦，与楚相争，最后一统天下的过程。刘邦为人虽有诸多毛病，但顺应天时，从和民心，知人善任，终究战胜了不可一世的项羽，并且为四百多年的汉王朝奠定了基础。选文着重选取了刘邦起事至楚汉相争的史料，以与《项羽本纪》对照，彰显刘邦战胜项羽的必然性。

注释

(1)陂(bēi)：水边。(2)掾：县令的属吏，此指曹参。主吏：此指萧何。(3)保：依靠。(4)僄悍猾贼：勇猛凶残。(5)长者：厚道、仁义之人。(6)踞床：伸开腿坐在坐具上。(7)此为掩人耳目，不使南阳守军知刘邦军复还。(8)尽日止攻：留下来一天到晚地攻城。(9)此指随其后而攻之。(10)轵道：今陕西西安市东北。(11)偶语：相聚而语。弃市：将罪犯处死于街头。(12)案堵：不迁动。案，同“安”。(13)三老：掌管教化的官。遮说：拦路诉说。(14)袒：脱去上衣的左袖。(15)忠：质朴忠厚。(16)敝：衰败。小人：百姓。野：缺少礼节，粗野。(17)敬：敬奉鬼神。(18)鬼：迷信鬼神。(19)文：此指礼节、仪容方面的典章制度。(20)僿：鄙薄、不诚恳。

课堂检测

1. 解释加点字，指出个别加点字的用法。
2. 指出划波浪线的句子在句式上的特点，并翻译成现代汉语。

文言积累

1. 下列选项中“以”字含义和用法与其他三项不一样的是 （　　）

   A. 诸郡县皆多杀其长吏以应陈涉　　B. 欲以沛应涉

   C. 系颈以组　　D. 故殷人承之以敬

2. 下列选项中加点字不是通假字的一项是 （　　）

   A. 高祖常繇咸阳　　B. 而遣沛公西略地

   C. 诸侯并起　　D. 皆阬之

3. 下列选项中加点字词活用现象与其他三项不一样的是 （　　）

   A. 乃闭城城守　　B. 刘季乃书帛射城上

   C. 而遣沛公西略地　　D. 秦王子婴素车白马

4. 将下列句子翻译成现代汉语。

   (1) 今置将不善，一败涂地。吾非敢自爱，恐能薄，不能完父兄子弟。

   ____

   (2) 为足下计，莫若约降，封其守，因使止守，引其甲卒与之西。

   ____

阅读提示

1. 比较第②段中刘邦之语和《项羽本纪》中项羽见始皇帝之语，分析两人性格的异同。

   ____

2. 联系上下文，推测第④段中“沛令后悔”的原因。

3. 分析第⑧段中“秦人大喜”和“人又益喜”的原因。

咬文嚼字

分析下列语段中个别字词的表达作用。

当是时，秦兵强，常乘胜逐北，诸将莫利先入关。独项羽怨秦破项梁军，奋，愿与沛公西入关。怀王诸老将皆曰：“项羽为人慓悍猾贼。项羽尝攻襄城，襄城无遗类，皆阬之，诸所过无不残灭。且楚数进取，前陈王、项梁皆败。不如更遣长者扶义而西，告谕秦父兄。秦父兄苦其主久矣，今诚得长者往，毋侵暴，宜可下。今项羽慓悍，今不可遣。独沛公素宽大长者，可遣。”卒不许项羽，而遣沛公西略地，收陈王、项梁散卒。

1. 上文中有三处“长者”，是否重复？

2. 分析“卒不许项羽”中“卒”字的作用。

合作探究

1. 清代学者李晚芳评论本文道：“前虚写，后实写。……语语入神。”结合第①、⑧段，分析“虚”“实”之处。

2. 明代学者钟惺评论本文道：“（郦食其拜见沛公一段）以英雄机锋相撩，庸人不知。"结合第⑥段，分析两人的"机锋"之处。

读史明理

1. 清代文学家袁枚评论本文道："《高祖本纪赞》以忠质立义，明乎继三代者高祖也，最为得体。"结合选文，分析刘邦"忠"的表现。

2. 和《项羽本纪》选文比较，简要分析刘邦战胜项羽的原因。

深度解析

"三代循环"视角下的明主

——解读《高祖本纪》

"不正"的开国之君

若要问一般读者：更喜欢刘邦还是项羽？答案多半会是那位叱咤风云、神武过人的西楚霸王。后人即便赞许刘邦，更多也是着眼于其纳谏的胸怀和统一的功绩，对于其人，多无好感。清代学者王鸣盛在《十七史商榷》中列举沛公得项梁之助、夺项羽破秦之功的史实，评价他"谲而不正"，可谓是公允之论。

而在《高祖本纪》中，刘邦的"负面描写"也是草蛇灰线，不时可见。开篇记载刘邦早年不务正业，欺辱小吏，吃霸王餐，说无根话——活脱脱一个无赖的形象，哪里有开国之君的风范？即便是那些神奇的"帝王之象"，也被司马迁写得过分离奇，反而显得拙劣和虚假；斩白蛇一段中，司马迁也以"高祖乃心独喜，自负"，暗示这不过是他安排的表演罢了。更不用说之后怠慢郦食其，舍弃亲生子女，无端诛杀功臣等行为。总之，汉高祖在本纪中看起来"灰头土脸"的，很难让人尊敬，更不用说喜欢。东汉王允评价《史记》是一部"谤书"，便根源于此。

当然，这正是《史记》的价值所在。“不虚美，不隐恶”，能如实记载人物的优缺点——无论他的地位如何都不做掩饰，正是中国史官精神的核心要义。这样既保存了历史的真相，也让人物显得更真实丰满。相比后世很多传记中面目模糊、光芒万丈的君王，汉高祖的确更真切生动。

“太史公曰”的微光

虽然劣迹不少、才华有限，司马迁对汉高祖的评价并不止于批评。恰恰相反，从某种程度上来说，汉高祖在他心目中的地位要远高于项羽。线索，就在《高祖本纪》的“太史公曰”中。

一般的“太史公曰”，主要为司马迁对传主的综合评价，间或插入一些正文不便记录的琐事和逸闻。而《高祖本纪》的“太史公曰”与众不同，不谈高祖，而是飞跃时空，从远古的夏朝起笔，纵论三代循环的政治因果。司马迁认为，三朝的开端各有优势，但时光渐变、人心散弛，优势渐渐演化为弊端，导致王朝衰败崩溃。随后新的王朝便会吸取教训，以新的优势弥补前朝之不足。如此首尾循环，生生不息——而汉朝，便是一改周秦之“文敝”，恢复夏朝“忠道”的天命之选，而非暴虐成灾的秦朝或西楚政权。

作为个人的刘邦不过是一介无赖，略有气度和才干；而作为王朝开国之君的汉高祖，便具备超人的智慧，开启了新时代的循环，拥有至高无上的地位。这就是司马迁对汉高祖的真正评价。那么，“文敝”到底是什么？汉高祖的“意义”又在哪里呢？

解读“文敝”

裴骃《史记集解》引徐广的注释，“僿”字一本作“薄”，又引郑玄注，“薄”作“苟习文法，无悃诚也”解。大概意思是：随随便便地学习礼仪规范和文化知识，缺乏诚恳的态度。以此观照周秦之间数百年的历史，果然如此！

春秋战国至楚汉之际，是中华文化孕育新生命、开拓新方向的伟大时期。百家争鸣的鼎盛气象，缔造出前所未有的学术氛围。仅在军事这一个领域，兵家、纵横家，乃至道家、法家、儒家都提出过精彩卓绝的见解。

然而物有所长，必有所短。遍游天下的传道者，开启了人们的心智，也诱发了他们的欲望；争奇斗艳的兵法，创造出经典的战例，也毁灭掉无辜的生灵。庄子所谓“七窍出而混沌死”的寓言，老子提倡“绝圣弃智”，其实都着眼于“郁郁乎文哉”的负面影响。作为一柄双刃剑，“文”让某些人走上康庄大道，同时让另一些人跌入无底深渊。当权者、用兵者仅仅把战争看作是争霸的手段，不考虑战争的真正意义，所以处于战争链最低端的平民和俘虏，首当其冲遭到不公正的待遇，将领和谋士也被庸俗的功利观念所迫害，即便是表面风光的胜利者，也很容易受到无端的怀疑、降职，乃至杀害。

所以在这几百年的时间里，如汉高祖那样宽赦俘虏的事例少之又少，如项羽、白起那样残杀俘虏的暴行则屡见不鲜；如汉高祖那样善于用人的明君少之又少，如项羽那样不善纳谏的独夫则不胜枚举；如汉高祖“约法三章”、不扰民生的长者少之又少，如项羽那样以屠城为家常便饭的黩武者则多如牛毛。

“文”既开了征伐和杀戮的先头，又淡化了人们对于“忠”的重视，以“文敝”来总结此数百年间的弊端最恰当不过。而汉高祖无论是对待平民、俘虏，还是名臣贤士，其所作所为都与司马迁提倡的“宽仁”标准相符合，真是值得尊敬的“明主”！

“明主”的余音

尽管把刘邦写得宽仁如此，司马迁仍在《本纪》中有所暗示：没有谁是天生的明君，像刘邦这样的无赖更不会主动“爱人”。所以《本纪》中记载刘邦做决策前，往往有旁人谏言。反秦起事，源于萧何、曹参的鼓动；礼敬郦食其，是因为对方言语的点醒；约法三章、还军霸上，幸得樊哙和张良的建议；楚汉争霸的关键时刻，暗示他封韩信为齐王、封彭越为梁王的还是张良……总之，面对各种诱惑和挑战，刘邦的真实反应往往是任性随意、容易引发祸端的，而身边谋臣武将的谏议却是深思熟虑、万无一失的。这便是《史记》行文中的重要提示：君主之“圣明”并非天授，而是来自身边人不断的提点和君主的虚怀若谷。唯有如此，才能最终成功，“使人不倦，得天统矣”！

当然，靡不有初，鲜克有终。王朝草创时的君主，筚路蓝缕，大多能从善如流；稳定繁盛后的帝王，渐生骄纵轻慢，旁人便也不敢再进言了，英明如汉武帝、唐玄宗，也不能免俗。回看《高祖本纪》，不禁要赞叹司马迁超前的眼光，更愿今人能以史为鉴，正视“文敝”，宽仁持正。

第四讲　立德与立功的辨析

主题导读

汉文帝和汉武帝是西汉除汉高祖外最重要的两位帝王。前者开创“文景之治”，为西汉奠定发展基础；后者开疆拓土、锐意改制，影响甚至超越高祖。一般认为，《孝武本纪》的文字基本散失，今本文字是褚少孙依据《封禅书》所补（要了解汉武帝，还得细读《汉书》）。但《封禅书》终究还是司马迁手笔，从中依旧能窥见其想法，所以对比《史记》中两人的本纪，依然可以看出司马迁的鲜明态度：太上立德，其次立功——两位帝王的差别，正在其中。

孝文本纪

① 孝文皇帝(1)，高祖中子也。高祖十一年春，已破陈豨军，定代地，立为代王，都中都(2)。太后薄氏子。即位十七年(3)，高后八年七月，高后崩。九月，诸吕吕产等欲为乱，以危刘氏，大臣共诛之，谋召立代王，事在《吕后》语中。……

② （元年）十二月，上曰：“法者，治之正也，所以禁暴而率善人也(4)。今犯法已论，而使毋罪之父母妻子同产坐之，及为收帑(5)，朕甚不取。其议之。”有司皆曰：“民不能自治，故为法以禁之。相坐坐收，所以累其心，使重犯法(6)，所从来远矣。如故便。”上曰：“朕闻法正则民悫(7)，罪当则民从。且夫牧民而导之善者，吏也。其既不能导，又以不正之法罪之，是反害于民为暴者也。何以禁之？朕未见其便，其孰计之。”有司皆曰：“陛下加大惠，德甚盛，非臣等所及也。请奉诏书，除收帑诸相坐律令。”……

③ （二年）十一月晦，日有食之。十二月望，日又食。上曰：“朕闻之，天生蒸民(8)，为之置君以养治之。人主不德，布政不均，则天示之以菑(9)，以诫不治。乃十一月晦，日有食之，适见于天(10)，菑孰大焉！朕获保宗庙，以微眇之身托于

兆民君王之上，天下治乱，在朕一人，唯二三执政犹吾股肱也。朕下不能理育群生，上以累三光之明[11]，其不德大矣。令至，其悉思朕之过失，及知见思之所不及，匄以告朕[12]。及举贤良方正能直言极谏者，以匡朕之不逮。因各饬其任职，务省繇费以便民。朕既不能远德，故憪然念外人之有非[13]，是以设备未息。今纵不能罢边屯戍，而又饬兵厚卫，其罢卫将军军[14]。太仆见马遗财足，余皆以给传置[15]。"

④ 正月，上曰："农，天下之本，其开籍田，朕亲率耕，以给宗庙粢盛。"[16]……

⑤ 上曰："古之治天下，朝有进善之旌，诽谤之木，所以通治道而来谏者[17]。今法有诽谤妖言之罪，是使众臣不敢尽情，而上无由闻过失也。将何以来远方之贤良？其除之。民或祝诅上以相约结而后相谩[18]，吏以为大逆，其有他言，而吏又以为诽谤。此细民之愚无知抵死，朕甚不取。自今以来，有犯此者勿听治。"……

⑥（十三年）五月，齐太仓令淳于公有罪当刑，诏狱逮徙系长安[19]。太仓公无男，有女五人。太仓公将行会逮，骂其女曰："生子不生男，有缓急非有益也！"其少女缇萦自伤泣，乃随其父至长安，上书曰："妾父为吏，齐中皆称其廉平，今坐法当刑。妾伤夫死者不可复生，刑者不可复属，虽复欲改过自新，其道无由也。妾愿没入为官婢，赎父刑罪，使得自新。"书奏天子，天子怜悲其意，乃下诏曰："盖闻有虞氏之时，画衣冠异章服以为僇[20]，而民不犯。何则？至治也。今法有肉刑三，而奸不止，其咎安在？非乃朕德薄而教不明欤？吾甚自愧。故夫驯道不纯而愚民陷焉[21]。《诗》曰'恺悌君子，民之父母'。今人有过，教未施而刑加焉，或欲改行为善而道毋由也。朕甚怜之。夫刑至断支体，刻肌肤，终身不息，何其楚痛而不德也，岂称为民父母之意哉！其除肉刑。"……

⑦ 后二年，上曰："朕既不明，不能远德，是以使方外之国或不宁息。夫四荒之外不安其生，封畿之内勤劳不处，二者之咎，皆自于朕之德薄而不能远达也。间者累年匈奴并暴边境，多杀吏民，边臣兵吏又不能谕吾内志，以重吾不德也。夫久结难连兵，中外之国将何以自宁？今朕夙兴夜寐，勤劳天下，忧苦万民，为之怛惕不安[22]，未尝一日忘于心，故遣使者冠盖相望，结轶于道[23]，以谕朕意于单于。今单于反古之道，计社稷之安，便万民之利，亲与朕俱弃细过，偕之大道，结兄弟之义，以全天下元元之民[24]。和亲已定，始于今年。"

⑧ 后六年冬，匈奴三万人入上郡，三万人入云中。以中大夫令勉为车骑将军，军飞狐；故楚相苏意为将军，军句注；将军张武屯北地；河内守周亚夫为将军，居细柳；宗正刘礼为将军，居霸上；祝兹侯军棘门：以备胡。数月，胡人去，亦罢。……

⑨ 太史公曰：孔子言"必世然后仁[25]。善人之治国百年，亦可以胜残去杀"。诚哉是言！汉兴，至孝文四十有余载，德至盛也。廪廪乡改正服封禅矣，谦让未成于今[26]。呜呼，岂不仁哉！

题解

本篇记述了孝文帝刘恒在大臣诛灭诸吕后，果断入朝继承皇位，以及为帝后施行一系列善政的过程，塑造了一个作者所欣赏向往的明君形象。选文略去孝文帝称帝前后的一些琐事，重点节录其施政的几个片段，以显示"文景之治"的真实景象。

注释

(1)孝文皇帝：名恒，前179—前157在位。(2)代地：约今山西省北部及河北省西北部。中都：今山西平遥县西南。(3)此指刘恒为代王的第十七年。(4)正：原则、标准。率善人：引导人改恶向善。(5)同产：同胞。收帑：没入官府为奴；帑，通"奴"。(6)坐收：因连坐收监入狱。累：使疲累，此指拘束。重：以……为重，此指不轻率。(7)悫(què)：诚实谨慎。(8)蒸民：黎民；蒸，通"烝"，众。(9)菑：通"灾"，此指前文的特殊日象。(10)适：通"谪"，罚。(11)三光：日、月、星。(12)匄(gài)：同"丐"，求。(13)僩(xiàn)然：戒惧不安的样子。外人之有非：境外民族寻衅滋事。(14)此指罢去新增的军队。(15)太仆见马：太仆管理的皇帝现有的马匹。遗财足：留到够用即可；财，通"才"。传置：驿站。(16)籍田：皇帝亲自耕种的农田。粢盛：祭祀用的谷物。(17)诽谤之木：供百姓书写政治过失的华表。通治道：使治国之道上下沟通。(18)此指有些人曾一起诅咒皇上，约好都不说，后来闹翻了便互相攻击告发。(19)诏狱：关押皇帝下令逮捕的犯人的监狱。(20)画衣冠：在犯人衣帽上画出标志。异章服：让罪犯的衣帽与常人不同。僇：同"戮"，惩罚。(21)驯道：同"训导"。(22)怛(dá)惕：忧劳哀伤的样子。

(23)轶：同“辙”。(24)元元：黎元，百姓。(25)世：三十年曰一世。(26)廪廪：接近、靠近的样子。改正服：改正朔、易服色。谦让未成于今：此指由于文帝谦让，以上诸事都没进行。

课堂检测

1. 解释加点字，指出个别加点字的用法。

2. 指出划波浪线的句子在句式上的特点，并翻译成现代汉语。

文言积累

1. 下列选项中“而”字含义和用法与其他三项不一样的是（　　）

A. 所以禁暴而率善人也

B. 今犯法已论，而使毋罪之父母妻子同产坐之

C. 且夫牧民而导之善者

D. 所以通治道而来谏者

2. 下列选项中“其”字用法与其他三项不一样的是（　　）

A. 其议之　　B. 所以累其心，使重犯法

C. 其既不能导，又以不正之法罪之　　D. 朕未见其便

3. 将下列句子翻译成现代汉语。

(1) 天下治乱，在朕一人，唯二三执政犹吾股肱也。

(2) 今法有诽谤妖言之罪，是使众臣不敢尽情，而上无由闻过失也。将何以来远方之贤良？

阅读提示

1. 根据第②段，汉文帝为什么废除连坐之法？

2. 根据第⑥段，汉文帝提及有虞氏的作用是什么？

咬文嚼字

分析下列语段中个别字词的表达作用。

后二年，上曰："朕既不明，不能远德，是以使方外之国或不宁息。夫四荒之外不安其生，封畿之内勤劳不处，二者之咎，皆自于朕之德薄而不能远达也。间者累年匈奴并暴边境，多杀吏民，边臣兵吏又不能谕吾内志，以重吾不德也。夫久结难连兵，中外之国将何以自宁？今朕夙兴夜寐，勤劳天下，忧苦万民，为之怛惕不安，未尝一日忘于心，故遣使者冠盖相望，结轶于道，以谕朕意于单于。今单于反古之道，计社稷之安，便万民之利，亲与朕俱弃细过，偕之大道，结兄弟之义，以全天下元元之民。和亲已定，始于今年。"

1. 分析"朕既不明"中"既"字的作用。

2. 本段的两个"今"是否重复，能否删去后一个"今"字？

合作探究

1. 清代学者汤谐评论本文道："史公在孝武时作《孝文纪》，尤极无穷慨慕也。"结合选文第③段，分析作者是如何表现"慨慕"之情的。

2. 清代学者李景星评论本文的"太史公曰"道："赞语气脉音节俱佳，有似承似转，若断若续之妙。"结合选文第⑨段，试从内容和形式两个角度加以分析。

读史明理

1. 明代学者钟惺评论本文道:“文帝用兵远过武帝……文帝在安天下,故卒归于无事。”联系选文第⑦、⑧段,分析汉文帝用兵的过人之处。

2. 当代学者杨燕起评论本文道:“本文重又突出一个‘德’字,再一次强调德治对于政治兴坏的真实意义。”联系选文,概括汉文帝“德治”的体现,并谈谈你的看法。

深度解析

“立德”之辨

——解读《孝文本纪》

在清代学者汤谐眼里,开创了“文景之治”的汉文帝,是“三代后第一贤君”。南宋学者陈仁子更是赞誉道:“西汉有帝王气象,文帝一人而已。”究竟是怎样的言行功绩,让他超越了高祖、武帝,受到如此的推崇?细读《孝文本纪》,自有许多启发。

“法”之再定义

文帝即位后,发布了一篇关于法律的诏令。这篇诏令推心置腹,一改春秋战国秦朝以来严刑峻法之风,吹来一阵温柔敦厚的气象:文帝先重新定位“法律”的性质和作用,法律不该用来震慑人心,更不为树立君威,而是引导民众向善除恶的工具;既然从“善意”出发,自然要减除令百姓惶惶不安的连坐之法。最可贵的是,文帝把“善恶”之责归结给管理者而非下层民众,由此为“宽政之法”找到了最坚实的定位基础。对比商鞅变法、管仲为政、高祖对待功臣的莫须有之罪,文帝关于“法”的观念便更显得特别。

这些改革,与儒家的精神相符。把文帝的话和《论语》中“其身正,不令而行;

其身不正，虽令不从”“道之以德，齐之以礼，有耻且格”“为政以德，譬如北辰，居其所而众星共之”等言语比较，两者正如严丝合缝的两块虎符，一同迸发出闪耀的光芒。

值得关注的是，在《史记》各篇本纪中，只有《孝文本纪》记录诏令最齐全详细，其余的本纪中，则几乎不予记录。这种鲜明的态度正显示了司马迁对文帝政令的赞许和对其他皇帝的反思。

“仁”之再审视

相比黄帝、尧舜等几位上古仁君，文帝时代的国家更广大，社会形态更成熟，面对的问题也更复杂繁难。由此，文帝的“宽仁”，更有当代意义（对于司马迁而言）。司马迁在此显示了独特的眼光——农业方面的改革，他不详细记载，只是一笔带过，却花了相当的篇幅来记载一桩小案件（即淳于公之事）。淳于公只是一介小令，他的小女儿缇萦更是身份低微。县令之女，却能顺利向文帝上书，这至少说明了两个问题：首先，文帝是一个虚怀若谷之人，无论上书者身份高低他都能认真对待；其次，文帝已经营造了一个上下通畅、清正廉明的政治环境，所以缇萦可以顺利上书，而不用操心打通门路等“枉道”。是故淳于公、缇萦之事虽“小”，折射出文帝宽仁实“大”，正有窥一斑而知全豹的功用。

另外，文帝在这件事中的言语也很特别。他没有直接道歉或更改法令，而是先引用上古贤君作为当下的参照物。不以君王的威严径直决定，而是用合情合理的言语引导百官思考“肉刑”的残酷之处，这种谦和温婉的语言艺术，同样是文帝特有的“宽仁”特征。

“德”之再辨析

陈仁子评价本文道：“仁有本有末，曰‘赈贷’，曰‘养老’，曰‘赐租’，此末也；和匈奴而不轻用兵……此本也。”清代学者齐树楷发现，“各本纪言‘德’者，唯此（《孝文本纪》）为最多，计通篇言‘德’共四十有三”。把这两句话放在一起思考，便可以发现：对外政策上的保守（主要是对待匈奴之策），是文帝“德政”的核心。

相比高祖和武帝对匈奴的连年征伐，文帝一朝很少发动大型战争。偶有一战，也主要是边疆的防御战，并不耗费大军远征敌后。这说明，文帝考察了汉匈纷争不断的历史，意识到战争无法从根本上解决问题（北方草原广大，匈奴居处分散且机动性强，很难一战功成），这是他战略上的高明见识。进而文帝采用和亲政策，诚恳地与匈奴联姻，以此做到保持联系，柔以化之，这是具体战术上的良策。即便匈奴再次入侵，他也不优先求战，而是通过积极的防御自动逼退敌军，既抵挡了入侵，又避免了过多的死伤和损耗，这是“不战而屈人之兵”的最高艺术。

这一本纪中，司马迁详细引用了文帝的诏令，以此表明文帝一朝对待匈奴的政策。这是《史记》富有创造性的一种手法——“寓论断于叙事”，即在正文中借助历史人物之口，道司马迁本人之观点。如此，既避免在史传中掺杂作者之语、影响史传的客观性，也顺理成章地借古人之口，下不刊之论，明作者之立场（但《史记》也并不完全遵守这个规律，偶有如《伯夷列传》这样的破例，在正文中直接表达特殊的情意）。

总之，正如清代学者吴见思所言，“此纪通篇与武帝事对照”，终身为“立功”而奔忙的汉武帝，或许的确有雄才伟略之处，但相比“一事无成”却卓然“立德”的汉文帝，武帝终究只是一个孤独的君主，而非万民敬仰的“至盛”之君。

孝武本纪

① 孝武皇帝者，孝景中子也。母曰王太后。孝景四年，以皇子为胶东王。孝景七年，栗太子废为临江王[(1)]，以胶东王为太子。孝景十六年崩，太子即位，为孝武皇帝。孝武皇帝初即位，尤敬鬼神之祀。……

② 是时而李少君亦以祠灶、谷道、却老方见上[(2)]，上尊之。少君者，故深泽侯入以主方[(3)]。匿其年及所生长，常自谓七十，能使物[(4)]，却老。其游以方遍诸侯。无妻子。人闻其能使物及不死，更馈遗之，常余金钱帛衣食。人皆以为不治产业而饶给，又不知其何所人，愈信，争事之。少君资好方，善为巧发奇中[(5)]。尝从武安侯饮[(6)]，坐中有年九十余老人，少君乃言与其大父游射处，老人为儿时从其大父行，识其处，一坐尽惊。少君见上，上有故铜器，问少君。少君曰：“此器齐桓公十年陈于柏寝。”已而案其刻，果齐桓公器。一宫尽骇，以少君为神，数百岁人也。

③ 少君言于上曰：“祠灶则致物，致物而丹砂可化为黄金，黄金成以为饮食器则益寿，益寿而海中蓬莱仙者可见，见之以封禅则不死，黄帝是也。臣尝游海

上，见安期生[7]，食臣枣，大如瓜。安期生，仙者，通蓬莱中，合则见人，不合则隐。”于是天子始亲祠灶，而遣方士入海求蓬莱安期生之属，而事化丹砂诸药齐为黄金矣[8]。

④ 居久之，李少君病死。天子以为化去不死也，而使黄锤史宽舒受其方[9]。求蓬莱安期生莫能得，而海上燕齐怪迂之方士多相效，更言神事矣。……

⑤ 其明年，齐人少翁以鬼神方见上。上有所幸王夫人，夫人卒，少翁以方术盖夜致王夫人及灶鬼之貌云，天子自帷中望见焉。于是乃拜少翁为文成将军，赏赐甚多，以客礼礼之。文成言曰：“上即欲与神通，宫室被服不象神，神物不至。”乃作画云气车，及各以胜日驾车辟恶鬼[10]。又作甘泉宫，中为台室，画天、地、泰一诸神，而置祭具以致天神。居岁余，其方益衰，神不至。乃为帛书以饭牛，详弗知也，言此牛腹中有奇。杀而视之，得书，书言甚怪，天子疑之。有识其手书，问之人，果伪书。于是诛文成将军而隐之。……

⑥ 自得宝鼎，上与公卿诸生议封禅。封禅用希旷绝[11]，莫知其仪礼，而群儒采封禅《尚书》《周官》《王制》之望祀射牛事[12]。齐人丁公年九十余，曰：“封者，合不死之名也。秦皇帝不得上封。陛下必欲上，稍上即无风雨，遂上封矣[13]。”上于是乃令诸儒习射牛，草封禅仪。数年，至且行。天子既闻公孙卿及方士之言，黄帝以上封禅，皆致怪物与神通，欲放黄帝以尝接神仙人蓬莱士[14]，高世比德于九皇，而颇采儒术以文之。群儒既以不能辩明封禅事，又牵拘于《诗》《书》古文而不敢骋。上为封祠器示群儒，群儒或曰“不与古同”，徐偃又曰“太常诸生行礼不如鲁善”，周霸属图封事，于是上绌偃、霸，尽罢诸儒弗用[15]。

⑦ 三月，遂东幸缑氏[16]，礼登中岳太室。从官在山下闻若有言“万岁”云。问上，上不言；问下，下不言。于是以三百户封太室奉祠，命曰崇高邑。东上泰山，山之草木叶未生，乃令人上石立之泰山颠[17]。

⑧ 上遂东巡海上，行礼祠八神[18]。齐人之上疏言神怪奇方者以万数，然无验者。乃益发船，令言海中神山者数千人求蓬莱神人。公孙卿持节常先行候名山，至东莱，言夜见一人，长数丈，就之则不见，见其迹甚大，类禽兽云。群臣有言见一老父牵狗，言“吾欲见巨公”[19]，已忽不见。上既见大迹，未信，及群臣有言老父，则大以为仙人也。宿留海上，与方士传车及间使求仙人以千数[20]。……

⑨ 太史公曰：余从巡祭天地诸神名山川而封禅焉。入寿宫侍祠神语，究观

方士祠官之言[21]，于是退而论次自古以来用事于鬼神者，具见其表里[22]。后有君子，得以览焉。至若俎豆珪币之详，献酬之礼[23]，则有司存焉。

题解

本篇除开头，其余皆节录自《封禅书》的后半篇。学术界一般认为，《孝武本纪》本名《今上本纪》，原文已佚，后人为保持《史记》形式上的完整而以《封禅书》的内容补上这一篇。尽管如此，这些内容依然体现了太史公对孝武帝的看法，对照《孝文本纪》，读者可以品味两人的差异与高下。

注释

(1)栗太子：名荣，景帝长子，景帝四年被立为太子。栗姬所生，故史称栗太子。后因后宫倾轧被废致死。(2)祠灶：祭祀灶神。谷道：辟谷不食的修身术。却老：延缓衰老。(3)此处“入”当作“人”，“以”为衍文。深泽侯：西汉开国功臣赵将夜的爵位。主方：主管方药。(4)使物：操控精灵魔怪。(5)资好方：天性喜好方术。善为巧发奇中：善于猜中人的心理。(6)武安侯：田蚡，武帝之舅。(7)安期生：传说中楚汉时的神人。(8)齐：通“剂”。(9)黄锤：县名，今山东黄县、福山县一带。史舒宽：人名。(10)此指每天改乘不同颜色的车子以驱避恶鬼。(11)此指封禅之礼用者知者稀少。(12)望祀：遥望而祭的仪式。射牛：祭祀宗庙时天子亲自杀牛的仪式。(13)此指先向上走一段试试，如果没有风雨，就可以一直上去了。(14)放：同“仿”，效法。(15)徐偃：儒生名。太常：主持宗庙礼仪的官。周霸：参与起草封禅礼仪的博士。属：正在。图：谋划。(16)缑氏：县名，今河南偃师市东南。(17)上石：从山下往山上运石头。(18)东巡海上：此指沿着山东半岛北部海边东行。行礼祠八神：在行进中沿途祭祀八个神。(19)巨公：暗指皇帝。(20)传车：驿站上供过往使者所用的马车。间使：密使。(21)究观：深入观察。(22)论次：罗列其事，论证其理。(23)俎豆珪币之详，献酬之礼：指祭祀的具体仪式、章法细节。献酬，向鬼神献牲敬酒。

课堂检测

1. 解释加点字，指出个别加点字的用法。

2. 指出划波浪线的句子在句式上的特点,并翻译成现代汉语。

文言积累

1. 下列选项中“以”字用法与其他三项不一样的是　（　　）

A. 以皇子为胶东王

B. 是时而李少君亦以祠灶、谷道、却老方见上

C. 赏赐甚多,以客礼礼之

D. 而置祭具以致天神

2. 下列选项中加点词不是古今异义的一项是　（　　）

A. 匿其年及所生长　　B. 无妻子

C. 其明年,齐人少翁以鬼神方见上　　D. 有识其手书,问之人

3. 将下列句子翻译成现代汉语。

(1) 上即欲与神通,宫室被服不象神,神物不至。

____

(2) 乃为帛书以饭牛,详弗知也,言此牛腹中有奇。

____

阅读提示

1. 第②段中李少君的“神迹”是否可信,请简要分析。

____

____

2. 联系上下文,推测第④段武帝“以为化去不死也”的原因。

____

____

3. 第⑥段中武帝为何“尽罢诸儒弗用”?

____

____

咬文嚼字

分析下列语段中个别字词的表达作用。

是时而李少君亦以祠灶、谷道、却老方见上，上尊之。少君者，故深泽侯入以主方。匿其年及所生长，常自谓七十，能使物，却老。其游以方遍诸侯。无妻子。人闻其能使物及不死，更馈遗之，常余金钱帛衣食。人皆以为不治产业而饶给，又不知其何所人，愈信，争事之。少君资好方，善为巧发奇中。尝从武安侯饮，坐中有年九十余老人，少君乃言与其大父游射处，老人为儿时从其大父行，识其处，一坐尽惊。少君见上，上有故铜器，问少君。少君曰："此器齐桓公十年陈于柏寝。"已而案其刻，果齐桓公器。一宫尽骇，以少君为神，数百岁人也。

1. 分析"是时而李少君亦以祠灶、谷道、却老方见上"中"亦"字的作用。

2. 分析上文两个"尽"字的作用。

合作探究

清代学者牛运震评论本文道："摹拟处无一实境，论断处无一直笔，可谓殚讥讽之微文，极纪载之能事矣。"结合第③、④段，分析这句话的含义。

读史明理

本文主要内容与《封禅书》相同，后世学者对此解释各异。结合选文以及《孝文本纪》，你认为太史公塑造这样一个武帝形象的真正意图是什么，请简要分析。

第五讲　太史公的经济观

主题导读

商业，在封建社会中是地位最低下的"末业"；经济制度，在很多帝王看来也只是"驱民牟利"之术。许多伟大的文学家和思想家，也未能真正认识到商业的重要性。在这种背景下，司马迁对于经济制度的重视和对商业的尊重，就显得非常珍贵与超前。本讲的两篇选文，便集中体现了司马迁的经济观念。

货殖列传

①《老子》曰："至治之极，邻国相望，鸡狗之声相闻，民各甘其食，美其服，安其俗，乐其业，至老死不相往来。"必用此为务，挽近世涂民耳目，则几无行矣(1)。

② 太史公曰：夫神农以前，吾不知已。至若《诗》《书》所述虞夏以来(2)，耳目欲极声色之好，口欲穷刍豢之味(3)，身安逸乐，而心夸矜势能之荣(4)。使俗之渐民久矣(5)，虽户说以眇论(6)，终不能化。故善者因之，其次利道之，其次教诲之，其次整齐之，最下者与之争。

③ 夫山西饶材、竹、谷、纑、旄、玉石；山东多鱼、盐、漆、丝、声色；江南出楠、梓、姜、桂、金、锡、连、丹砂、犀、玳瑁、珠玑、齿革；龙门、碣石北多马、牛、羊、旃裘、筋角；铜、铁则千里往往山出棋置：此其大较也(7)。皆中国人民所喜好，谣俗被服饮食奉生送死之具也。故待农而食之，虞而出之(8)，工而成之，商而通之。此宁有政教发征期会哉(9)？人各任其能，竭其力，以得所欲。故物贱之征贵，贵之征贱(10)，各劝其业，乐其事，若水之趋下，日夜无休时，不召而自来，不求而民出之。岂非道之所符，而自然之验邪？

④《周书》曰："农不出则乏其食，工不出则乏其事，商不出则三宝绝(11)，虞不出则财匮少。"财匮少而山泽不辟矣。此四者，民所衣食之原也。原大则饶，原

小则鲜。上则富国，下则富家。贫富之道，莫之夺予，而巧者有余，拙者不足[(12)]。故太公望封于营丘，地潟卤[(13)]，人民寡，于是太公劝其女功，极技巧，通鱼盐，则人物归之，繦至而辐凑[(14)]。故齐冠带衣履天下，海岱之间敛袂而往朝焉。其后齐中衰，管子修之，设轻重九府[(15)]，则桓公以霸，九合诸侯，一匡天下；而管氏亦有三归，位在陪臣，富于列国之君[(16)]。是以齐富强至于威、宣也。

⑤ 故曰："仓廪实而知礼节，衣食足而知荣辱。"礼生于有而废于无。故君子富，好行其德；小人富，以适其力。渊深而鱼生之，山深而兽往之，人富而仁义附焉。富者得势益彰，失势则客无所之，以而不乐。夷狄益甚。谚曰："千金之子，不死于市。"此非空言也。故曰："天下熙熙，皆为利来；天下攘攘，皆为利往。"夫千乘之王，万家之侯，百室之君，尚犹患贫，而况匹夫编户之民乎！……

题解

本篇记述了春秋以来著名商人的活动，赞扬了他们的卓越才能，并分析论证了商业活动发生发展的必然性和重大意义。本文节选了传记中较有代表性的总论部分。

注释

(1)此句意为如果一定把老子的话当作目标，后代的统治者要想治理国家就只能把百姓的眼睛、耳朵都堵起来，让他们听不到诱人的声音，看不到诱人的颜色，否则怎样也行不通。挽：同"晚"。(2)此句意为从已有历史记载的虞舜、夏禹以来。(3)刍豢：草食和谷食的牲畜。(4)夸矜：夸耀。势能：势力才能。(5)渐：浸染，熏染。(6)眇：通"妙"。(7)以上罗列了各地的特产。山西：崤山以西。山东：崤山以东。江南：今之湖南、江西、安徽。龙门、碣石：山名。棋置：像棋子一样散布。大较：大概形式。(8)虞：经营、开发山林湖泽的官。(9)发征：征调。期会：约期送达。(10)此句意为一种产品的价格如果太贱了，就将要变贵，反之亦然。之：则。征：征兆。(11)三宝：即食、事、财。财：材料、货物。(12)巧者有余，拙者不足：运作得好就能发财，反之则要赔本。(13)地潟卤：地多盐碱。(14)繦至而辐凑：像钱串子穿连铜钱、辐条归凑于车毂那样投向齐国。(15)设轻重九府：即实行许多新的经济政策。(16)三归：奢僭违礼之举，具体解释颇多。一说三房家室，娶三姓女；也有说法指税收名目。陪臣：诸侯的大夫，对周天子的自称。

课堂检测

1. 解释加点字，指出个别加点字的用法。
2. 指出划波浪线的句子在句式上的特点，并翻译成现代汉语。

文言积累

1. 下列选项中句式和其他三项不一样的一项是　（　　）
   A. 此其大较也
   B. 皆中国人民所喜好，谣俗被服饮食奉生送死之具也
   C. 此四者，民所衣食之原也
   D. 原大则饶，原小则鲜
2. 将下列句子翻译成现代汉语。
   (1) 故善者因之，其次利道之，其次教诲之，其次整齐之，最下者与之争。

   ____

   (2) 渊深而鱼生之，山深而兽往之，人富而仁义附焉。

   ____

阅读提示

1. 分析第①段引用《老子》的作用。

____

____

2. 根据第③段，梳理作者的观点。

____

____

咬文嚼字

分析下列语段中个别字词的表达作用。

太史公曰：夫神农以前，吾不知已。至若《诗》《书》所述虞夏以来，耳目欲极声色之好，口欲穷刍豢之味，身安逸乐，而心夸矜势能之荣。使俗之渐民久矣，虽户说以眇论，终不能化。故善者因之，其次利道之，其次教诲之，其次整齐之，最下者与之争。

分析“终不能化”中“终”的作用。

合作探究

近代学者梁启超论本文道：“其妙处乃在全力写背景，而传中所列举之货殖家十数人，不过借此说明此背景之例证而已。”结合选文，归纳“背景”的内涵。

读史明理

东汉史学家班固批评本文道：“述货殖则崇势利而羞贫贱。”你是否同意他的观点，请简要分析。

深度解析

“无商不奸”的辨析

——解读《货殖列传》

尴尬的商人

专营货物交易的商人，是社会中久已有之的阶层之一，扮演着不可缺少的重要作用。然而在我国传统文化中，商人却处于很尴尬的位置：无商不奸，士农工商，是人们第一时间能够想到的评价。《左传》以弦高犒师之事，暗示“连商人都爱国”，突出郑国上下一心之时，也证明了商人的卑微。商鞅变法，将“事末利”者收为奴隶。至汉武帝时，更全面推行“重农抑商”的经济政策，盐铁官营，平准均输，“于是商贾中家以上大率破”。白居易的《琵琶行》有“商人重利轻别离”，分明在道德上也输人一筹。即便清代开明的桐城派大家梅曾亮，也依然在《士说》中划出一道鸿沟：“谓用商贾负贩者之无异于用士，此士之所以终不出欤?”总之，商人在道德、能力和社会地位上，都被理所当然地打入另册。

历史学家吕思勉在《中国社会史》中谈到了“古人之贱商”的原因：“隆古（远古）之民好争，惟武健是尚，耕稼畜牧，已非所问，贸迁有无，更不必论矣，是惟贱者为之。”总之，在“修身齐家”“建功立业”之传统观念的引导、约束下，并无实绩和品第的商人，必然处于社会的底层。时至今日，这种无形的歧视仍然在人们的脑海中挥之不去，考验着顾客与商贩的信任感。这恐怕不是社会开明进步的征兆。

真实的欲望

面对这种舆论氛围，司马迁在《货殖列传》做出反击。他首先看到的，是人性中真实的欲望。人之五官，感通外界以后，喜欢听动人的音乐、看美丽的风景、品香甜的味道——这是人人可见可感的本能，无法回避，更无法否认，他还追加了一句时限，“久矣”！当然，这并非司马迁的发现。孔子也在《论语》中说过，“富与贵，是人之所欲也”，只不过孔子的着眼点不是欲望，而是克制欲望。可见只要不是违心矫情之辈，都能发现这本能的存在。既然人的欲望越来越强烈丰富，所能满足欲望的资源又极其有限，“交易”便势在必行，商人也应运而生。

更值得品味的，是《列传》开头引用了《老子》。作为道家的创始人，更作为西汉初年国策“黄老之术”所尊奉的源头，老子在当时拥有崇高的地位。其“鸡犬之声相闻”“老死不相往来”的政治理想更是千百年来人们争论的焦点。在老子的理想社会中，人是没有太多欲望的，也无需流动迁徙，所以自然没有商人的用武之地。司马迁很尊敬老子，但他更尊重事实，所以委婉地用“蒙眼”“堵耳”的譬喻指出老子言论的不切实际之处。纵使老子的言语再巧妙，也“终不能化”人们“皆为利来”的本性——对比两千多年后梅曾亮的看法，我们不能不为司马迁超凡的见识而折服。

国家的栋梁

在司马迁眼里，商人不仅是满足人们基本欲望的工具，更是社会稳定、国家兴盛的助力。《列传》中不厌其烦地列举各地的特产，并指出这些都是百姓“所喜好”;《列传》更以“山出棋置”突出这些物品分布之零散，暗示光靠国家的力量不足以流通交易。所以那些像流水一样遍布各地的商人，便成为“通之”的重要力量。人的欲望满足后便能安居乐业，这就是社会稳定的坚实基础。《列传》引用《管子》之语“仓廪实而知礼节，衣食足而知荣辱”小结商人的作用，恰如其分。

非但如此，《列传》还将商人置于整个国家运作的过程中审视，把商人与“农”“虞”“工”等量齐观，认为商业、商人是国民生计不可缺少的环节。更以“商不出则三宝绝”的论断强调抑制商业引发的负面后果：如果没有商人在其中流转沟通，农人生产的食物烂在仓库，手工业者制造的工具无所发挥，“民所衣食之原”面临着枯竭的窘境，国家也面临着动荡崩裂的危险。既然商人如此重要，那么“善者因之，其次利道之，其次教诲之，其次整齐之，最下者与之争”的结论也顺理成章。这既是对商人的重视，也是对武帝时“与民争利”做法的委婉批评。

人中的豪杰

司马迁对商人的推崇，还表现在他对商人素养的界定。《列传》中，他通过著名商人白圭之口，把商人与历史上伟大的政治家、军事家并肩而论：“吾治生产，犹伊尹、吕尚之谋，孙吴用兵，商鞅行法是也。是故其智不足与权变，勇不足以决断，仁不能以取予，强不能有所守，虽欲学吾术，终不告之矣。”言下之意，一个成功的商人必须具备“智”“勇”“仁”“强”的素质。而这些赞誉的词汇，从来都是用在孔子、张良、屈原这样的君子身上的。在当时的环境下看这番言论，的确“胆大包天”。

然而司马迁并非狂言，他详细引用齐太公、管仲“重商兴国”的事例，证明前贤今人对于商业和商人价值的正确认识，能够使国家昌盛；再对比《秦始皇本纪》《商君列传》中的微言大义，在历史的教训中进一步印证发展商业、尊重商人的必要性。遗憾的是，自《史记》后我们便很少能在史传中看到商人的伟岸身影，背负着“刁钻狡猾”恶名的商人，渐渐退出了历史舞台的中心，让历代王朝的发展逐步陷入自给自足的封闭循环。

值得一提的是，“无商不奸”的俗语本是误解。其原话本是“无尖不商”，意指米商卖米时，在称重、付款后再为顾客加上一点米，形成尖头形状，乃是惠及顾客、吸引其下次再来的营销手段，并不是指奸诈。口耳误传，莫名成了如今的模样。读《货殖列传》，就像追溯这个俗语的真相一样，帮助我们认识商人的原貌，意识到商业的重要性。如此，才不辜负司马迁的一片苦心吧。

平准书

① 汉兴，接秦之弊，丈夫从军旅，老弱转粮饟[1]，作业剧而财匮，自天子不能具钧驷，而将相或乘牛车，齐民无藏盖[2]。于是为秦钱重难用，更令民铸钱，一黄金一斤，约法省禁[3]。而不轨逐利之民，蓄积余业以稽市物，物踊腾粜[4]，米至石万钱，马一匹则百金。

② 天下已平，高祖乃令贾人不得衣丝乘车，重租税以困辱之。孝惠、高后时，为天下初定，复弛商贾之律，然市井之子孙亦不得仕宦为吏[5]。量吏禄，度官用，以赋于民。而山川园池市井租税之入，自天子以至于封君汤沐邑，皆各为私奉养焉[6]，不领于天下之经费。漕转山东粟，以给中都官，岁不过数十万石[7]。

③ 至孝文时，荚钱益多[8]，轻，乃更铸四铢钱，其文为“半两”，令民纵得自铸钱。故吴，诸侯也，以即山铸钱，富埒天子[9]，其后卒以叛逆。邓通，大夫也，以铸钱财过王者。故吴、邓氏钱布天下，而铸钱之禁生焉。

④ 匈奴数侵盗北边，屯戍者多，边粟不足给食当食者。于是募民能输及转粟于边者拜爵，爵得至大庶长。

⑤ 孝景时，上郡以西旱，亦复修卖爵令，而贱其价以招民；及徒复作[10]，得输粟县官以除罪。益造苑马以广用，而宫室列观舆马益增修矣。

⑥ 至今上即位数岁，汉兴七十余年之间，国家无事，非遇水旱之灾，民则人给家足，都鄙廪庾皆满，而府库余货财。京师之钱累巨万，贯朽而不可校。太仓之粟陈陈相因，充溢露积于外，至腐败不可食。众庶街巷有马，阡陌之间成群，而乘字牝者傧而不得聚会[11]。守闾阎者食粱肉，为吏者长子孙，居官者以为姓号[12]。故人人自爱而重犯法，先行义而后绌耻辱焉。当此之时，网疏而民富，役财骄溢，或至兼并豪党之徒，以武断于乡曲。宗室有土公卿大夫以下，争于奢侈，室庐舆服僭于上，无限度。物盛而衰，固其变也。……

⑦ 其明年，元封元年[13]，卜式贬秩为太子太傅。而桑弘羊为治粟都尉，领大农[14]，尽代仅管天下盐铁。弘羊以诸官各自市，相与争，物故腾跃，而天下赋输或不偿其僦费[15]，乃请置大农部丞数十人，分部主郡国，各往往县置均输盐铁官，令远方各以其物贵时商贾所转贩者为赋[16]，而相灌输[17]。置平准于京师，都受天下委输[18]。召工官治车诸器，皆仰给大农。大农之诸官尽笼天下之货物，贵即卖之，贱则买之。如此，富商大贾无所牟大利，则反本，而万物不得腾踊。故抑天下物，名曰“平准”。天子以为然，许之。于是天子北至朔方，东到太山，巡海上，并北边以归。所过赏赐，用帛百余万匹，钱金以巨万计，皆取足大农。

⑧ 弘羊又请令吏得入粟补官，及罪人赎罪。令民能入粟甘泉各有差，以复终身，不告缗[19]。他郡各输急处，而诸农各致粟，山东漕益岁六百万石。一岁之中，太仓、甘泉仓满。边余谷诸物均输帛五百万匹。民不益赋而天下用饶。于是弘羊赐爵左庶长，黄金再百斤焉。

⑨ 是岁小旱，上令官求雨。卜式言曰：“县官当食租衣税而已，今弘羊令吏坐市列肆，贩物求利。亨弘羊，天乃雨。”……

题解

本篇从历史发展的角度讨论了经济与政治、军事、法律、道德等诸方面的相互作用和影响，并对汉武帝“多欲”的政治提出批评，进行反思。本文节选了总论和汉武帝设立平准制度的部分。

注释

(1)转粮饟：以车运送粮食。饟，同“饷”。(2)钧驷：同种颜色的四匹马。齐民：平民。藏盖：可藏可盖之物，指积蓄。(3)约法省禁：放松限制。(4)余业：末业，此指商业。稽：囤积。粜：卖粮食，此指卖出东西。(5)市井：市场，此指商贸。(6)汤沐邑：此指王、侯、皇后、公主等受封者收取赋税的私邑。私奉养：私人生活费用。(7)漕转：船运曰漕，车运曰转。中都官：泛指京师诸官府。(8)荚钱：汉初流行的又轻又薄的铜钱，即上文私人所铸之钱。(9)埒(liè)：相比、相等。(10)徒：被判徒刑的人。复作：已被宽赦，但尚未服满劳役的犯人。(11)字牝：此指母马。傧：同“摈”，排斥。(12)为吏者长子孙：此指吏任职时间长久，至于子孙长大也未转职。居官者以为姓号:居官年久,遂以其职务为姓氏。(13)元封元年:前 110 年;元封,汉武帝年号。(14)领:以低级职位代行高级职权曰“领”。大农:大司农,掌管国家财政的高级职务。(15)僦费:运费。(16)“令远方”一句:此指令各县均输官以本地物价高时,商人从此地向外贩卖的物品为赋税。(17)而相灌输:各地均输官根据物产、物价变化,相互交流,为国家牟利。(18)平准:平准令,大司农的属官,主管全国的物资调拨、物价平衡。委输:运输。(19)甘泉:在今陕西淳化,汉代皇帝经常临幸之地,故建有大粮仓。复:免除徭役。告缗:武帝时政策,鼓励告发商人、手工业者等赋税不实。

课堂检测

1. 解释加点字,指出个别加点字的用法。
2. 指出划波浪线的句子在句式上的特点,并翻译成现代汉语。

文言积累

1. 下列选项中“而”字含义与其他三项不一样的是 ( )
   A. 而将相或乘牛车
   B. 而不轨逐利之民,蓄积余业以稽市物
   C. 而贱其价以招民
   D. 贯朽而不可校
2. 下列选项中加点词不是古今异义的一项是 ( )
   A. 作业剧而财匮　　B. 而不轨逐利之民
   C. 漕转山东粟　　D. 以武断于乡曲
3. 将下列句子翻译成现代汉语。
   (1) 故吴、邓氏钱布天下,而铸钱之禁生焉。

   ______

   (2) 故人人自爱而重犯法,先行义而后绌耻辱焉。

   ______

阅读提示

1. 分析第②段中高祖、高后对待商人态度的异同之处。

2. 联系上下文,分析第⑥段“固其变也”中“变”的含义。

咬文嚼字

分析下列语段中个别字词的表达作用。

天下已平,高祖乃令贾人不得衣丝乘车,重租税以困辱之。孝惠、高后时,为天下初定,复弛商贾之律,然市井之子孙亦不得仕宦为吏。量吏禄,度官用,以赋于民。而山川园池市井租税之入,自天子以至于封君汤沐邑,皆各为私奉养焉,不领于天下之经费。漕转山东粟,以给中都官,岁不过数十万石。

1. 分析“复弛商贾之律”中“复”字的作用。

2. 分析“然市井之子孙亦不得仕宦为吏”中“亦”字的作用。

合作探究

清代学者李晚芳评论本文道:“此谤书也。……八书中,惟此书出神入化,骤读之,无一语径直;细案之,无一事含糊。”结合第③段,分析这句话的含义。

读史明理

南宋学者黄震评论武帝的平准制度为“小人之术，展转无穷。……因兵革而财用耗，因财用耗而刑罚酷。”你是否同意他的观点？联系选文简要分析。

深度解析

在迷雾里穿行

——解读《平准书》

如果说，《货殖列传》是从民间的角度撰写商贾的传记，描摹出经济社会的百态；那么《平准书》就是从朝廷的角度撰写政策的变迁，映射出经济制度的起伏。这两篇文章无论在正史中，还是在中国经济金融史上，都具有开创性的地位。

微言中的视角

《平准书》起笔便不凡。其他的“书”，或详或略，总是“从头开始”记叙历史，交代各项制度的历史沿革。《平准书》则直接从汉朝建国开始记载，不问前事。为何如此？首先确有客观原因，上古社会发展缓慢，商业形态原始，所以国家也无太多“经济政策”可言，更不用说什么金融意识。至春秋战国时期，中原四分五裂，集中政策也无从谈起。秦朝虽集权，灭亡却快，所以《平准书》只是在开头用“汉兴，接秦之弊”一笔带过。这种大胆的“跳跃”，显示了司马迁过人的眼光和胆略。

面对建国初期财力匮乏、生活拮据的困境，高祖放宽限制，允许百姓私自铸钱，由此鼓励交易，推动生产。这种另类的货币宽松政策，的确符合当时百废待兴的现实情况。但行文至此突然出现了巨大的转折——对于那些响应国家政策、积极投身商业的百姓，《平准书》以“不轨逐利之民”贬斥之，更列举“万钱”“百金”等数字来凸显这些刁民的贪婪。这与司马迁在《货殖列传》中对商人的评价大相径庭，岂非自相矛盾？

其实不然。紧接着下文“高祖乃令贾人不得衣丝乘车”泄露了真相：以上对于商业、商人的负面评价，并非司马迁的观点，而是汉高祖的旨意。百业凋零时，高祖出于不得已才鼓励百姓铸钱经商；等到“天下已平”，朝廷刚缓过一口气后，高祖立刻恢复了对“末业”的歧视和对商人的敌意——这与历代统治者打压商业商人的政策，如出一辙。司马迁以微言法揭示了汉初经济政策的转变，既给予了商人委婉的同情，又不露声色地讽刺了高祖的虚伪。

虚无中的成长

清代学者李晚芳认为《平准书》是一篇“谤书”，固然不错，但她只看到了文中批评的部分，有失偏颇。很多当代学者评价汉朝经济政策的时候，更容易犯“以今律古”的毛病。其实，通过高祖“更令民铸钱”的政令便不难发现：彼时上至天子、下至平民，对经济规律和金融政策都所知甚少（换作当下，刚懂事的孩子也应该知道私自印钞是违法行为）。站在经济发展史起点上的高祖，并无可供参考的经验，只能在一片虚无中摸索前进。对此，司马迁保持了客观冷静的态度，具体描述汉初窘迫的财政环境，烘托“更令民铸钱”的必要性；用“量吏禄，度官用，以赋于民”点明鼓励商业政策的合理性；更以“而铸钱之禁生焉”暗示孝文帝对先前政策的反思和调整，显示了当政者的责任感和执政智慧。这些政策固有诸多值得商榷之处，但足以在中国乃至世界经济史上留下厚重的一笔，并给予后人许多感召和启发。

盛世中的危机

《平准书》的重点，是对武帝时“均输”“平准”政策的批判。“均输”，是一种为减轻民众负担而设的赋税政策，均输盐铁官直接征收本地物产，从而免除了民众的高昂运输成本。“平准”的实质则是由国家出面调控物价，贱买贵卖，使物价在全国范围内维持公平状态。

不难发现，这些政策已然具有当代“宏观调控”的雏形，是经济领域的重大贡献，也的确部分解决了武帝时民风奢侈、奸商囤货的问题。那么，司马迁的批评从何而来呢？

选文中卜式的一席话道出了关键——官员只应该靠赋税生活，如果官员代替商人“贩物求利”，就犯了大忌，乃至触怒了天意，所以非要“亨弘羊，天乃雨”！顾炎武在列举“寓论断于叙事”的例子时，第一个提及的便是卜式的这番话，可见司马迁在此的用心之深、用笔之妙。的确，商人再如何奸猾狡诈，他们的低买高卖也只是个人行为，受到政策和地位的限制，危害着实有限。而官员则是权力的代言人，具有不可动摇的权威，他们一旦成为商人，百姓便彻底失去了话语权和生存空间。长此以往，很容易导致民间财富大量流入国库，一去不回，所以有了选文中“民不益赋而天下用饶”的情况：财富不在百姓手中，而在“天下”——这天下，说白了便是武帝一人罢了。

当然，如果武帝取之于民，用之于民，乃至进一步鼓励生产经营和商业，国家自然会步入良性发展的循环。但在专制的环境中，往往只能举天下之利以供一人之用。这些海量的财富，除了救济难民等必需之用外，更多被用于过度的对外战争、豪华宫室的营建、武帝求仙封禅的挥霍上，与百姓生活的改善并无关系。以至于武帝晚年国力急剧衰弱，百业凋零，武帝不得已才发布了《罪己诏》，弥补个人的过错。而这“攫利于民”的平准之策，或许正是盛世中的第一声警报。司马迁，是最早听到这警报声的智者之一。重看此文，我们或许要感慨：曲笔化作《平准书》，百代自有诸公论。

第六讲　平民如何成为“世家”

主题导读

《史记》中的“世家”，大都用以记载“子孙常有国”的诸侯与贵族。孔子一生未曾显达，长年传道授业。陈涉从起事到败亡不满一年，也无子嗣扬名，更难称作世代相传。司马迁却将其纳入“世家”之中，显示了他不拘一格、独到犀利的眼光。这种以事实为基准、看重人物影响的做法，对任何一个时代都有借鉴意义。

孔子世家

① 孔子生鲁昌平乡陬邑[(1)]。其先宋人也，曰孔防叔。防叔生伯夏，伯夏生叔梁纥。纥与颜氏女野合而生孔子，祷于尼丘得孔子[(2)]。鲁襄公二十二年而孔子生。生而首上圩顶[(3)]，故因名曰丘云。字仲尼，姓孔氏。……

② 鲁南宫敬叔言鲁君曰：“请与孔子适周。”鲁君与之一乘车，两马，一竖子俱，适周问礼，盖见老子云。辞去，而老子送之曰：“吾闻富贵者送人以财，仁人者送人以言。吾不能富贵，窃仁人之号，送子以言，曰：‘聪明深察而近于死者[(4)]，好议人者也。博辩广大危其身者，发人之恶者也。为人子者毋以有己，为人臣者毋以有己[(5)]。’”孔子自周反于鲁，弟子稍益进焉。

③ 是时也，晋平公淫，六卿擅权，东伐诸侯；楚灵王兵强，陵轹中国[(6)]；齐大而近于鲁。鲁小弱，附于楚则晋怒；附于晋则楚来伐；不备于齐，齐师侵鲁。

④ 鲁昭公之二十年，而孔子盖年三十矣。齐景公与晏婴来适鲁，景公问孔子曰：“昔秦穆公国小处辟，其霸何也？”对曰：“秦，国虽小，其志大；处虽辟，行中正。身举五羖，爵之大夫，起累绁之中[(7)]，与语三日，授之以政。以此取之，虽王可也，其霸小矣。”景公说。……

⑤ 景公问政孔子，孔子曰：“君君，臣臣，父父，子子。”景公曰：“善哉！信如

君不君，臣不臣，父不父，子不子，虽有粟，吾岂得而食诸！”他日又复问政于孔子，孔子曰：“政在节财。”景公说，将欲以尼溪田封孔子。晏婴进曰：“夫儒者滑稽而不可轨法[8]；倨傲自顺，不可以为下；崇丧遂哀[9]，破产厚葬，不可以为俗；游说乞贷，不可以为国。自大贤之息[10]，周室既衰，礼乐缺有间。今孔子盛容饰，繁登降之礼，趋详之节[11]，累世不能殚其学，当年不能究其礼。君欲用之以移齐俗，非所以先细民也[12]。”后，景公敬见孔子，不问其礼。异日，景公止孔子曰：“奉子以季氏，吾不能。”以季孟之间待之[13]。……

⑥ 孔子之时，周室微而礼乐废，《诗》《书》缺。追迹三代之礼，序《书传》[14]，上纪唐虞之际，下至秦缪，编次其事。曰：“夏礼吾能言之，杞不足征也。殷礼吾能言之，宋不足征也。足，则吾能征之矣。”观殷夏所损益，曰：“后虽百世可知也，以一文一质。”“周监二代，郁郁乎文哉。吾从周。”故《书传》《礼记》自孔氏。

⑦ 孔子语鲁大师[15]：“乐其可知也。始作翕如，纵之纯如，皦如，绎如也，以成。”“吾自卫反鲁，然后乐正，《雅》《颂》各得其所。”

⑧ 古者《诗》三千余篇，及至孔子，去其重，取可施于礼义，上采契、后稷，中述殷、周之盛，至幽、厉之缺，始于衽席[16]，故曰“《关雎》之乱以为《风》始[17]，《鹿鸣》为《小雅》始，《文王》为《大雅》始，《清庙》为《颂》始”。三百五篇孔子皆弦歌之，以求合《韶》《武》《雅》《颂》之音[18]。礼乐自此可得而述，以备王道，成六艺。

⑨ 孔子晚而喜《易》，序《彖》《系》《象》《说卦》《文言》。读《易》，韦编三绝。曰：“假我数年，若是，我于《易》则彬彬矣。”

⑩ 孔子以诗书礼乐教，弟子盖三千焉，身通六艺者七十有二人。如颜浊邹之徒，颇受业者甚众。……

⑪ 孔子葬鲁城北泗上，弟子皆服三年。三年心丧毕，相诀而去，则哭，各复尽哀；或复留。唯子赣庐于冢上，凡六年，然后去。弟子及鲁人往从冢而家者百有余室，因命曰孔里。鲁世世相传以岁时奉祠孔子冢，而诸儒亦讲礼乡饮大射于孔子冢[19]。孔子冢大一顷。故所居堂、弟子内，后世因庙，藏孔子衣冠琴车书，至于汉二百余年不绝。高皇帝过鲁，以太牢祠焉。诸侯卿相至，常先谒然后从政。……

⑫ 太史公曰：《诗》有之：“高山仰止，景行行止。”虽不能至，然心乡往之。余读孔氏书，想见其为人。适鲁，观仲尼庙堂车服礼器，诸生以时习礼其家，余祗回

留之不能去云[20]。天下君王至于贤人众矣，当时则荣，没则已焉。孔子布衣，传十余世，学者宗之。自天子王侯，中国言六艺者折中于夫子，可谓至圣矣！

题解

本篇记述了孔子一生的事迹以及对后世的影响，介绍并高度评价其思想学说，抒发了对于孔子的敬仰之情。本文节选了孔子早年的事迹和其在思想、文化领域所做的重要工作。

注释

(1)陬(zōu)邑：今曲阜东南陬村。(2)野合：不合礼的交合。尼丘：曲阜东南尾山。(3)圩顶：头顶当中凹下。(4)近于死：更容易死。(5)毋以有己：不能有任何私心，要奉献一切。(6)陵轹：侵陵。(7)五羖：百里奚，被称为“五羖大夫”。累绁：绑人的绳套。(8)滑稽：辞令无穷。(9)遂：尽，满足。(10)息：通“熄”，成为过去。(11)登降：登堂下阶。趋详：通“趋跄”，弯腰小步疾走，步履中节。(12)先：引导。细民：平民。(13)止：挽留。以季孟之间待之：用低于季氏，高于孟氏的待遇对待孔子。(14)序：编订。(15)大师：乐官。大，通“太”。(16)始于衽席：此指古代圣君与昏君的好坏，都与其婚姻有关；衽席，床席，代指夫妻生活。(17)乱：乐曲末的总章。(18)此指孔子把《诗经》谱成的歌曲与前代传下来的舜乐、周乐相合。(19)乡饮大射：乡饮酒礼和乡射礼。每年地方基层定期集会饮酒，排定座次，同时举行射箭等比赛。(20)祗：尊敬。

课堂检测

1. 解释加点字，指出个别加点字的用法。
2. 指出划波浪线的句子在句式上的特点，并翻译成现代汉语。

文言积累

1. 下列选项中“焉”字意义和用法与其他三项不同的一项是 （　　）

A. 弟子稍益进焉　　B. 弟子盖三千焉

C. 以太牢祠焉　　D. 没则已焉

2. 下列选项中的加点字没有通假字的一项是　（　　）

A. 昔秦穆公国小处辟　　B. 起累绁之中

C. 景公说　　D. 政在节财

3. 将下列句子翻译成现代汉语。

（1）以此取之，虽王可也，其霸小矣。

____

（2）天下君王至于贤人众矣，当时则荣，没则已焉。孔子布衣，传十余世，学者宗之。

____

阅读提示

1. 第②段老子的言论看似相互矛盾，请分析其用意。

____

____

2. 分析第③段的作用。

____

____

3. 根据第⑤段，齐景公为什么改变了分封孔子的主意？

____

____

咬文嚼字

分析下列语段中个别字词的表达作用。

鲁南宫敬叔言鲁君曰：“请与孔子适周。”鲁君与之一乘车，两马，一竖子俱，适周问礼，盖见老子云。辞去，而老子送之曰：“吾闻富贵者送人以财，仁人者送人以言。吾不能富贵，窃仁人之号，送子以言，曰：‘聪明深察而近于死者，好议人者也。博辩广大危其身者，发人之恶者也。为人子者毋以有己，为人臣者毋以有己。’”孔子自周反于鲁，弟子稍益进焉。

1. “盖见老子云”中“盖”“云”二字能否删去，为什么？

2. 分析"弟子稍益进焉"中"稍"字的作用。

合作探究

清代学者丁晏评论本文道:"通篇以'不用'二字为眼目。"结合选文第⑤段分析此"眼目"的作用。

读史明理

1. 唐代史学家司马贞评论本文道:"孔子非有诸侯之位,而亦称系家(世家)者,以是圣人为教化主,又代有贤哲,故称系家焉。"根据本文,分析孔子被列入"世家"的原因,并谈谈你对司马迁这么做的看法。

2. 近代思想家梁启超评论本文道:"司马迁作《孔子世家》,自言'适鲁,观仲尼庙堂车服礼器,诸生以时习礼其家,余祗回留之不能去云'。作史者能多求根据于此等目睹之事物,史之最上乘也。"结合本文,分析"最上乘"的含义。

深度解析

平民如何成为"世家"?

——解读《孔子世家》

唐代史学家司马贞这样解释"世家"——"系家者,记诸侯本系也,其言下及子孙常有国"，其他学者如颜师古、刘知幾等人，也大都这样理解。如此，《孔子世家》就显得有些另类。因为孔子既无吴太伯、陈完那样的显赫出身，也无张良、萧何这般位极人臣的地位，甚至一生颠沛流离，"累累若丧家之狗"。这样一个普通人，如何进入了"世家"？

放开视野：《史记》的破例

讨论这个问题，正如学者徐复观所言，应将此篇与萧何、张良等五篇世家，以及《陈涉世家》《项羽本纪》放在一起考察。因为萧何等五人只是列侯，享受租税却无土地管理权和所有权，本该与"功臣受封者百有余人"一起归入列传。陈涉从起事到败亡不满一年，也无子嗣扬名，难称世代相传。项羽未称帝，实际上也从未统一过中原，宜放入列传（《汉书》正是这么操作的）。

由此可见，《史记》中的本纪和世家，不仅存在客观标准，还有司马迁"历史价值判断的意味在里面"。上述的这些破例中，陈涉以"首事"之壮举掀起灭秦的宏业，司马迁视之为"汤武革命"般重要的事件；项羽则占据亡秦的首功，更掌握一时的权柄；萧何等五人在汉室建立过程中建下的功勋，也远超其他功臣——这些不整齐的"破例"之举，凸显了这些石破天惊之人物的历史价值，可谓"无言的评价"。而孔子也是他们中的一员，就传记篇幅来看，还格外重要。司马迁的这种做法，在后来的正史中很快消失了。这的确让史书变得更为整齐划一、严谨系统，同时也不免显得一板一眼，缺少个性。

另外值得一提的是，这些"破例人物"基本都出自易代之际。和平统一年代，纵有功高智远者，司马迁也未曾破例。他对王朝交替阶段的青睐，尤其值得回味和关注。

人文互传：孔子的意义

司马迁将孔子纳入世家的原因，可以参考"太史公曰"中的这段话："孔子布衣，传十余世，学者宗之。自天子王侯，中国言六艺者折中于夫子，可谓至圣矣！"

这段话至少有三个要点值得关注。首先，孔子的身份虽是平民，但他的学说至司马迁时已传递十余代，更不用说已然流传到当代，这是毋庸置疑的"学术世家"。其次，接受孔子学说的对象，不仅是他的平民弟子们，还有著名学者和天子王侯，这就让他的影响力遍及朝野，当得起王允对其"素王"的赞誉。最后，六经乃是中国上古文化的总结，不仅包含孔子的思想，更包容了整个古代中国的文化精髓，而孔子成为评判其高下的“折中标准”，这是对孔子最高级的赞扬了——其他诸子，完全当不起这样的评论。

这番话可能是《史记》中最准确的预言了，因为以上三点，依然基本应验于当代中国。我们在教科书里遇见孔子，我们在日常礼仪中遵从孔子的教诲，我们在思维方式中暗藏孔子的“君子小人观”——虽然其中很多内容还需要我们审慎思辨和取舍，但孔子作为中华文明的承前启后、发扬光大者，确然成为我们绕不开的“不朽”。这样的“世家”，名副其实。对比《史记》中的其他贵族世家，我们不妨借用《前赤壁赋》里的话问一句：“而今安在哉？”

百折不回：孔子的召唤

《孔子世家》中，老子曾对孔子说了一番意味深长的话，闪烁其词地委婉指出孔子最大的“缺点”——太喜欢指出别人（国）的短处，进而毫无保留地劝谏对方。从孔子的角度看，这恰是他一生最大的信条，要以失传的礼乐恢复断绝已久的王道。但从接受者的角度看，这么直接的批评和谏议，是非常刺耳和不敬的。更不用说这些君王正想着怎么图强称霸，急需商鞅、韩非的驭民之术来施行改革，孔子的言论便显得更迂阔陈腐、可笑可气了。

所以传记中记载了孔子周游列国，处处碰壁的无奈遭遇，其中浓墨重彩地叙述了陈蔡之厄的经过（这段历史的真伪时有争议，但这段文字恰能体现司马迁突出孔子“不遇”的用意）。虽然无人问津，乃至人人喊打（选文中晏婴的批评尤其刺中要害），但孔子不改初衷，周游始终，体现了坚持理想、绝不屈服的可贵精神。而这种精神，也正是司马迁创作《史记》时的动力。《报任安书》中写的“仲尼厄而作《春秋》”，以“厄”字暗示自己遭受宫刑，忍受非人痛苦而作《史记》的心路历程。这份百折不回的心力，正来自孔子的召唤。如此，由《春秋》到《史记》的传承，不就是历史的“世家”延续吗？不也是中华民族宝贵的文化传承吗？

陈涉世家

① 陈胜者，阳城人也，字涉。吴广者，阳夏人也，字叔。陈涉少时，尝与人佣耕，辍耕之垄上，怅恨久之，曰：“苟富贵，无相忘。”庸者笑而应曰：“若为庸耕，何

富贵也?”陈涉太息曰:“嗟乎,燕雀安知鸿鹄之志哉!”

② 二世元年七月,发闾左适戍渔阳[1],九百人屯大泽乡。陈胜、吴广皆次当行,为屯长。会天大雨,道不通,度已失期。失期,法皆斩。陈胜、吴广乃谋曰:“今亡亦死,举大计亦死,等死,死国可乎[2]?”陈胜曰:“天下苦秦久矣。吾闻二世少子也,不当立,当立者乃公子扶苏。扶苏以数谏故,上使外将兵。今或闻无罪,二世杀之。百姓多闻其贤,未知其死也。项燕为楚将,数有功,爱士卒,楚人怜之。或以为死,或以为亡。今诚以吾众诈自称公子扶苏、项燕,为天下唱,宜多应者。”吴广以为然。乃行卜。卜者知其指意,曰:“足下事皆成,有功。然足下卜之鬼乎!”陈胜、吴广喜,念鬼,曰:“此教我先威众耳。”乃丹书帛曰“陈胜王”,置人所罾鱼腹中[3]。卒买鱼烹食,得鱼腹中书,固以怪之矣。又间令吴广之次所旁丛祠中,夜篝火,狐鸣呼曰“大楚兴,陈胜王”。卒皆夜惊恐。旦日,卒中往往语,皆指目陈胜。

③ 吴广素爱人,士卒多为用者。将尉醉,广故数言欲亡,忿恚尉[4],令辱之,以激怒其众。尉果笞广。尉剑挺,广起,夺而杀尉。陈胜佐之,并杀两尉。召令徒属曰:“公等遇雨,皆已失期,失期当斩。藉弟令毋斩,而戍死者固十六七。且壮士不死即已,死即举大名耳,王侯将相宁有种乎!”徒属皆曰:“敬受命。”乃诈称公子扶苏、项燕,从民欲也。袒右,称大楚。为坛而盟,祭以尉首。陈胜自立为将军,吴广为都尉。攻大泽乡,收而攻蕲。蕲下,乃令符离人葛婴将兵徇蕲以东。攻铚、酂、苦、柘、谯皆下之。行收兵。比至陈,车六七百乘,骑千余,卒数万人。攻陈,陈守令皆不在,独守丞与战谯门中。弗胜,守丞死,乃入据陈。数日,号令召三老、豪杰与皆来会计事。三老、豪杰皆曰:“将军身被坚执锐,伐无道,诛暴秦,复立楚国之社稷,功宜为王。”陈涉乃立为王,号为张楚。

④ 当此时,诸郡县苦秦吏者,皆刑其长吏,杀之以应陈涉。乃以吴叔为假王,监诸将以西击荥阳。令陈人武臣、张耳、陈余徇赵地,令汝阴人邓宗徇九江郡。当此时,楚兵数千人为聚者,不可胜数。……

⑤ 陈王初立时,陵人秦嘉、铚人董緤、符离人硃鸡石、取虑人郑布、徐人丁疾等皆特起[5],将兵围东海守庆于郯。陈王闻,乃使武平君畔为将军,监郯下军。秦嘉不受命,嘉自立为大司马,恶属武平君。告军吏曰:“武平君年少,不知兵事,勿听!”因矫以王命杀武平君畔。

⑥ 章邯已破伍徐，击陈，柱国房君死。章邯又进兵击陈西张贺军。陈王出监战，军破，张贺死。

⑦ 腊月，陈王之汝阴，还至下城父，其御庄贾杀以降秦。陈胜葬砀，谥曰隐王(6)。

⑧ 陈王故涓人将军吕臣为仓头军(7)，起新阳，攻陈下之，杀庄贾，复以陈为楚。……

⑨ 陈胜虽已死，其所置遣侯王将相竟亡秦，由涉首事也。高祖时为陈涉置守冢三十家砀，至今血食。

题解

本篇记述了陈涉首难反秦的全过程，表现了他的果敢精神和各地义军的强大威力，高度评价了陈涉在灭秦过程中的历史地位，也客观记载、反思了其失败的原因。

注释

(1)发闾左适戍渔阳：征调住在里巷左侧的居民到渔阳服役。(2)死国：为建立自己的王朝而拼命。(3)罾(zēng)：渔网，此处做动词用，意为用渔网捕捞。(4)忿恚(huì)：使……恼怒。(5)特起：自成一军，不属他人。(6)隐王：谥号意为功业不彰、在位时间不长的王。(7)涓人：为王者主管洒扫等内务之人，此指亲随。

课堂检测

1. 解释加点字，指出个别加点字的用法。

2. 指出划波浪线的句子在句式上的特点，并翻译成现代汉语。

文言积累

1. 下列选项中加点字活用与其他三项不一样的是　　（　　）

A. 陈胜、吴广皆次当行　　B. 失期，法皆斩

C. 狐鸣呼曰“大楚兴，陈胜王”　　D. 皆指目陈胜

2. 下列选项中加点字不是通假字的一项是 （　　）

A. 庸者笑而应曰　　B. 卜者知其指意

C. 固以怪之矣　　D. 尉果笞广

3. 将下列句子翻译成现代汉语。

（1）今诚以吾众诈自称公子扶苏、项燕，为天下唱，宜多应者。

____

（2）腊月，陈王之汝阴，还至下城父，其御庄贾杀以降秦。

____

阅读提示

1. 分析第①段是如何表现陈涉性格的？

____

____

2. 联系上下文，分析第⑤段记载“武平君”的作用。

____

____

咬文嚼字

分析下列语段中个别字词的表达作用。

吴广素爱人，士卒多为用者。将尉醉，广故数言欲亡，忿恚尉，令辱之，以激怒其众。尉果笞广。尉剑挺，广起，夺而杀尉。陈胜佐之，并杀两尉。召令徒属曰：“公等遇雨，皆已失期，失期当斩。藉弟令毋斩，而戍死者固十六七。且壮士不死即已，死即举大名耳，王侯将相宁有种乎！”徒属皆曰：“敬受命。”乃诈称公子扶苏、项燕，从民欲也。袒右，称大楚。为坛而盟，祭以尉首。陈胜自立为将军，吴广为都尉。攻大泽乡，收而攻蕲。蕲下，乃令符离人葛婴将兵徇蕲以东。攻铚、酂、苦、柘、谯皆下之。行收兵。比至陈，车六七百乘，骑千余，卒数万人。攻陈，陈守令皆不在，独守丞与战谯门中。弗胜，守丞死，乃入据陈。数日，号令召三老、豪杰与皆来会计事。三老、豪杰皆曰：“将军身被坚执锐，伐无道，诛暴秦，复立楚国之社稷，功宜为王。”陈涉乃立为王，号为张楚。

1. 上文陈涉的话中出现了三次“死”，是否重复？

2. 上文写三老、豪杰，出现了两次“皆”，是否重复？

合作探究

清代学者汤谐评论本文道：“盖陈胜王凡六月，一时多少侯王将相，起者匆匆而起，立者匆匆而立，……史公却是匆匆写去，却已一一详尽，……岂非神手！”结合第④、⑤段，分析“神手”之处。

读史明理

唐代史学家司马贞评论本文道：“胜立数月而死，无后，亦称‘系家’（世家）者，以其所遣王侯将相竟灭秦，为首事故也。然时因扰攘，起自匹夫，假托妖祥，一朝称楚，历年不永，勋业蔑如，继之齐、鲁，曾何等级！可降为‘列传’。”你是否同意他的观点，为什么？

深度解析

破例中的魄力

——解读《陈涉世家》

陈涉出身平凡，虽首举起义大旗，成为风云一时的王者，但不过半年便兵败身死。对于这个乍起乍亡的特殊人物，司马迁颇有一番独特的见解，给予后人不少启发。

世家之异议

根据《史记》的体例，陈涉本该进入“列传”，而非“世家”。后世很多学者都持这一观点。这里举最著名的两个例子：

> 胜立数月而死，无后……起自匹夫，假托妖祥，一朝称楚，历年不永，勋业蔑如，继之齐、鲁，曾何等级！可降为“列传”也。（司马贞《史记索隐》）

> 至如陈胜，起自群盗，称王六月而死，子孙不嗣，社稷靡闻，无“世”可传，无“家”可宅，而以“世家”为称，岂当然乎？（刘知己《史通》）

两位史学大家的观点，集中在以下几个方面：出身、功绩、政权持续时间、子嗣。陈涉在这几方面都够不上“世家”的标准。同时我们必须注意到，这样的反对声音，几乎是陈涉所“独有的”——同样是破例，《项羽本纪》和《孔子世家》的反对声音便没有那么强烈。大概这是因为项羽彪炳的战绩和孔子崇高的地位吧。和他们相比，陈涉出身寒微，功绩有限，对后世的影响更是微乎其微，所以历代史家都不约而同地对司马迁的做法提出了异议。

当然，就《陈涉世家》的内容本身来看，陈涉的确也很不符合“系家者，记诸侯本系也，其言下及子孙常有国”的标准。陈涉早亡，膝下又无子，更无尺寸封地，在“世家”的评定上存在明显的“硬伤”。那么，司马迁将其纳入“世家”的根据又在哪里呢？

破例之魄力

首先，司马迁在《太史公自序》里的话值得细读：

> 桀、纣失其道而汤、武作，周失其道而《春秋》作。秦失其政，而陈涉发迹，诸侯作难，风起云蒸，卒亡秦族。天下之端，自涉发难。

令人惊讶的是，司马迁将陈涉起义的地位，和商汤周武王建立王朝、孔子编写《春秋》相提并论。由此我们不难发现，司马迁最看重的，是陈涉在“道统”意义上的振作和延续。在司马迁眼里，王朝的兴衰固然是历史变迁的大事，但“道统”更是潜藏在人心的不朽事业，他自己也将《史记》看作是继《春秋》后的重要之作。如此，陈涉起义最大的功绩便不是建立什么国号、攻占几座城池，而是针对“秦失其政”这个逆乱道统的情形，提出了鲜明的反对，以“发迹”之举拨正了道统。这种穿透琐碎史料的眼光，正是司马迁的独到之处。

另外，当时强于陈涉的势力不少，为何他们不首先发难呢？主要原因还是他们畏惧强大的秦军，不敢担负起事的责任，一如巨鹿之战中作壁上观的诸侯。对比之下，一穷二白却敢于首义的陈涉便更显勇猛果敢，壮烈可佩！他完全当得起“天下之端”的评价。古今大小事，最难的莫过于“第一”。身为“纪传体通史”开创者的司马迁，对于“突破”“首创”的意义，自然有着更深的体会，由此他对陈涉的敬意必然更为深厚。

当然，陈涉起义后，派出不少部队，势力四布；其他起事的诸侯也大都打着响应陈涉的旗号，客观上他的确“功盖天下”。加之汉高祖为他建立祠庙，血食绵延两百多年，名为“世家”，倒也并非虚言。

跨世之眼光

值得一提的是，司马迁特别记录下陈涉“王侯将相宁有种乎”之语，包含着进步的思想。这句话表明，不存在“上天授意”的王者；只要后天不懈努力，谁都有可能成为“王侯将相”。这是司马迁“究天人之际”的一种表现，即更多考虑人为的因素，而不迷信不可知的先天因素。对比《高祖本纪》《项羽本纪》我们不难发现，囿于时代局限，司马迁记载了不少沛公的“神迹”和项羽的“劣迹”（当然其中蕴含了太史公的春秋笔法，但不细读，很容易惊叹沛公的“五彩”“七十二黑子”的异象，信服项羽的垓下之叹），可见鼓吹“君权神授”乃是专制社会的必然要求。司马迁借陈涉之口说出的这句话，站在君王的角度，着实是大逆不道；站在历史的角度，则是跨越时代的睿智之见。

这种睿智的眼光，首先就投射在行文中陈涉的智慧上。一般赞扬陈涉，更多着眼他首义的勇气，而忽略他本人的智慧。细读原文，陈涉与同伴说话时使用的比喻手法精妙而生动；他在大泽乡与吴广的对话更是见闻广博、分析清晰，同时富有理论性和操作性，俨然一幅战国策士的形象；攻下陈地后他立即找来当地三老、豪杰议事，恰如沛公入关后稳定民心的行为，远胜于一味烧杀抢掠的项羽——由此可以推理，陈涉恐怕并非普通的农人，之前应有一番刻苦的学习积累，心怀大志，所以一旦有变，他能立即把握住机会。那个豪雨连绵的大泽乡之夜固然有偶然性，但陈涉的一举成名自有其必然性。

败亡之镜鉴

陈涉的失败，同样蕴含着历史的必然性。武平君的悲剧正是一个缩影。郯下军自成一派，秦嘉是军队的实际掌控者。陈涉只派一个年轻人前往，没有军队的压阵，武平君本人也无过人的才智，所以完全无法控制郯下军。之后武平君被冤杀，郯下军自主行事，便也是顺理成章之事。“武平君事件”的背后，折射出的是陈涉的致命伤——他的智慧止于一地一事，缺乏识人用人的眼光和肚量（后文陈涉“苟富贵，竟相忘”的行为便是明证），所以天下诸侯只是借用他的名声，却并不真正听从他的号令，更谈不上对他心悦诚服的支持。

陈涉这面镜子，映照出历代成功起事者的光辉，也指刺着后世失败者的缺陷。第一个与之呼应的失败者，恐怕就是项羽。项羽和陈涉同样一鸣惊人、风光无限，但也都缺乏用贤的能力，穷兵黩武之后最终兵败乌江之畔，竟与陈涉的结局如出一辙。如此，《陈涉世家》的意义便更深了一层，后人的思考也多了一分。

第七讲　智者的行与藏

主题导读

张良与陈平，是汉高祖平定天下、治国安邦的重要“智囊”。相比那些叱咤一时的武将，他们的智谋流传千古，令人称奇。面对喜怒无常的君王和波云诡谲的政局，他们更显出过人的智慧：明哲保身之余，亦能匡正天下，值得读者品味。

留侯世家

① 留侯张良者，其先韩人也。大父开地，相韩昭侯、宣惠王、襄哀王。父平，相釐王、悼惠王。悼惠王二十三年，平卒。卒二十岁，秦灭韩。良年少，未宦事韩。韩破，良家僮三百人，弟死不葬(1)，悉以家财求客刺秦王，为韩报仇，以大父、父五世相韩故。

② 良尝学礼淮阳。东见仓海君。得力士，为铁椎重百二十斤。秦皇帝东游，良与客狙击秦皇帝博浪沙中，误中副车。秦皇帝大怒，大索天下，求贼甚急，为张良故也。良乃更名姓，亡匿下邳。

③ 良尝闲从容步游下邳圯上(2)，有一老父，衣褐，至良所，直堕其履圯下，顾谓良曰：“孺子，下取履！”良鄂然，欲殴之。为其老，强忍，下取履。父曰：“履我！”良业为取履，因长跪履之。父以足受，笑而去。良殊大惊，随目之。父去里所，复还，曰：“孺子可教矣。后五日平明，与我会此。”良因怪之，跪曰：“诺。”五日平明，良往。父已先在，怒曰：“与老人期，后，何也？”去，曰：“后五日早会。”五日鸡鸣，良往。父又先在，复怒曰：“后，何也？”去，曰：“后五日复早来。”五日，良夜未半往。有顷，父亦来，喜曰：“当如是。”出一编书，曰：“读此则为王者师矣。后十年兴。十三年孺子见我济北，谷城山下黄石即我矣。”遂去，无他言，不复见。旦日视其书，乃《太公兵法》也。良因异之，常习诵读之。……

④ 后十年，陈涉等起兵，良亦聚少年百余人。景驹自立为楚假王[3]，在留。良欲往从之，道遇沛公。沛公将数千人，略地下邳西，遂属焉。沛公拜良为厩将。良数以《太公兵法》说沛公，沛公善之，常用其策。良为他人者，皆不省。良曰："沛公殆天授。"故遂从之，不去见景驹。……

⑤ 沛公入秦宫，宫室帷帐狗马重宝妇女以千数，意欲留居之。樊哙谏沛公出舍，沛公不听。良曰："夫秦为无道，故沛公得至此。夫为天下除残贼，宜缟素为资[4]。今始入秦，即安其乐，此所谓'助桀为虐'。且'忠言逆耳利于行，毒药苦口利于病'[5]，愿沛公听樊哙言。"沛公乃还军霸上。……

⑥ 汉六年正月，封功臣。良未尝有战斗功，高帝曰："运筹策帷帐中，决胜千里外，子房功也。自择齐三万户。"良曰："始臣起下邳，与上会留，此天以臣授陛下。陛下用臣计，幸而时中，臣愿封留足矣，不敢当三万户。"乃封张良为留侯，与萧何等俱封。……

⑦ 留侯性多病，即道引不食谷[6]，杜门不出岁余。

⑧ 上欲废太子，立戚夫人子赵王如意。大臣多谏争，未能得坚决者也。吕后恐，不知所为。人或谓吕后曰："留侯善画计策，上信用之。"吕后乃使建成侯吕泽劫留侯，曰："君常为上谋臣，今上欲易太子，君安得高枕而卧乎？"留侯曰："始上数在困急之中，幸用臣策。今天下安定，以爱欲易太子，骨肉之间，虽臣等百余人何益。"吕泽强要曰："为我画计。"留侯曰："此难以口舌争也。顾上有不能致者，天下有四人。四人者年老矣，皆以为上慢侮人，故逃匿山中，义不为汉臣。然上高此四人。今公诚能无爱金玉璧帛，令太子为书，卑辞安车，因使辩士固请，宜来。来，以为客，时时从入朝，令上见之，则必异而问之。问之，上知此四人贤，则一助也。"于是吕后令吕泽使人奉太子书，卑辞厚礼，迎此四人。四人至，客建成侯所。……

⑨ 汉十二年，上从击破布军归，疾益甚，愈欲易太子。留侯谏，不听，因疾不视事。叔孙太傅称说引古今，以死争太子。上详许之，犹欲易之。及燕，置酒，太子侍。四人从太子，年皆八十有余，须眉皓白，衣冠甚伟。上怪之，问曰："彼何为者？"四人前对，各言名姓，曰东园公，角里先生，绮里季，夏黄公。上乃大惊，曰："吾求公数岁，公辟逃我，今公何自从吾儿游乎？"四人皆曰："陛下轻士善骂，臣等义不受辱，故恐而亡匿。窃闻太子为人仁孝，恭敬爱士，天下莫不延颈欲为太子

死者，故臣等来耳。"上曰："烦公幸卒调护太子。"

⑩ 四人为寿已毕，趋去。上目送之，召戚夫人指示四人者曰："我欲易之，彼四人辅之，羽翼已成，难动矣。吕后真而主矣。"戚夫人泣，上曰："为我楚舞，吾为若楚歌。"歌曰："鸿鹄高飞，一举千里。羽翮已就，横绝四海。横绝四海，当可奈何！虽有矰缴[7]，尚安所施！"歌数阕，戚夫人嘘唏流涕，上起去，罢酒。竟不易太子者，留侯本招此四人之力也。……

⑪ 太史公曰：学者多言无鬼神，然言有物[8]。至如留侯所见老父予书，亦可怪矣。高祖离困者数矣[9]，而留侯常有功力焉，岂可谓非天乎？上曰："夫运筹策帷帐之中，决胜千里外，吾不如子房。"余以为其人计魁梧奇伟，至见其图，状貌如妇人好女。盖孔子曰："以貌取人，失之子羽。"[10]留侯亦云。

题解

本篇记述了"汉初三杰"之一张良的传奇事迹，重点描写了他在灭秦、灭项过程中的奇谋妙计，以及建国后安邦定国的贡献。本文节选几个典型的片段，以凸显其人格魅力。

注释

(1)不葬：此指为节省钱财，不以礼下葬。(2)圯(yí)：桥。(3)景驹：楚国王室后代。(4)缟素为资：此指俭朴为本。缟素，没有花纹的衣服。资，本钱。(5)毒药：性质猛烈的药物。(6)道引：也作"导引"，一种类似深呼吸的健身运动。(7)矰缴：泛指射具。(8)物：精灵，具有神怪性质的东西。(9)离：同"罹"，遭受。(10)子羽：澹台灭明，子子羽，曾因长相丑陋被孔子误解。

课堂检测

1. 解释加点字，指出个别加点字的用法。

2. 指出划波浪线的句子在句式上的特点，并翻译成现代汉语。

文言积累

1. 下列选项中"以"字用法与其他三项不一样的是　（　　）

A. 悉以家财求客刺秦王　　B. 以大父、父五世相韩故

C. 父以足受　　D. 良数以《太公兵法》说沛公

2. 下列选项中加点字词活用现象与其他三项不一样的是　（　　）

A. 良因怪之　　B. 良因异之

C. 即安其乐　　D. 卑辞安车

3. 下列选项中"而"字含义和用法与其他三项不一样的是　（　　）

A. 笑而去　　B. 君安得高枕而卧乎

C. 必异而问之　　D. 故恐而亡匿

4. 将下列句子翻译成现代汉语。

（1）与老人期，后，何也？

______

（2）运筹策帷帐中，决胜千里外，子房功也。自择齐三万户。

______

（3）来，以为客，时时从入朝，令上见之，则必异而问之。

______

阅读提示

1. 根据第③段，老父为何连续等候张良三次，请作合理的推测。

______

______

2. 第⑤段中，张良是如何说服沛公撤离秦朝宫室的？

______

______

3. 分析第⑪段引用孔子的话的作用。

______

______

咬文嚼字

分析下列语段中个别字词的表达作用。

后十年，陈涉等起兵，良亦聚少年百余人。景驹自立为楚假王，在留。良欲往从之，道遇沛公。沛公将数千人，略地下邳西，遂属焉。沛公拜良为厩将。良数以《太公兵法》说沛公，沛公善之，常用其策。良为他人者，皆不省。良曰："沛公殆天授。"故遂从之，不去见景驹。

1. 分析"良亦聚少年百余人"中"亦"字的作用。

2. "良数以《太公兵法》说沛公，沛公善之，常用其策"中，"数""常"两个字是否重复？

3. 分析"沛公殆天授"中"殆"字的作用。

合作探究

清代学者牛运震评论本文道："尤妙在'圯上老人授书''四皓定太子'二段，善于淡处着笔，虚处传神，空恍飘渺，若离若合，遂使留侯逸情高致，一一衬托俱出。"结合选文，分析此语的意思。

读史明理

1. 明代学者袁黄评论本文道："张良辟谷，……有不得已乎？"联系本文，分析张良的"不得已"之处。

2. 明末清初学者魏禧评论本文道："子房欲遂其报韩之志，而得能定天下祸乱之君，故汉必不可以不辅。"联系本文，分析此语的意思，并简要分析其中蕴含的道理。

深度解析

智者的行与藏

——解读《留侯世家》

萧何、韩信、张良，被汉高祖称为“人杰”，是汉高祖战胜项羽、一统天下的胜负手。三人中，张良以智谋闻名，也以“功成身退”著称。在他身上，集中体现了古之智者的“行”与“藏”。

张良初“行”：热血少年

张良的出场，与“智者”形象没有半点关系。身负亡国灭族之仇，他把全部心思都花在了报复秦朝上，连弟弟的葬礼都草草了事，省下钱就是为了悬赏，以增加复仇成功的概率。

这段记叙有几个点值得关注：张良尚小，没来得及在韩国做官，严格意义上来说还谈不上“忠君报国”，但他却能为韩国倾家荡产，反映出他对“五世相韩”的父亲、祖父的孝义。正因为年纪小，所以我们可以看出张良的忠良秉性乃是天性，并非虚饰。另外，张良报复的手段是重金招揽刺客，而非暗中接纳能人，谋划起事。这是张良“青春期”冲动急躁的体现，那时的他以为刺杀秦始皇便可报仇。事实上如果成功，可能反而帮了秦朝的大忙：当时赵高、李斯的密谋尚未成形，始皇帝若当场死去，隐瞒不住，那么更贤明的太子扶苏即位，秦朝的国祚倒可能延续下去了……

总之，那个在博浪沙与力士狙击秦始皇的张良，便像南宋学者罗大经说的那样，“颇似荆轲”，行事有慷慨果断之风，略少深思熟虑之谋，是一位可敬可佩的热血少年。这种在绝境中逆流而上的抗争精神，值得后人学习。

张良初“藏”：下邳拾履

后人评价张良足智多谋，多认为是圯上老人的功劳，正如苏轼在《留侯论》中所言：“是故倨傲鲜腆而深折之。彼其能有所忍也，然后可以就大事。”这当然没错。但细读《史记》，我们不难发现，在老者传道于张良前，张良已经表现出了足够的隐忍和敬意。先是"强忍"取鞋;再是"长跪"穿鞋;进而面对老者无礼的大笑不发一声,只是目送而去;更难得的是,老者离开一里多地再走回来,用时必然不少,他还等在原处;对于老者"后五日平明"相约的怪异约定,他反而用"跪"的尊敬态度答应;连续两次被老者痛骂迟到,他不生气也不反驳,以行动表示歉意和改过——如此多的折辱和考验,常人恐怕在前几关就过不去了,张良的表现却似乎告诉我们,他还可以做得更多……

所以,张良的性格里不只有冲动和冒险,还潜藏着谦逊和忍耐。这在刺杀事件中也可以窥见一斑:始皇车队,必定人数众多,护卫严密,他却能一击不中之后安然脱身,即便"大索天下"也能从容亡匿,这正是张良善于谋划的表现。黑塞曾说过,"获得教养,首先要拥有一个可被教养的客体",张良在圯上的表现,正展现出了"孺子可教"的潜质。否则天下之大,这个睿智的老者为何偏偏挑选了张良作为测试对象?

张良再"行":抓大放小

熟读《太公兵法》后的张良,正式"升级"成为天下第一的谋士。按理说,他如果要求亲临前线,当能更精确灵活地出谋划策,沛公也绝无不答应的理由。但纵观全文,张良几乎很少视察前沿阵地,更不对具体战斗进行分析,所以"未尝有战功"。他的谋划,大都关注战略层面的问题:约法三章、鸿门宴、明烧栈道、反对复立六国后世、封韩信彭越为王、封雍齿为侯、定都长安——无一例外全是关系汉朝存亡兴衰的大事,这其中任何一件事走错一步,都会危及汉朝的建立和延续。

这或许可以解释张良为什么很少亲临前线:规划大局,需要冷静的心态和一定的距离感,所谓"当局者迷,旁观者清"也。特别值得一提的是,在闭关隐退很久之后,张良又为了一件事挺身而出,甚至不惜冒犯高祖——保全太子刘盈。

立储本就是帝王最敏感之事,高祖又很偏爱戚夫人的儿子如意,怎么看这都是桩高风险的事。张良却一反常态地投入其中。这说明,张良对于事件的"重要性"有着明确的评估。立储乃是影响天下安危的大事。这一刻,多年前在博浪沙奋力一搏的热血再次涌上他的心头,这份"心系天下"的情怀,矢志不渝。

张良再"藏":退隐避祸

当然,统一天下之后张良的主基调还是"藏"。他不求名利,但也不极端地将名利拒之门外,而是颇有人情味地要求了"留"这块土地,以示他对初识高祖之地的珍重。光这一招，就把韩信、彭越、萧何等人远远甩开。他还以体弱为由闭门养身，非但让高祖淡化了对他的猜疑，也让其他可能结交、招募他的人自动离开：有谁会好意思去打扰一个几乎连饭都不吃的废人呢？

我们固然可以赞美这种功成身退的智慧。但我们不妨更加深思，“张良们”为何总是不得不隐退，否则就要面临杀身之祸？究其根本原因，千年以下争权夺利的思维模式“毒害”着当权者，认为功臣必然会图谋更高的权位，乃至篡权。于是王者便先下手为强，或削权或杀戮，无所不用其极，形成人人自危的紧张气氛——这或许是《留侯世家》带给我们最大的启示和警告吧。

陈丞相世家

① 陈丞相平者，阳武户牖乡人也。少时家贫，好读书，有田三十亩，独与兄伯居。伯常耕田，纵平使游学。平为人长大美色。人或谓陈平曰：“贫何食而肥若是？”其嫂嫉平之不视家生产，曰：“亦食糠覈耳[(1)]。有叔如此，不如无有。”伯闻之，逐其妇而弃之。

② 及平长，可娶妻，富人莫肯与者，贫者平亦耻之。久之，户牖富人有张负，张负女孙五嫁而夫辄死，人莫敢娶。平欲得之。邑中有丧，平贫，侍丧[(2)]，以先往后罢为助。张负既见之丧所，独视伟平，平亦以故后去。负随平至其家，家乃负郭穷巷，以弊席为门，然门外多有长者车辙。张负归，谓其子仲曰：“吾欲以女孙予陈平。”张仲曰：“平贫不事事，一县中尽笑其所为，独奈何予女乎？”负曰：“人固有好美如陈平而长贫贱者乎？”卒与女。为平贫，乃假贷币以聘，予酒肉之资以内妇。负诫其孙曰：“毋以贫故，事人不谨。事兄伯如事父，事嫂如母。”平既娶张氏女，赍用益饶，游道日广。

③ 里中社，平为宰[(3)]，分肉食甚均。父老曰：“善，陈孺子之为宰！”平曰：“嗟乎，使平得宰天下，亦如是肉矣！”……

④ 久之，项羽略地至河上，陈平往归之，从入破秦，赐平爵卿。项羽之东王彭城也，汉王还定三秦而东，殷王反楚[(4)]。项羽乃以平为信武君，将魏王咎客在楚者以往，击降殷王而还。项王使项悍拜平为都尉[(5)]，赐金二十溢。居无何，汉王攻下殷。项王怒，将诛定殷者将吏。陈平惧诛，乃封其金与印，使使归项王，而

平身间行杖剑亡。渡河，船人见其美丈夫独行，疑其亡将，要中当有金玉宝器，目之，欲杀平。平恐，乃解衣裸而佐刺船。船人知其无有，乃止。

⑤ 平遂至修武降汉，因魏无知求见汉王，汉王召入。是时万石君奋为汉王中涓[6]，受平谒，入见平。平等七人俱进，赐食。王曰："罢，就舍矣。"平曰："臣为事来，所言不可以过今日。"于是汉王与语而说之，问曰："子之居楚何官？"曰："为都尉。"是日乃拜平为都尉，使为参乘，典护军。……

⑥ 其后，楚急攻，绝汉甬道，围汉王于荥阳城。久之，汉王患之，请割荥阳以西以和。项王不听。汉王谓陈平曰："天下纷纷，何时定乎？"陈平曰："项王为人，恭敬爱人，士之廉节好礼者多归之。至于行功爵邑，重之，士亦以此不附。今大王慢而少礼，士廉节者不来；然大王能饶人以爵邑[7]，士之顽钝嗜利无耻者亦多归汉。诚各去其两短，袭其两长，天下指麾则定矣。然大王恣侮人，不能得廉节之士。顾楚有可乱者，彼项王骨鲠之臣亚父、钟离昧、龙且、周殷之属，不过数人耳。大王诚能出捐数万斤金，行反间，间其君臣，以疑其心，项王为人意忌信谗[8]，必内相诛。汉因举兵而攻之，破楚必矣。"汉王以为然，乃出黄金四万斤与陈平，恣所为，不问其出入。

⑦ 陈平既多以金纵反间于楚军，宣言诸将钟离昧等为项王将，功多矣，然而终不得裂地而王，欲与汉为一，以灭项氏而分王其地。项羽果意不信钟离昧等。项王既疑之，使使至汉。汉王为太牢具，举进。见楚使，即详惊曰："吾以为亚父使，乃项王使！"复持去，更以恶草具进楚使。楚使归，具以报项王。项王果大疑亚父。亚父欲急攻下荥阳城，项王不信，不肯听。亚父闻项王疑之，乃怒曰："天下事大定矣，君王自为之！愿请骸骨归！"归未至彭城，疽发背而死。陈平乃夜出女子二千人荥阳城东门，楚因击之，陈平乃与汉王从城西门夜出，去。遂入关，收散兵复东。……

⑧ 孝惠帝六年，相国曹参卒，以安国侯王陵为右丞相，陈平为左丞相。……

⑨ 安国侯既为右丞相，二岁，孝惠帝崩。高后欲立诸吕为王，问王陵，王陵曰："不可。"问陈平，陈平曰："可。"吕太后怒，乃详迁陵为帝太傅，实不用陵。陵怒，谢疾免，杜门竟不朝请，七年而卒。

⑩ 陵之免丞相，吕太后乃徙平为右丞相，以辟阳侯审食其为左丞相。左丞相不治，常给事于中[9]。……

⑪ 吕媭常以前陈平为高帝谋执樊哙，数谗曰："陈平为相非治事，日饮醇酒，戏妇女。"陈平闻，日益甚。吕太后闻之，私独喜。面质吕媭于陈平曰："鄙语曰'儿妇人口不可用'，顾君与我何如耳。无畏吕媭之谗也。"

⑫ 吕太后立诸吕为王，陈平伪听之。及吕太后崩，平与太尉勃合谋，卒诛诸吕，立孝文皇帝，陈平本谋也。审食其免相。……

⑬ 太史公曰：陈丞相平少时，本好黄帝、老子之术。方其割肉俎上之时，其意固已远矣。倾侧扰攘楚魏之间，卒归高帝。常出奇计，救纷纠之难，振国家之患。及吕后时，事多故矣，然平竟自脱，定宗庙，以荣名终，称贤相，岂不善始善终哉！非知谋孰能当此者乎？

题解

本篇记述了汉初丞相陈平六出奇计、帮助汉高祖一统天下，又稳定国家局势的传奇过程。本文节选了他建国前后几件有代表性的事件。

注释

(1)糠覈(hé)：糠秕，米麦的粗屑。覈，通"麧"。(2)侍丧：为丧家帮忙办事。(3)里中社：同里巷的居民一起祭祀社神。宰：主管切(祭祀后的)肉。(4)殷王：司马卬，原陈涉属下。(5)项悍：项羽的族人。(6)万石君奋：石奋，后因与其四个儿子皆官至二千石，时人誉之"万石君"。中涓：宫中主管清洁洒扫的侍从。(7)饶：多，此指舍得给。(8)意忌：同"疑忌"。(9)给事于中：在宫廷中处理事务。

课堂检测

1. 解释加点字，指出个别加点字的用法。
2. 指出划波浪线的句子在句式上的特点，并翻译成现代汉语。

文言积累

1. 下列选项中"之"字用法与其他三项不一样的是 （　　）

A. 其嫂嫉平之不视家生产　　B. 逐其妇而弃之

C. 久之，户牖富人有张负　　D. 善，陈孺子之为宰

2. 下列选项中加点字不是通假字的一项是　　　　　　　　　　　　　　　　（　　）

A. 予酒肉之资以内妇　　　　　　B. 要中当有金玉宝器

C. 然大王能饶人以爵邑　　　　　D. 乃详迁陵为帝太傅

3. 将下列句子翻译成现代汉语。

（1）负随平至其家，家乃负郭穷巷，以弊席为门，然门外多有长者车辙。

（2）汉王以为然，乃出黄金四万斤与陈平，恣所为，不问其出入。

阅读提示

1. 联系原文，分析①～③段是如何表现陈平特点的。

2. 第⑥段中陈平为何不主动提出建议，而是等沛公询问后才说？

咬文嚼字

分析下列语段中个别字词的表达作用。

平遂至修武降汉，因魏无知求见汉王，汉王召入。是时万石君奋为汉王中涓，受平谒，入见平。平等七人俱进，赐食。王曰："罢，就舍矣。"平曰："臣为事来，所言不可以过今日。"于是汉王与语而说之，问曰："子之居楚何官？"曰："为都尉。"是日乃拜平为都尉，使为参乘，典护军。

1. 分析"平等七人俱进"中"俱"字的作用。

2. 分析"是日乃拜平为都尉"中"乃"字的作用。

合作探究

1. 明代学者凌约言评论本文第④段"陈平逃难"一事道："闲处着笔，非写船人也，正见流离中之丰神。"结合该段，分析此语的含义。

2. 明代学者茅坤评论本文道："项王所吝者爵邑，故平之反间却从左胁上一刀，语所谓屠龙手。"结合第⑥、⑦段，分析何为"屠龙手"。

读史明理

对于陈平的评价历来各执一词。清朝学者林云铭认为他"不特善于立功，且善于自全"，尤其在吕后当权时，他"全身以立功于国"比张良"辟谷于前"更为难得。而南宋学者黄震则认为吕氏专权是他"阿太后之过也"。结合选文，你同意谁的观点？

深度解析

人性的月之暗面

——解读《陈丞相世家》

作为被列入"世家"的五位汉代功臣之一，陈平素以智谋闻名。然而细读《世家》，不免有一股阴冷刺骨之感扑面而来。拨开表面的光芒，且让我们看一看陈平的"月之暗面"。

阳面之功绩

欲说阴面，不妨先看阳面。司马迁固然对陈平颇多微词，却依然把他列入世家，而非列传；若司马迁果真厌恶陈平，以他的"破例性格"，这并非不可能之事。

陈平的最大功绩，是联手太尉周勃消灭诸吕、拥立汉文帝。这是汉初继高祖称帝后的第二件大事，由此确保了汉室的传承，稳定了天下的局势，于皇室有功，于百姓有德。所以司马迁连用妙词，以“伪”听之，刻画陈平的隐忍；以“卒”诛诸吕，突出其功绩之重；又以陈平“本”谋也，点明他在此事中起到的关键作用。这是司马迁先进历史观念的表现：纵然陈平有再多的问题和缺陷，只要他对历史进程有着积极正面的贡献，就必须予以肯定，而不会以偏概全。

除了消灭诸吕的功绩外，陈平还有许多智谋上的功劳，集中表现在平定天下时对项羽集团的分裂打击，和高祖统治天下时对韩信的控制，以及白登之围时拯救高祖性命的计策。这些都是在千钧一发之际扭转局势、转危为安的贡献，足以让陈平永载史册。

阴面之毒计

司马迁在传记的最后，借陈平之口对其人做出评判：

> 我多阴谋，是道家之所禁。吾世即废，亦已矣，终不能复起，以吾多阴祸也。

这与《白起列传》中白起临终前自言因杀戮太重不免身死的慨叹几乎完全一致，正是司马迁“历史因果论”的体现。撇去其中神秘论的部分，司马迁对陈平的判断颇有意味。陈平多智，本是值得褒扬之事，但分析他的“奇计”，大都不出一个“毒”字。

当然，高明的计谋本就该出人意料、犀利有效。但陈平之策自有其不同之处，具体表现为对“受计者”的彻底打击和“执行者”的漠然牺牲。

陈平离间项羽和范增，立刻导致范增发病而亡；荥阳之围，他毫不犹豫牺牲了两千多女子，虽说纪信主动请缨伪装汉王，但这些女子恐怕未必都心甘情愿；教唆高祖以云游为名抓捕韩信，完全不考虑韩信忠诚与否；诛杀诸吕时，他更是毫不留情，“无少长皆斩之”。总之，陈平的功绩背后，铺垫着数不清的生命，他本人对此则无动于衷，可谓狠辣至极。

对比另两位足智多谋的功臣张良和韩信，更能发现陈平的特别之处。张良、韩信固然多智，却大都能守住为人处世的基本原则底线，以“约束君王”“麻痹对手”“激发己方”为出发点施展方略，很少会有斩尽杀绝乃至波及无辜之举——陈平则没有那么多顾忌，他只问利害，不管是非；只顾君主，不理天道。如此，成就了他不世出的功名，也开启了中国历史“厚黑”的源泉，可谓流毒不浅。

渊源之考索

陈平为何如此阴毒？司马迁在传记中其实也有伏笔。《史记》有记载人物早年行迹的传统，从点滴小事中，往往能窥见人物性格行为的渊源。由本文可知，陈平出身贫寒却不事生产，天生隽才却不思进取，反而和大嫂闹矛盾，与路人起争执。这是典型的“流氓”（取其本义）性格，也是秦末出现的新现象：

原来受过高等教育的六国贵族凋零殆尽，出身寒微的人才迅速占领话语权的“真空地带”，成为地方上的知名人物，占有一定的社会资源和名望。刘邦及其阵营中的韩信、萧何、樊哙，都是如此。这些“小人”（亦取本义）往往没有接受过道德方面的教化，也不需要捍卫祖上的荣光，更没有可依赖的遗产。相比项羽、张良等人，其生存环境更为险恶。所以他们只认钱财，只管利害，处处争锋，个个奋勇，而陈平便是其中走得最远、表现最为突出的一个。在社会阶层固化的时代，“陈平”们往往只能泯然众人；天崩地裂之际，正是他们改变命运、一鸣惊人的契机，“不择手段”，自然成为他们毫不犹豫的选择。

如此，我们或许不该止于对陈平的遗憾，而应听到历史更深处的回响。

第八讲　历史人物价值的确定

主题导读

《史记》130篇，列传占据半壁江山。列传开启了“专记一人为一传”的传统，记录下那些“可传于后世”之人臣名士的言行。作为列传第一篇的传主，伯夷、叔齐的记载，显示了司马迁对于历史人物价值的判断标准。而将当时地位不显、事迹了了的屈原写入列传，更彰显着司马迁不拘一格的眼光。

伯夷列传

① 夫学者载籍极博，犹考信于六艺[(1)]。《诗》《书》虽缺，然虞夏之文可知也[(2)]。尧将逊位，让于虞舜，舜禹之间，岳牧咸荐[(3)]，乃试之于位，典职数十年，功用既兴，然后授政。示天下重器，王者大统，传天下若斯之难也。而说者曰尧让天下于许由，许由不受，耻之逃隐[(4)]。及夏之时，有卞随、务光者[(5)]。此何以称焉？太史公曰：余登箕山[(6)]，其上盖有许由冢云。孔子序列古之仁圣贤人，如吴太伯、伯夷之伦详矣[(7)]。余以所闻由、光义至高，其文辞不少概见，何哉？

② 孔子曰：“伯夷、叔齐，不念旧恶，怨是用希。”“求仁得仁，又何怨乎？”余悲伯夷之意，睹轶诗可异焉[(8)]。其传曰：伯夷、叔齐，孤竹君之二子也[(9)]。父欲立叔齐，及父卒，叔齐让伯夷。伯夷曰：“父命也。”遂逃去。叔齐亦不肯立而逃之。国人立其中子。于是伯夷、叔齐闻西伯昌善养老，盍往归焉[(10)]。及至，西伯卒，武王载木主[(11)]，号为文王，东伐纣。伯夷、叔齐叩马而谏曰：“父死不葬，爰及干戈[(12)]，可谓孝乎？以臣弑君，可谓仁乎？”左右欲兵之。太公曰：“此义人也。”扶而去之。武王已平殷乱，天下宗周，而伯夷、叔齐耻之，义不食周粟，隐于首阳山，采薇而食之。及饿且死，作歌。其辞曰：“登彼西山兮，采其薇矣。以暴易暴兮，不知其非矣。神农、虞、夏忽焉没兮，我安适归矣？于嗟徂兮[(13)]，命之衰矣！”遂

饿死于首阳山。由此观之，怨邪非邪？

③ 或曰："天道无亲，常与善人。"若伯夷、叔齐，可谓善人者非邪？积仁絜行如此而饿死！且七十子之徒，仲尼独荐颜渊为好学。然回也屡空，糟糠不厌，而卒蚤夭。天之报施善人，其何如哉？盗跖日杀不辜[14]，肝人之肉，暴戾恣睢，聚党数千人横行天下，竟以寿终。是遵何德哉？此其尤大彰明较著者也。若至近世，操行不轨，专犯忌讳，而终身逸乐，富厚累世不绝。或择地而蹈之，时然后出言，行不由径，非公正不发愤，而遇祸灾者，不可胜数也。余甚惑焉，傥所谓天道，是邪非邪？

④ 子曰"道不同不相为谋"，亦各从其志也。故曰"富贵如可求，虽执鞭之士，吾亦为之。如不可求，从吾所好。""岁寒，然后知松柏之后凋。"举世混浊，清士乃见。岂以其重若彼，其轻若此哉[15]？

⑤ "君子疾没世而名不称焉。"贾子曰："贪夫徇财[16]，烈士徇名，夸者死权，众庶冯生[17]。""同明相照，同类相求。""云从龙，风从虎，圣人作而万物睹。"伯夷、叔齐虽贤，得夫子而名益彰。颜渊虽笃学，附骥尾而行益显。岩穴之士，趣舍有时若此，类名堙灭而不称[18]，悲夫！闾巷之人，欲砥行立名者，非附青云之士，恶能施于后世哉？

题解

本篇记述了殷末周初贤士伯夷、叔齐的事迹，作为"列传"的第一篇。司马迁借此对当时是非不分、君子湮没无闻的情况进行反思；也明确提出传记"考信"的精神和体例。

注释

(1)载籍：书籍。六艺：《诗》《书》《礼》《乐》《易》《春秋》六部儒家经典。(2)此指《尚书》之《尧典》《舜典》《大禹谟》等篇记载尧、舜、禹禅让的事。(3)岳牧：传说中舜时有四岳、十二牧，是四方首领。(4)说者：此指庄子的说法。(5)卞随、务光：庄子虚构的人物，都是不接受帝位的隐士。(6)箕山：今河南登封市东南。(7)吴太伯：周文王的大伯父，为将君位让给其弟季历以便传位文王，逃离周国。(8)轶诗：未编入《诗经》的古代诗歌，即下文《采薇歌》。轶，同"佚"，散失。(9)孤竹:古国名。(10)盍:何不,表反问。(11)木主:灵位。(12)爰(yuán):就。(13)于嗟:叹息声。徂:去,此指死亡。(14)盗跖:传说中的大盗。(15)意为不就是因为他们把道德看得重,所以才把贫富生死看得轻。(16)徇:通"殉",为追求某物而拼命。(17)冯:通"凭",此指看重。(18)类名:美名。

课堂检测

1. 解释加点字,指出个别加点字的用法。
2. 指出划波浪线的句子在句式上的特点,并翻译成现代汉语。

文言积累

1. 下列选项中加点词活用现象与其他三项不一样的是 (　　)
   A. 耻之逃隐　　B. 余悲伯夷之意
   C. 睹轶诗可异焉　　D. 叔齐亦不肯立而逃之
2. 下列选项中"而"字含义和用法与其他三项不一样的是 (　　)
   A. 天下宗周,而伯夷、叔齐耻之　　B. 非公正不发愤,而遇祸灾者
   C. 专犯忌讳,而终身逸乐富厚　　D. 君子疾没世而名不称焉
3. 下列选项中加点字不是通假字的一项是 (　　)
   A. 怨是用希　　B. 积仁絜行如此而饿死
   C. 而卒蚤夭　　D. 天之报施善人
4. 将下列句子翻译成现代汉语。
   (1) 武王已平殷乱,天下宗周,而伯夷、叔齐耻之,义不食周粟,隐于首阳山,采薇而食之。

   ____

   (2) 或择地而蹈之,时然后出言,行不由径,非公正不发愤,而遇祸灾者,不可胜数也。

   ____

阅读提示

1. 根据第②段,伯夷、叔齐反对武王伐纣的理由是什么?

2. 根据第③段推测“天道”的内涵。

咬文嚼字

分析下列语段中个别字词的表达作用。

夫学者载籍极博，犹考信于六艺。《诗》《书》虽缺，然虞夏之文可知也。尧将逊位，让于虞舜，舜禹之间，岳牧咸荐，乃试之于位，典职数十年，功用既兴，然后授政。示天下重器，王者大统，传天下若斯之难也。而说者曰尧让天下于许由，许由不受，耻之逃隐。及夏之时，有卞随、务光者。此何以称焉？太史公曰：余登箕山，其上盖有许由冢云。孔子序列古之仁圣贤人，如吴太伯、伯夷之伦详矣。余以所闻由、光义至高，其文辞不少概见，何哉？

1. 分析“犹考信于六艺”中“犹”字的作用。

2. 分析“其上盖有许由冢云”中“盖”字的作用。

合作探究

南宋学者陈长方评论本文道：“（伯夷之诗）此意含蓄。此太史公文笔，非伯夷意也。”结合选文，分析陈长方话中的意思。

读史明理

1. 日本学者村尾元融评论本文道：“太史公欲求节义最高者为列传首。”联系本文，分析“节义最高”之处。

2. 清代学者何焯评论本文道：“此七十列传之凡例也。……一曰征信，……二曰阐幽。”联系本文，分析这两个标准的含义，并谈谈你的看法。

深度解析

伯夷“愚忠”辨

——解读《伯夷列传》

伯夷、叔齐，身为殷商时诸侯国的王族成员，在商周易代之际做出了异于他人的选择。他们没有热情拥抱即将到来的圣贤君主和开明时代，而是以“不食周粟”为信念躲到首阳山上，并在贫病交加中悄然离世。后人，尤其是儒家学者，多认为他们是可敬的贤人，坚持道义，忠诚如一。当然也有不少人质疑、讥笑他们不识时务，迂腐不化。那么，他们的坚持是否属于“愚忠”？司马迁又是怎么看待这个问题的？细读《史记》原文，我们当有所获。

不能忽视的前提：“让国”

在分析“愚忠”之前，我们首先得关注一个重要的前提：让国。

“让国”，指的是君权继承不以父子、兄弟相传的血缘关系为准则，而纯粹用德行才能的尺度衡量，前任君主审慎考虑后将权位“谦让”给最符合这个标准的贤人。如此，上下信服，德政长继，天下大治可望。这是一大批士人理想的政治境界。所以司马迁在本文开篇便连续列举尧舜禹三代禅让的美事，并以“咸”字突出人心之齐，以“兴”字突出让国之利。

当然，“让国”违背了人类欲望无限制扩张的本性，也和发展中的现实社会越来越格格不入。司马迁并不回避这点，用一个“难”字来表示理想的遥不可及。更以推辞让国的许由、卞随等人为反面例证，暗示他们“置天下于不顾”之不妥。

表面上看，伯夷、叔齐也是推辞让国，为何孔子、司马迁厚此薄彼呢？最大的可能应该是因为许由、卞随有治国之能而不就，伯夷、叔齐虽高洁却无理政之才，所以他们让国于“中子”，恰是一种理智的选择。更何况，根据《庄子·逍遥游》里许由的言论，他更像是一个不以天下为意的出世高人，绝不是孔子所推崇的“仁人志士”，所以孔子论述伯夷之事“详矣”，而对待许由则言辞“少见”，乃是一种有导向性的态度。

辨析伯夷是否“愚忠”的话题，就要从这种心系天下、大公无私的让国情怀开始说起。因为这是后文伯夷、叔齐的思维逻辑（当然也是司马迁的），这种逻辑决定了他们的言行和情感。

伯夷“怨不怨”?

《列传》第二段的开头，引用孔子的话，“怨是用希”。大意指伯夷、叔齐对于自己落寞离世的结局心甘情愿，并无怨言。但本段的结尾司马迁又强烈地感叹道，“由此观之，怨邪非邪”，对孔子的说法提出了直接的质疑。这就直接关系到“愚忠”的判断——如果他们至死不怨，那似乎确然有点愚不可及了；如果他们尚且心存恨意，那就耐人寻味了呢。

细读此段，司马迁用了两种笔墨来描述历史。写及伯夷、叔齐饿死首阳山之事，纯用客观冷静之笔，刻画两人“不食周粟”的坚定和决绝；引用他们临终所作诗歌，却激情澎湃，意甚难平，以“忽”字痛惜“让国”传统消逝之快，以“安”字抒发无处归依的惶惑，更直接点出内心的芥蒂——“以暴易暴兮，不知其非矣！”

以暴易暴，指的是武王用“暴力”消灭了纣王这位“暴君”和他的“暴政”。一般的观点都指责纣王的无道和武王的英明。周朝绵延八百年的国祚，更印证了“伐纣”的正确性。伯夷、叔齐的诗句里，对纣王的定性是明确的——暴。从这一点看，他们绝非愚忠。他们之所以反对武王，是因为武王行为方式的问题。在二人看来，用武力推翻暴政，是用一种错误代替另一种，所以说“不知其非矣”。这与他们“让国”的政治观念是直接冲突的。“让国”的体系下，所有的权力交接应该都是非暴力的、充满温情和理解的，而不是你死我活、刀兵相见。所以，对于失去孤竹国的君位、不受纣王和武王的赏识，伯夷、叔齐是没有怨言的，但对于武王以暴易暴的做法，两人确实有着强烈的不满和愤懑。

关于这一点，司马迁没有明确表态是否赞同，但从他以伯夷、叔齐为“列传”第一篇的做法来看，至少他对两人是充满同情的。因为在满朝鸦雀无声时挺身而出为李陵辩护的司马迁，不也像伯夷、叔齐一样“不识时务”吗？夷齐、子长的“愚”，对应的是世人的“世故精明”，这么看，“愚忠”未必是一个贬义词，而更像是一曲充满悲剧性的挽歌。

另外，从《史记》的其他篇目以及后世史事来看，伯夷、叔齐的担心恐怕都不是杞人忧天。武王伐纣固然英明神武，但也为后世的野心家开辟了一条夺权篡位的道路。自此以后，无论君王是否昏庸、目的是否光明、百姓的支持是否充分，谋事者都可以竖起“替天行道”的大旗，发动改朝换代的战争。此起彼伏的战斗中，到底有多少真正的“义军”，又有多少八百年的盛世呢？最后的结果，无非应了张养浩的名句，“兴，百姓苦；亡，百姓苦”。从这一点看，伯夷、叔齐是有前瞻性眼光的，司马迁更是有着悲悯仁慈的史识和情怀。

天道“在不在”？

从体例来看，《伯夷列传》和其他六十多篇列传的区别是明显的：其他传记大多有传主的具体事迹和细节描写；《伯夷列传》对于伯夷、叔齐生平几无涉及，仅有的细节还被后世评论家反复质疑，其中清代学者梁玉绳说得最彻底：“所载俱非也。”更特别的是，《伯夷列传》从一开始就引入司马迁个人的评论，夹叙夹议贯穿全文，和其他列传至文末方以一小段“太史公曰”收束截然不同。

客观上，伯夷、叔齐乃是商周之际的传说人物，距离司马迁的时代将近千年，不可能留下太多文字记录，更无见证者可供采访，所以这些质疑虽然合理，但也略苛刻。那么，司马迁为何不放弃两人，选择一个资料更齐全的人来作传呢（事实上列传第二篇就跳跃到几百年后的管仲、晏婴）？

我的看法是，作为列传首篇的《伯夷列传》，宣告了司马迁创作列传乃至《史记》的动机和心迹，所以他在众多现实和传说人物中选择伯夷、叔齐，乃是精心刻意之举。其中心便是文章第三段提及的“天道”。

在人们朴素的愿望中，上天应惩恶扬善，故善有善报、恶有恶报，如此才能鼓励人们多行善事、自戒恶行。然而司马迁用一连串的史实证明：这个被人们顶礼膜拜的“天道”，常常让好人遭殃，让坏人善终。伯夷、叔齐也正是遭殃好人中的一员，纣王当然无视他们，武王对他们也不屑一顾，贤明如太公也只是宽恕其一死。所以司马迁忍无可忍地呐喊道“是邪非邪”！

公正的天道已然不存，道家的做法是独善其身、自得其乐。司马迁却不能做埋首沙堆的鸵鸟，他之所以作《史记》，就是要在“天道不存”的现实前提下，于历史中竖立另一面“人道”的大旗，记录伯夷这样被遗忘的高义者、同情屈原这样的不遇者、歌颂魏公子这样的爱国者、维护李陵这样的落难者——如此，他们的“类名”方得以传播，他们的“洁行”终能够延续。

万幸，有《史记》这“文字之道”流传至今，我们才不至于错认伯夷、叔齐为“愚忠者”。

屈原列传

① 屈原者，名平，楚之同姓也[1]。为楚怀王左徒。博闻强志，明于治乱，娴于辞令。入则与王图议国事，以出号令；出则接遇宾客，应对诸侯。王甚任之。

② 上官大夫与之同列，争宠而心害其能。怀王使屈原造为宪令[2]，屈平属草稿未定。上官大夫见而欲夺之，屈平不与，因谗之曰：“王使屈平为令，众莫不知，每一令出，平伐其功，以为‘非我莫能为’也。”王怒而疏屈平。

③ 屈平疾王听之不聪也，谗谄之蔽明也，邪曲之害公也，方正之不容也，故忧愁幽思而作《离骚》。离骚者，犹离忧也。夫天者，人之始也；父母者，人之本也。人穷则反本，故劳苦倦极，未尝不呼天也；疾痛惨怛[3]，未尝不呼父母也。屈平正道直行，竭忠尽智以事其君，谗人间之，可谓穷矣。信而见疑，忠而被谤，能无怨乎？屈平之作《离骚》，盖自怨生也。《国风》好色而不淫[4]，《小雅》怨诽而不乱。若《离骚》者，可谓兼之矣。上称帝喾，下道齐桓，中述汤武，以刺世事。明道德之广崇，治乱之条贯，靡不毕见。其文约，其辞微，其志絜，其行廉，其称文小而其指极大，举类迩而见义远。其志絜，故其称物芳。其行廉，故死而不容。自疏濯淖污泥之中[5]，蝉蜕于浊秽，以浮游尘埃之外，不获世之滋垢，皭然泥而不滓者也[6]。推此志也，虽与日月争光可也。

④ 屈平既绌，其后秦欲伐齐，齐与楚从亲，惠王患之，乃令张仪详去秦，厚币委质事楚[7]，曰：“秦甚憎齐，齐与楚从亲，楚诚能绝齐，秦愿献商、於之地六百里[8]。”楚怀王贪而信张仪，遂绝齐，使使如秦受地。张仪诈之曰：“仪与王约六里，不闻六百里。”楚使怒去，归告怀王。怀王怒，大兴师伐秦。秦发兵击之，大破楚师于丹、淅[9]，斩首八万，虏楚将屈匄，遂取楚之汉中地。怀王乃悉发国中兵

以深入击秦，战于蓝田。魏闻之，袭楚至邓。楚兵惧，自秦归。而齐竟怒不救楚，楚大困。

⑤ 明年，秦割汉中地与楚以和。楚王曰："不愿得地，愿得张仪而甘心焉。"张仪闻，乃曰："以一仪而当汉中地，臣请往如楚。"如楚，又因厚币用事者臣靳尚，而设诡辩于怀王之宠姬郑袖。怀王竟听郑袖，复释去张仪。是时屈平既疏，不复在位，使于齐，顾反，谏怀王曰："何不杀张仪？"怀王悔，追张仪不及。

⑥ 其后诸侯共击楚，大破之，杀其将唐眜。

⑦ 时秦昭王与楚婚，欲与怀王会。怀王欲行，屈平曰："秦虎狼之国，不可信，不如毋行。"怀王稚子子兰劝王行："奈何绝秦欢！"怀王卒行。入武关，秦伏兵绝其后，因留怀王，以求割地。怀王怒，不听。亡走赵，赵不内。复之秦，竟死于秦而归葬。

⑧ 长子顷襄王立，以其弟子兰为令尹。楚人既咎子兰以劝怀王入秦而不反也。

⑨ 屈平既嫉之，虽放流，睠顾楚国[10]，系心怀王，不忘欲反，冀幸君之一悟，俗之一改也。其存君兴国而欲反覆之，一篇之中三致志焉。然终无可奈何，故不可以反，卒以此见怀王之终不悟也。人君无愚智贤不肖，莫不欲求忠以自为，举贤以自佐，然亡国破家相随属，而圣君治国累世而不见者，其所谓忠者不忠，而所谓贤者不贤也。怀王以不知忠臣之分，故内惑于郑袖，外欺于张仪，疏屈平而信上官大夫、令尹子兰。兵挫地削，亡其六郡，身客死于秦，为天下笑。此不知人之祸也。《易》曰："井泄不食，为我心恻，可以汲。王明，并受其福。"[11]王之不明，岂足福哉！

⑩ 令尹子兰闻之大怒，卒使上官大夫短屈原于顷襄王，顷襄王怒而迁之。

⑪ 屈原至于江滨，被发行吟泽畔。颜色憔悴，形容枯槁。渔父见而问之曰："子非三闾大夫欤[12]？何故而至此？"屈原曰："举世混浊而我独清，众人皆醉而我独醒，是以见放。"渔父曰："夫圣人者，不凝滞于物而能与世推移。举世混浊，何不随其流而扬其波？众人皆醉，何不餔其糟而啜其醨[13]？何故怀瑾握瑜而自令见放为？"屈原曰："吾闻之，新沐者必弹冠，新浴者必振衣，人又谁能以身之察察，受物之汶汶者乎[14]！宁赴常流而葬乎江鱼腹中耳，又安能以皓皓之白而蒙世俗之温蠖乎[15]！"……

⑫ 于是怀石遂自沈汨罗以死(16)。

⑬ 屈原既死之后，楚有宋玉、唐勒、景差之徒者，皆好辞而以赋见称；然皆祖屈原之从容辞令，终莫敢直谏。其后楚日以削，数十年竟为秦所灭。……

⑭ 太史公曰：余读《离骚》《天问》《招魂》《哀郢》，悲其志。适长沙，观屈原所自沈渊，未尝不垂涕，想见其为人。及见贾生吊之，又怪屈原以彼其材，游诸侯，何国不容，而自令若是。……

题解

本文节选自《屈原贾生列传》，省略了屈原《怀沙赋》和贾谊传文部分。本文记述了屈原深谋远虑、忠心为国，却因遭谗言而不得任用的惨痛事迹，既表达了对屈原的敬重和惋惜，也表现了对昏君和佞臣的愤慨和批评。本文夹叙夹议，反复吟叹，是《史记》中最抒情的篇章之一。

注释

(1)楚之同姓也：楚国王族姓芈，屈氏亦属芈姓。屈原祖先屈瑕是楚武王之子，受封于屈地，因以为氏。(2)宪令：法令。(3)惨怛(dá)：惨痛。(4)此语源出《论语》"《关雎》乐而不淫"。淫：过分。(5)淖：浊。(6)皭：洁白。滓：污浊。(7)委质：归附、投靠。(8)商、於(wū)之地：今陕西商县至河南西峡县东一带。(9)丹、淅：二水名，均位于河南。(10)睠顾：怀恋。(11)意为井已经掏干净，可仍无人饮用，真叫人伤心，这井水已经可以提上来喝了。如果君王英明，全国都将跟着享福。(12)三闾大夫：官名，掌管王族三姓(昭、屈、景)之职。(13)餔：吃。啜：饮。醨：薄酒。(14)察察：干净、洁白。汶汶：污浊、肮脏。(15)常：通"长"。温蠖(huò)：愚昧、糊涂。(16)汨罗：水名，源于湖南平江县东，西流至汨罗市西北入湘江。

课堂检测

1. 解释加点字，指出个别加点字的用法。
2. 指出划波浪线的句子在句式上的特点，并翻译成现代汉语。

文言积累

1. 下列选项中加点字词不是古今异义的一项是（　　）

A. 方正之不容也　　B. 明年，秦割汉中地与楚以和

C. 颜色憔悴　　D. 形容枯槁

2. 下列选项中加点字不是通假字的一项是（　　）

A. 博闻强志　　B. 靡不毕见

C. 齐与楚从亲　　D. 乃令张仪详去秦

3. 下列选项中“而”字含义和用法与其他三项不一样的是（　　）

A. 上官大夫见而欲夺之　　B. 王怒而疏屈平

C.《国风》好色而不淫　　D. 楚怀王贪而信张仪

4. 将下列句子翻译成现代汉语。

（1）屈平正道直行，竭忠尽智以事其君，谗人间之，可谓穷矣。

（2）其文约，其辞微，其志絜，其行廉，其称文小而其指极大，举类迩而见义远。

（3）然亡国破家相随属，而圣君治国累世而不见者，其所谓忠者不忠，而所谓贤者不贤也。

阅读提示

1. 联系全文，屈原被两代楚王疏远贬谪的原因是什么？

2. 分析第⑨段引用《易经》的作用。

3. 分析第⑪段中“圣人”的含义。

咬文嚼字

分析下列语段中个别字词的表达作用。

屈平既绌，其后秦欲伐齐，齐与楚从亲，惠王患之，乃令张仪详去秦，厚币委质事楚，曰："秦甚憎齐，齐与楚从亲，楚诚能绝齐，秦愿献商、于之地六百里。"楚怀王贪而信张仪，遂绝齐，使使如秦受地。张仪诈之曰："仪与王约六里，不闻六百里。"楚使怒去，归告怀王。怀王怒，大兴师伐秦。秦发兵击之，大破楚师于丹、淅，斩首八万，虏楚将屈匄，遂取楚之汉中地。怀王乃悉发国中兵以深入击秦，战于蓝田。魏闻之，袭楚至邓。楚兵惧，自秦归。而齐竟怒不救楚，楚大困。

1. "楚使怒去"和"怀王怒"中的两个"怒"字是否重复？

2. 分析"怀王乃悉发国中兵以深入击秦"中"悉"字的作用。

合作探究

1. 明代学者杨慎评论本文道："其论作《骚》一节，雅婉凄怆。"结合第③段分析此语的含义。

2. 近代学者李景星评论文本道："通篇多用虚笔，以抑郁难遏之气，写怀才不遇之感。"以第⑪段为例，分析此语的含义。

读史明理

近代学者梁启超评论本文道："资料太缺乏的人，虽然伟大奇特，亦不应当作传。"你是否同意他关于作传标准的观点？请简要分析。

深度解析

《史记》的缩影

——解读《屈原列传》

鲁迅称赞《史记》为"无韵之《离骚》"，点出了两者间的密切关联。《史记》之于《离骚》，司马迁之于屈原，有一种投射和缩影的关系。

批评的启示

探讨《史记》和《离骚》的关系，不妨从批评的声音开始思考。近代学者梁启超评论本文道："资料太缺乏的人，虽然伟大奇特，亦不应当作传。"梁启超并不否认屈原的伟大，他的批评，是就史传的一般标准而言的。史传文的核心价值在于"存真"，然而张仪欺诈楚怀王之事近似小说，可信程度不高；屈原是被怀王还是顷襄王流放的，原文也语焉不详。这已然犯了史传文的忌讳。其次，史传中的人物和事件，应关系国家民生的大事。屈原一生郁郁不得志，自然也无法对历史做出实质性的改变，很难说有什么功绩。

那么，《屈原列传》的意义又在哪里呢？

不遇的升华

《列传》的"太史公曰"透露了司马迁的用意："又怪屈原以彼其材，游诸侯，何国不容，而自令若是"——司马迁关注的重点，是屈原空负才华和报国之志，却不被君主重用，不被世人认可。这便指向了中国历史上的重要主题，"士不遇"。有志有才的士人，被君王青睐、委以重任，得以发挥才干，是个人之光荣，国家之幸事。但士人的才华未必符合君王的价值观，所以春秋战国时期，策士们周游列国，各展才能，期待碰着一位"知遇"他们的明主。

然而屈原和商鞅、苏秦们不同，他没有因为怀王的昏庸而离开楚国，而是不离不弃追随左右，直到被放逐也不作他想，以自沉江水结束余生。这就在"士不遇"的悲情色彩上，添加了一份爱国主义的情怀。这是随着国家意识的形成和个人情感的升华而自然产生的一种高贵情操。所以文中称赞屈原"竭忠尽智"，乃至推崇到"虽与日月争光可也"的至高地位。

这是司马迁对士人精神的认同，在其仅存于世的辞赋作品《悲士不遇赋》中也有类似的表述："使公于公者，彼我同兮。"而司马迁在李陵事件中慷慨直言，更践行着这份直言其事、深爱其国的精神。

创作的视角

或许有人会质疑，为昏君而自沉，是否算"愚忠"？细读《列传》，我们不难发现，屈原并非不知道楚王的昏庸和时局的险恶。面对渔父的询问，他明确说道"众人皆醉而我独醒"。但"独醒"的屈原并没有选择另投明主，而是化一腔悲愤为创作的动力，写下《离骚》《怀沙》等诗篇。

纵观全文，司马迁并未按照常例叙写屈原一生的行迹，而是以《离骚》《怀沙》为枢纽，重点介绍其创作背景和行文特色。而"忧愁幽思而作《离骚》"的主题，正应和了《太史公自序》中"悲愤著书"的命题；"余读《离骚》，……悲其志，……想见其为人"的效果，又呼应了《伯夷叔齐列传》中"君子疾没世而名不称焉""伯夷、叔齐虽贤，得夫子而名益彰"的用意。

总之，司马迁在屈原身上看到了另一种可能："创作"，也是历史的重要组成部分。如果限于条件无法建功立业，那么士人可以另辟他径，以"立言"代替"立功"。若能留下形神俱佳的文字，传达其丰满高卓的精神内涵，留予后人广远深邃的思考，那么作品和作者便都具有了"不朽"的历史文化意义，甚至可以超越一时名声显赫的达官贵人。《太史公自序》中用"作辞以讽谏，连类以争义，《离骚》有之"来表述创作《屈原列传》的目的，正是此意。

类传的辨析

严格地说，这篇传记的全称是《屈原贾生列传》，即屈原和贾谊的合传。这两个人的时代相去遥远，也无直接关系，司马迁是从"怀才不遇"的角度将其合在一传中的。我们一般把这种传记叫作"类传"，即类似之人的合传。

后世的正史袭承《史记》的传统，也都有类传。然而《史记》的类传亦如司马迁的为人，卓尔不群，不拘于时。《屈原贾生列传》既然着眼于"士不遇"，便割舍了贾谊许多与此主题无关的史料和创作（包括《过秦论》《论积贮疏》这样的名作）。这样"矫枉过正"的做法在《汉书》中大为改善，所以历来有不少批评司马迁、赞许班固的声音。这样的评价固然合理，却也忽略了司马迁的幽微用心：面面俱到，往往容易没有重心；抓住一点深入探寻，或许更能清晰勾勒历史的真相。站在司马迁的视角，一篇名噪一时的论疏，也许并不比横亘千年的“士不遇”主题更重要吧。

第九讲　奢俭两重天的齐相

主题导读

管仲、晏婴，是齐国的两位贤相，都曾为齐国的强大做出贡献。两人的生活风格却大相径庭：管仲奢侈，晏婴俭朴。司马迁透过表面差异，看到两人在治国辅政上相同的闪光点，以合传的形式写成《管晏列传》。本讲将两人事迹分列为《管仲列传》和《晏婴列传》，或许可以让我们更清晰地体察到作者的用心。

管仲列传

① 管仲夷吾者，颍上人也(1)。少时常与鲍叔牙游(2)，鲍叔知其贤。管仲贫困，常欺鲍叔(3)，鲍叔终善遇之，不以为言。已而鲍叔事齐公子小白，管仲事公子纠(4)。及小白立，为桓公，公子纠死，管仲囚焉。鲍叔遂进管仲。管仲既用，任政于齐，齐桓公以霸，九合诸侯，一匡天下，管仲之谋也。

② 管仲曰："吾始困时，尝与鲍叔贾，分财利多自与，鲍叔不以我为贪，知我贫也。吾尝为鲍叔谋事而更穷困，鲍叔不以我为愚，知时有利不利也。吾尝三仕三见逐于君，鲍叔不以我为不肖，知我不遭时也。吾尝三战三走，鲍叔不以我怯，知我有老母也。公子纠败，召忽死之(5)，吾幽囚受辱，鲍叔不以我为无耻，知我不羞小节而耻功名不显于天下也。生我者父母，知我者鲍子也。"

③ 鲍叔既进管仲，以身下之。子孙世禄于齐，有封邑者十余世，常为名大夫。天下不多管仲之贤而多鲍叔能知人也。

④ 管仲既任政相齐，以区区之齐在海滨，通货积财，富国强兵，与俗同好恶(6)。故其称曰："仓廪实而知礼节，衣食足而知荣辱，上服度则六亲固(7)。四维不张(8)，国乃灭亡。下令如流水之原，令顺民心。"故论卑而易行(9)。俗之所欲，因而予之；俗之所否，因而去之。

⑤ 其为政也，善因祸而为福，转败而为功。贵轻重，慎权衡[(10)]。桓公实怒少姬，南袭蔡[(11)]，管仲因而伐楚，责包茅不入贡于周室[(12)]。桓公实北征山戎，而管仲因而令燕修召公之政[(13)]。于柯之会，桓公欲背曹沫之约[(14)]，管仲因而信之，诸侯由是归齐。故曰："知与之为取，政之宝也。"

⑥ 管仲富拟于公室，有三归、反坫[(15)]，齐人不以为侈。管仲卒，齐国遵其政，常强于诸侯。……

题解

本文节选了《管晏列传》中管仲的部分，记述了齐相管仲的事迹，主要表现了他与鲍叔牙之间的感人友谊和高超的治国才华。在管仲身上，寄托着作者的许多抱负。

注释

(1)颍上：颍水边上。颍水发源于河南登封市，于安徽寿县西南流入淮水。(2)游：交游，此指共同经商。(3)欺：此指多占钱财。(4)公子小白：即日后的齐桓公，僖公之子，襄公之弟。公子纠：小白同父异母兄弟。(5)此指召忽曾与管仲一起辅佐公子纠，公子纠死后自杀。(6)俗：百姓的思想愿望、风俗习惯。(7)上服度则六亲固：统治者行为符合礼度，六亲自然关系稳固。六亲，父母兄弟妻子。(8)四维：礼义廉耻。(9)卑：低下，指通俗浅显。(10)贵轻重：重视经济。慎权衡：慎重对待度量衡的监督管制，以防商人非法盘剥。(11)此指桓公有一蔡国宠姬，曾惹怒桓公而被遣送回国，桓公意未绝但蔡国将此女他嫁，桓公因此怒而伐蔡。(12)此指齐国指责楚国未向周天子进献贡物。包茅：可供滤酒的成捆细茅草，是楚国的贡物。(13)此指少数民族山戎伐燕，齐国应燕之求救回击山戎，解围后令燕君效仿其先祖召公的政令。(14)此指齐鲁在柯邑盟会，鲁国将领曹沫用匕首挟持齐桓公，逼迫他答应退还齐国侵占鲁国的土地。(15)三归：全国工商业税收的十分之三，一说指娶三姓女，众说纷纭，要之是奢僭违礼之事。反坫(diàn)：坫是一种土台子，两国诸侯见面敬酒后把酒杯放在土台子上，叫作"反坫"，管仲不是诸侯，故这是僭越之举。

课堂检测

1. 解释加点字，指出个别加点字的用法。
2. 指出划波浪线的句子在句式上的特点，并翻译成现代汉语。

文言积累

1. 下列选项中“而”字含义和用法与其他三项不一样的是 （ ）

A. 吾尝为鲍叔谋事而更穷困　　B. 仓廪实而知礼节

C. 衣食足而知荣辱　　D. 而管仲因而令燕修召公之政

2. 下列选项中加点字用法判断正确的一项是 （ ）

① 与俗通好恶　② 知与之为取，政之宝也　③ 子孙世禄于齐　④ 责包茅不入贡于周室

A. ①②相同，③④相同　　B. ①②相同，③④不同

C. ①②不同，③④相同　　D. ①②不同，③④不同

3. 将下列句子翻译成现代汉语。

（1）管仲既用，任政于齐，齐桓公以霸，九合诸侯，一匡天下，管仲之谋也。

____

（2）吾幽囚受辱，鲍叔不以我为无耻，知我不羞小节而耻功名不显于天下也。

____

阅读提示

1. 根据第②段，管仲为何感慨“知我者鲍子也”？

____

____

2. 根据④、⑤段，管仲为政的主要特点是什么？

____

____

咬文嚼字

分析下列语段中个别字词的表达作用。

管仲夷吾者，颍上人也。少时常与鲍叔牙游，鲍叔知其贤。管仲贫困，常欺鲍叔，鲍叔终善遇之，不以为言。已而鲍叔事齐公子小白，管仲事公子纠。及小白立，为桓公，公子纠死，管仲囚焉。鲍叔遂进管仲。管仲既用，任政于齐，齐桓公以霸，九合诸侯，一匡天下，管仲之谋也。

1. 分析“鲍叔终善遇之”中“终”字的作用。

2. 分析“鲍叔遂进管仲”中“遂”字的作用。

合作探究

1. 近代学者钱穆评论本文道：“近似文学小品，实涵哲学大义。”结合选文分析此语之意。

2. 明代学者陈卧子评论本文道：“（管仲）功业甚伟，而载其一二轶事，大要在于结交推贤，志有所寄耳。”结合选文，分析作者“所寄之志”的内涵。

读史明理

近代学者梁启超评论本文道：“叙个人阅涉琐事居太半，……替大政治家作传，用这种走偏锋的观察法，无论如何，我总说是不应该。”你是否同意他的观点，为什么？

晏婴列传

① ……晏平仲婴者，莱之夷维人也[1]。事齐灵公、庄公、景公，以节俭力行重于齐。既相齐，食不重肉，妾不衣帛。其在朝，君语及之，即危言[2]；语不及之，即危行。国有道，即顺命；无道，即衡命[3]。以此三世显名于诸侯。

② 越石父贤，在缧绁中[4]。晏子出，遭之涂，解左骖赎之，载归。弗谢，入闺[5]。久之，越石父请绝。晏子戄然，摄衣冠谢曰："婴虽不仁，免子于厄，何子求绝之速也？"石父曰："不然。吾闻君子诎于不知己而信于知己者[6]。方吾在缧绁中，彼不知我也。夫子既已感寤而赎我，是知己；知己而无礼，固不如在缧绁之中。"晏子于是延入为上客。

③ 晏子为齐相，出，其御之妻从门间而窥其夫。其夫为相御，拥大盖，策驷马，意气扬扬，甚自得也。既而归，其妻请去。夫问其故。妻曰："晏子长不满六尺[7]，身相齐国，名显诸侯。今者妾观其出，志念深矣，常有以自下者[8]。今子长八尺，乃为人仆御，然子之意自以为足，妾是以求去也。"其后夫自抑损[9]。晏子怪而问之，御以实对。晏子荐以为大夫。

④ 太史公曰：吾读管氏《牧民》《山高》《乘马》《轻重》《九府》，及《晏子春秋》[10]，详哉其言之也。既见其著书，欲观其行事，故次其传。至其书，世多有之，是以不论，论其轶事。

⑤ 管仲，世所谓贤臣，然孔子小之。岂以为周道衰微，桓公既贤，而不勉之至王，乃称霸哉？语曰"将顺其美，匡救其恶，故上下能相亲也"[11]。岂管仲之谓乎？

⑥ 方晏子伏庄公尸哭之，成礼然后去[12]，岂所谓"见义不为无勇"者邪？至其谏说，犯君之颜，此所谓"进思尽忠，退思补过"者哉！假令晏子而在，余虽为之执鞭，所忻慕焉。

题解

本文节选了《管晏列传》中晏婴的部分和史论部分，记述了齐相晏婴的轶事，突出表现他节俭和不拘一格提拔人才的特点。

注释

(1)晏平仲婴:晏婴,字平仲。莱:今山东东北部。夷维:今山东高密市。(2)危言:直话直说。危,高,峻直。(3)衡命:权衡形势,采取相应措施。(4)缧绁:捆绑犯人的绳索。(5)左骖:古代一车四马,中间两匹为服马,左右两匹为骖马。谢:告诉。闺:此指晏婴的内室。(6)此指一个君子在不了解自己的人面前受委屈不足为奇,在了解自己的人面前就该受尊重。诎:同“屈”。信:通“伸”。(7)不满六尺:指晏婴身高不足一米四。(8)自下:自谦。(9)抑损:克制、谦虚。(10)从“《牧民》”到“《九府》”都是《管子》中的篇目名。《晏子春秋》是记载晏婴言行的典籍。此篇为管、晏合传,故“太史公曰”先评论管仲。(11)此指臣子如能鼓励君上的优点,又能纠正他的过失,那么君臣、君民之间就可以亲密无间。(12)此指齐庄公与权臣崔杼之妻私通,在崔杼家被杀,晏婴在崔家伏尸而哭,行礼而去。

课堂检测

1. 解释加点字,指出个别加点字的用法。
2. 指出划波浪线的句子在句式上的特点,并翻译成现代汉语。

文言积累

1. 下列选项中“而”字含义和用法判断正确的一项是 ( )

   ① 夫子既已感寤而赎我 ② 晏子怪而问之 ③ 知己而无礼 ④ 桓公既贤,而不勉之至王

   A. ①②相同,③④相同　　B. ①②相同,③④不同

   C. ①②不同,③④相同　　D. ①②不同,③④不同

2. 下列选项中加点字不是通假字的一项是 ( )

   A. 遭之涂　　B. 在缧绁中

   C. 论其轶事　　D. 所忻慕焉

3. 将下列句子翻译成现代汉语。

   (1) 婴虽不仁,免子于厄,何子求绝之速也?

(2) 其夫为相御,拥大盖,策驷马,意气扬扬,甚自得也。

阅读提示

1. 根据第②段,越石父为何要与晏婴断交?

2. 分析第③段中"御之妻"的人物形象。

咬文嚼字

分析下列语段中个别字词的表达作用。

晏子为齐相,出,其御之妻从门间而窥其夫。其夫为相御,拥大盖,策驷马,意气扬扬,甚自得也。既而归,其妻请去。夫问其故。妻曰:"晏子长不满六尺,身相齐国,名显诸侯。今者妾观其出,志念深矣,常有以自下者。今子长八尺,乃为人仆御,然子之意自以为足,妾是以求去也。"其后夫自抑损。晏子怪而问之,御以实对。晏子荐以为大夫。

"其后夫自抑损"中的"自"字是否多余?

合作探究

清代学者郭嵩焘评论本文道:"晏子立身事君大节,尽于此'志念深矣'四字中。"结合本文,分析此语的含义。

读史明理

管仲、晏婴两位齐相，前者奢侈，后者节俭，但都得到了齐国百姓的称赞。联系本文和《管仲列传》，分析其中的原因。你更赞同哪个人的做法，为什么？

深度解析

俭与奢的思考

——解读《管晏列传》

司马迁在《太史公自序》中评《管晏列传》："晏子俭矣，夷吾（管仲）则奢；齐桓以霸，景公以治。"然而古今学者赏析评论这篇列传时，大都跳过"俭""奢"的题眼，大谈知遇之恩和识人眼光。这些固然也有重要的意义，却不免忽略了司马迁的原始意图。

俭奢不两立

分析本文之前，不妨先回顾一下"俭与奢"这个恒久的主题。中学教科书中的两篇经典课文代表着传统文化对此的主流看法。魏征的《谏太宗十思疏》，恳切地劝说太宗"戒奢以俭"。"十思"之中，"见可欲""将有作""乐盘游"直接指向奢侈欲望，树立了"俭可立国兴国，奢则败国亡国"的训条。司马光的《训俭示康》更是旗帜鲜明地将"俭朴"视作司马氏的家训，从理论、亲身经历、古今事例等多方面论证了俭朴的好处和奢侈的危害，末了更是引用《左传》作为经典依据：

> 俭，德之共也；侈，恶之大也。

按照对偶的句式，这个"共"宜理解为"宏大"，不过解释为"共性"也符合司马光的想法。因为《训俭示康》举的正面例子各不相同，唯有"俭朴"是他们的共同点。以此观之，表现穷奢极欲的《阿房宫赋》，反对繁政扰民的《种树郭橐驼传》，讽刺不施仁义而筑千里金城的《过秦论》，见证了隋炀帝好大喜功的台城柳……总之，传统典籍中尽是歌颂俭朴、否定奢侈的声音。绵延至今，"戒奢以俭"便成了值得我们骄傲的民族精神。

世异风亦变

既然俭奢如此泾渭分明，司马迁又何以将其作为《管晏列传》的题记呢？就《列传》来看，管仲虽然有“富拟于公室，有三归、反坫”这样异乎寻常的豪奢之举，但是“齐人不以为侈”。司马迁还以管仲死后“齐国遵其政，常强于诸侯”的表述，来暗示其奢侈之举的正当性与合理性。这就提示我们，脱离具体时代背景和人事关系谈论“俭与奢”，很容易陷入唯道德论的陷阱，从而远离历史的真相和作者的意图。

管仲相齐，正逢齐桓公初立，准备大展拳脚之时。这个时候齐国蒸蒸日上，上下一心，的确有挥霍的资本。更重要的是，齐桓公正是要以对管仲的恩宠来彰显自己求贤若渴的心情，这与燕昭王以“千金买马骨”的方式礼遇郭隗如出一辙，在此感召下，隰朋、高傒等贤臣为桓公竭心尽力，就这样桓公奠定了霸业的基础。

晏子的时代距离管仲才一百余年，但当时的齐国已然是明日黄花，江河日下。他历经的灵公、庄公、景公三朝君主，可谓一代不如一代。这个时期，齐国出了两位著名的权臣，崔杼、庆封。前者更是以弑杀齐庄公，进而连杀两位秉笔直书的齐国史官而闻名。外部，则有咄咄逼人的晋国和楚国交相争霸。在这样内外交困、国势日蹙的情形下，晏子哪里有什么资本“奢侈”呢？相反，他必须要用节俭力行的姿态来抑制崔杼等人的权焰熏天，提醒国君慎言危行，如此才能延续齐国岌岌可危的国运。当然，这个时期“奢侈”的是崔杼、庆封等人，但这纯粹只是享乐的“奢侈”，与管仲时代朝气蓬勃、开疆拓土的“奢侈”形似而意殊，恰是齐国衰落的象征——司马迁的幽微用心也暗藏于此。

回溯俭心源

《左传》位居“六经”之一的重要位置，是司马迁很看重的史书。所以有必要追根溯源，回到《左传》中审视上文那句引语——只有在完整的语境中，才不至于误解或过度引申这句话的意思，也能更好地理解司马迁对于“俭与奢”的态度。

这句话出自《庄公二十四年》，原文不长，大意是鲁庄公预备装饰一下先父鲁桓公的宗庙，鲁国大夫御孙认为这种过度的修饰不符合先王俭朴的品格，也违背了基本的礼制。这一年的秋天，御孙还指出庄公在接待其夫人哀姜时的赠礼也逾越了“国之大节”。

可见《左传》对于“俭与奢”的评判标准着重于“是否遵守礼制”，而非一味鼓吹越俭朴越高尚。按照礼制要求，必要的装饰和排场能规约人们的心态和仪表，并非不道德的。只有那些逾越礼制、放纵私欲的“奢侈”行为，才是需要警醒和阻止的。在《庄公二十四年》里，庄公过度纪念父亲在先，炫耀国力、溺爱新妇于后，确是不合礼制。

回看《史记》，还可以发现更多意味深长的奢侈行为。秦国大将王翦出征前反复请求秦王赏赐宅院钱财，萧何在汉朝统一后大肆购买田宅——这一文一武的杰出人物并非贪婪之人，却因为恐惧强权君主的怀疑和迫害，被迫装出“奢侈”的姿态，从而让君主打消疑虑。这样的“富贵生活”实际上是如履薄冰，哪里有快活可言。

再辨俭奢面

细读《管晏列传》可以发现，司马迁对“俭与奢”的评价不仅关乎个人品行，更着眼于国家发展。无论是管仲“通货积财，富国强兵”，还是晏子“食不重肉，妾不衣帛”，其目的都是为了齐国的强大。身为一国之相，便是一国臣民的表率。管仲通过钱财的流通，鼓励农业、手工业和商业的发展，特别重视工商渔盐贸易，充分发挥了齐国滨海的地利，从而让齐国成为春秋时第一个霸主。管仲对工商业的重视，与同为法家的商鞅、韩非大相径庭，显示出他极为务实的心态。

管仲的理念，在后世，尤其是稳定发展的时代，依然有着重要的参考价值。司马迁在《货殖列传》《平准书》中对此有不少论述，表现出其领先时代的经济理念。这种近乎“异端”的观念在明朝学者陆楫那里得到了跨越千年的呼应。陆楫在《蒹葭堂稿》中反思了传统的俭奢观念，以吴越之地工商业繁荣的现实推论道：

> 予每博观天下之势，大抵其地奢则其民必易为生，其地俭则其民必不易为生也。何者？势使然也。

陆楫更以绍兴、衢州等地民风俭朴却民生艰难的现实点破实质：

> 要之，先富而后奢，先贫而后俭。

这与管仲“仓廪实而知礼节，衣食足而知荣辱”的治国理念不正如出一辙吗？尊重事实，响应民心，关注长远发展——这便是从管仲、司马迁到陆楫的一脉馨香。

第十讲　兵家的两种面目

主题导读

根据当代学者张大可的统计，《史记》中载有战争内容的篇目计八十二篇，字数十余万言，约占全书四分之一的篇幅。而在战争史中，负责指挥的军事家自然是焦点。本讲的两位名将，俱有令名，又各有特点，正可以表现司马迁战争观的一角。

司马穰苴列传

① 司马穰苴者，田完之苗裔也(1)。齐景公时，晋伐阿、甄，而燕侵河上，齐师败绩(2)。景公患之。晏婴乃荐田穰苴曰："穰苴虽田氏庶孽(3)，然其人文能附众，武能威敌，愿君试之。"景公召穰苴，与语兵事，大说之，以为将军，将兵扞燕晋之师(4)。穰苴曰："臣素卑贱，君擢之闾伍之中，加之大夫之上，士卒未附，百姓不信，人微权轻，愿得君之宠臣，国之所尊，以监军，乃可。"于是景公许之，使庄贾往。穰苴既辞，与庄贾约曰："旦日日中会于军门(5)。"穰苴先驰至军，立表下漏待贾(6)。贾素骄贵，以为将已之军而己为监，不甚急；亲戚左右送之，留饮。日中而贾不至。穰苴则仆表决漏，入，行军勒兵，申明约束。约束既定，夕时，庄贾乃至。穰苴曰："何后期为？"贾谢曰："不佞大夫亲戚送之，故留。"穰苴曰："将受命之日则忘其家，临军约束则忘其亲，援枹鼓之急则忘其身(7)。今敌国深侵，邦内骚动，士卒暴露于境，君寝不安席，食不甘味，百姓之命皆悬于君，何谓相送乎！"召军正问曰(8)："军法期而后至者云何？"对曰："当斩。"庄贾惧，使人驰报景公，请救。既往，未及反，于是遂斩庄贾以徇三军。三军之士皆振栗。久之，景公遣使者持节赦贾，驰入军中。穰苴曰："将在军，君令有所不受。"问军正曰："驰三军法何？"正曰："当斩。"使者大惧。穰苴曰："君之使不可杀之。"乃斩其仆，车之

左驸，马之左骖[9]，以徇三军。遣使者还报，然后行。士卒次舍井灶饮食问疾医药，身自拊循之[10]。悉取将军之资粮享士卒，身与士卒平分粮食，最比其羸弱者[11]。三日而后勒兵。病者皆求行，争奋出为之赴战。晋师闻之，为罢去。燕师闻之，度水而解。于是追击之，遂取所亡封内故境而引兵归。未至国，释兵旅，解约束，誓盟而后入邑[12]。景公与诸大夫郊迎，劳师成礼，然后反归寝。既见穰苴，尊为大司马。田氏日以益尊于齐。

② 已而大夫鲍氏、高、国之属害之，谮于景公。景公退穰苴，苴发疾而死。田乞、田豹之徒由此怨高、国等。其后及田常杀简公，尽灭高子、国子之族。至常曾孙和，因自立，为齐威王，用兵行威，大放穰苴之法[13]，而诸侯朝齐。

③ 齐威王使大夫追论古者《司马兵法》而附穰苴于其中，因号曰《司马穰苴兵法》。

④ 太史公曰：余读《司马兵法》，闳廓深远，虽三代征伐，未能竟其义，如其文也，亦少褒矣。若夫穰苴，区区为小国行师，何暇及《司马兵法》之揖让乎[14]？世既多《司马兵法》，以故不论，著穰苴之列传焉。

题解

本篇记述了春秋名将司马穰苴的事迹，着重表现他恩威并施的将才和雍容揖让的风度。

注释

(1)司马穰苴(jū)：穰苴曾任大司马之职，故称司马穰苴。田完：陈完，春秋时陈厉公之子，后至齐国为齐桓公赏识，成为齐国贵族。苗裔：后代。(2)阿、甄：齐国邑名。河上：黄河南岸德州、沧州一带。(3)庶孽：姬妾所生的孩子，政治地位较低。(4)扞：通“捍”，抵抗。(5)军门：军营正门。(6)立表下漏：树立木头观察日影和滴漏视刻度来计算时间。(7)援枹鼓：擂鼓进军。枹，通“桴”，鼓槌。(8)军正：军中的司法官。(9)车之左驸：车厢左侧的立木。左骖：左侧的边马。(10)拊循：慰问、关照。拊，通“抚”。(11)此指司马穰苴受最低的口粮标准。(12)国：国都。盟誓：此指宣告回国后的规定。(13)放：通“仿”。(14)揖让：拱手相敬，相互谦让，此指行军打仗也要谦让有礼。

课堂检测

1. 解释加点字，指出个别加点字的用法。
2. 指出划波浪线的句子在句式上的特点，并翻译成现代汉语。

文言积累

1. 下列选项中加点字不是通假字的一项是　　(　　)

A. 与语兵事，大说之　　B. 士卒暴露于境

C. 三军之士皆振栗　　D. 燕师闻之，度水而解

2. 下列选项中加点字词活用现象与其他三项不一样的是　　(　　)

A. 武能威敌　　B. 军法期而后至者云何

C. 君令有所不受　　D. 病者皆求行

3. 将下列句子翻译成现代汉语。

(1) 贾素骄贵，以为将已之军而己为监，不甚急；亲戚左右送之，留饮。

____

(2) 既见穰苴，尊为大司马。田氏日以益尊于齐。

____

阅读提示

1. 联系选文，司马穰苴处斩庄贾前，为何要先问军正？

____

____

2. 联系选文，晋、燕两国撤军的原因是什么？

____

____

咬文嚼字

分析下列语段中个别字词的表达作用。

穰苴既辞，与庄贾约曰："旦日日中会于军门。"穰苴先驰至军，立表下漏待

贾。贾素骄贵，以为将已之军而已为监，不甚急；亲戚左右送之，留饮。日中而贾不至。穰苴则仆表决漏，入，行军勒兵，申明约束。约束既定，夕时，庄贾乃至。穰苴曰："何后期为？"贾谢曰："不佞大夫亲戚送之，故留。"穰苴曰："将受命之日则忘其家，临军约束则忘其亲，援枹鼓之急则忘其身。今敌国深侵，邦内骚动，士卒暴露于境，君寝不安席，食不甘味，百姓之命皆悬于君，何谓相送乎！"召军正问曰："军法期而后至者云何？"对曰："当斩。"庄贾惧，使人驰报景公，请救。既往，未及反，于是遂斩庄贾以徇三军。三军之士皆振栗。

1. 分析"贾素骄贵"中"素"字的作用。

2. 分析"百姓之命皆悬于君"中"皆"字的作用。

合作探究

1. 清代学者姚苎田评论本文道："（司马迁）每于叙断之语管摄全传，如'文能附众，武能威敌'八字，实穰苴一传提纲。"结合选文，分析此语的意思。

2. 明代学者钟惺评论本文道："穰苴诛杀庄贾之意，在请贾为监军之时已定矣。"结合选文，分析钟惺这么说的理由。

读史明理

南宋学者黄震评论本文道："（司马穰苴斩庄贾）盖号令严肃，虽素卑贱者可将，虽素不知兵者可使也。"结合选文，分析其中蕴含的军事哲理。

深度解析

理想中的名将

——解读《司马穰苴列传》

春秋时期齐国的将领司马穰苴，是当时著名的军事家。在司马迁眼里，这是一个能“申明王者之道”的古之名将。所以尽管有关司马穰苴的史料不多，其中还有颇多可疑之处，司马迁依然撰其事迹，写出了《史记》最精彩的篇章之一。

文武之能

司马穰苴的优秀，首先体现在其治兵的能力上。如果一个将领只有高尚的品德，却缺乏实际作战能力，最多也只能纸上谈兵，甚至还会误国误民。此处司马迁以“寓论断于叙事”的笔法，借助晏婴之口高度评价司马穰苴：“文能附众，武能威敌”。对比《史记》中其他军事家或将领的传记，这显然是一个全面且高级的评价。

“文能附众”，指的是司马穰苴“问疾医药”“身与士卒平分粮食”等举动。此处的“文”，不是指将帅的文才和谋略，而指主将对待一般士卒的态度和举措。这看似不起眼之处，正是决定战争胜负的基础。和士卒朝夕相处的主将如何对待士卒，直接决定了士卒战斗的状态。若是“战士军前半死生，美人帐下犹歌舞”那样阶层分明，士卒必然心生嫌隙怨念，严重者甚至会逃亡反戈。司马穰苴以平等的态度对待手下将士，甚至把自己的待遇降低到军中的最低水平，军中士卒怎能不感动而为之效命？《孙子兵法·行军》的一句话为司马穰苴的做法提供了最好的注脚：

> 卒未亲附而罚之，则不服，不服则难用也。……故令之以文，齐之以武，是谓必取。

司马穰苴之“武”，则表现为“晋师闻之，为罢去。燕师闻之，度水而解”的威势。面对晋、燕两国强大的军队，司马穰苴似乎什么也没做，就让乘胜进军的敌人仓皇退兵。其中原因则蕴含在“病者皆求行，争奋出为之赴战”这句话中。全军上下充满“奋”战的劲头，连重病不起的士卒都渴望战斗，加之齐军有抵御外敌之道义、百姓支持之后援，晋燕军队的胜算自然不大（此处可以和田单迅速收复齐国失土对看）。《史记》对于这场战斗的记叙，很好地体现了中国史家“重战前原因铺叙，轻战斗过程”的传统，充分揭示出战争胜负的根本原因。当然，这也与《孙子兵法·谋攻》的观点不谋而合：

故上兵伐谋。……故善用兵者，屈人之兵而非战也。

德行之高

和《史记》中其他将领横向比较，更能显示司马穰苴的出类拔萃和与众不同。

司马穰苴悉心照顾士卒之事，初读之下，与吴起“吮士卒之疽”的做法非常相似。但为何吴起这么做，士卒的母亲痛苦愤恨，司马穰苴这么做就是“文能附众”的典范行为？关键在于行事者本人的道德水准。吴起虽然善待士卒，但并非真心爱护他们，而只是出于个人的利益所做的表面功夫；此人行事不择手段，以至于闹到“故楚之贵戚尽欲害吴起”的地步。司马穰苴对士卒则真心相待，且最大程度避免了与敌军的正面冲突，减少了一线士卒的伤亡，这种温良的善心，当然值得褒扬。在这一点上，同样诚恳对待将士的李陵倒与司马穰苴更相近，绝境中五千将士誓死跟随李陵抵抗成倍的敌军，很大程度上便源于对李陵的感佩。李陵最后无奈投降，也出于保全最后几百个失去抵抗力士卒的良苦用心。

司马穰苴身无长物，连饮食也“最比其羸弱者”，这又与“日视便利田宅可买者买之”的赵括形成了鲜明对比。纵观《史记》，像赵括这样重财恋名的将领不在少数，比如唯恐“锦衣夜行”的项羽、发达后怒斩霸陵尉的李广、“贪而好色”的吴起，由此司马穰苴的清廉更显可敬可佩。

司马迁最看重的，还是司马穰苴言行中体现出的“王道”。大胜而归的他没有任何的骄矜与放纵，而是“未至国，释兵旅，解约束，誓盟而后入邑”——司马穰苴把“礼”的精神贯注到治兵方略中，真正诠释了“仁者之师”的含义。孔子如果看到这一幕，恐怕也会点头赞叹“义以为质，礼以行之”吧。

此处司马迁展示了其行文的巧思。他在“太史公曰”中使用“亦少褒矣”“区区为小国行师”等措辞，表面上委婉表示司马穰苴的境界还不及真正的王者之道，实际上恰好以这种谦虚的态度暗示司马穰苴对前贤的“揖让”，为整篇列传画上完满的句号，可以说是一则特别出色的史论。

监军之痛

虽为名将，司马穰苴的下场却颇为悲惨。而他被齐景公疏远的结局，早在使他扬名的"斩庄贾"之事中已有预兆。斩庄贾时，司马穰苴看似胸有成竹，其实心怀巨大压力。因为庄贾乃是以"监军"的身份被派驻军中。这监军并不懂军事，也不遵守军纪，只是因为他身为国君的代表，便具有凌越一切的权威。这种象征着专制君权的"监军制度"，是历代名将，乃至历代国家军事行动的顽疾，监军会牵制将帅的临阵应变，破坏军中的团结氛围，乃至陷害无辜的将士。以至于清代学者姚莹田在读到这一段文字时不禁感慨：

> (监军)乃一时权宜之计耳。后世至以刑余统之，虽大帅元勋，无不掣肘偾事，一何其昧于建制之初心也！

其实，主帅若真有反叛之心，区区一个监军能够平叛定乱吗？所以监军"限制"的，往往是忠心耿耿的将士。如此，监军之存在意义便不言自明了。

仔细审读选文，庄贾的任命是因为司马穰苴的"主动申请"。既然监军如此碍事，他为何又自寻烦恼呢？他的陈词泄露了苦衷："素卑贱"也。他的地位太低，所以在军中没有威信，在朝中也无人脉。如果贸然带兵出征，很容易陷入内外交攻的窘境。这番主动的请求，看似积极，实际是司马穰苴被动处境的体现。由此，司马迁也道出了理想中名将应有的待遇：充分的信任、温暖的爱护、鼎力的支持——这些待遇，在李陵身上，恰是一个也没有。

吴起列传

① 吴起者，卫人也，好用兵。尝学于曾子(1)，事鲁君。齐人攻鲁，鲁欲将吴起，吴起取齐女为妻，而鲁疑之。吴起于是欲就名，遂杀其妻，以明不与齐也。鲁卒以为将。将而攻齐，大破之。

② 鲁人或恶吴起曰："起之为人，猜忍人也(2)。其少时，家累千金，游仕不遂，遂破其家。乡党笑之，吴起杀其谤己者三十余人，而东出卫郭门。与其母诀，啮臂而盟曰：'起不为卿相，不复入卫。'遂事曾子。居顷之，其母死，起终不归。曾子薄之，而与起绝。起乃之鲁，学兵法以事鲁君。鲁君疑之，起杀妻以求将。夫鲁小国，而有战胜之名，则诸侯图鲁矣。且鲁、卫，兄弟之国也，而君用起，则是弃卫。"鲁君疑之，谢吴起。

③ 吴起于是闻魏文侯贤，欲事之。文侯问李克曰："吴起何如人哉？"李克

曰:“起贪而好色,然用兵司马穰苴不能过也。”于是魏文侯以为将,击秦,拔五城。

④ 起之为将,与士卒最下者同衣食。卧不设席,行不骑乘,亲裹赢粮,与士卒分劳苦。卒有病疽者(3),起为吮之。卒母闻而哭之。人曰:“子卒也,而将军自吮其疽,何哭为?”母曰:“非然也。往年吴公吮其父,其父战不旋踵(4),遂死于敌。吴公今又吮其子,妾不知其死所矣。是以哭之。”

⑤ 文侯以吴起善用兵,廉平,尽能得士心,乃以为西河守,以拒秦、韩。

⑥ 魏文侯既卒,起事其子武侯。武侯浮西河而下,中流,顾而谓吴起曰:“美哉乎山河之固,此魏国之宝也!”起对曰:“在德不在险。昔三苗氏左洞庭,右彭蠡,德义不修,禹灭之(5)。夏桀之居,左河济,右泰华,伊阙在其南,羊肠在其北,修政不仁,汤放之(6)。殷纣之国,左孟门,右太行,常山在其北,大河经其南,修政不德,武王杀之(7)。由此观之,在德不在险。若君不修德,舟中之人尽为敌国也。”武侯曰:“善。”

⑦ 吴起为西河守,甚有声名。魏置相,相田文。吴起不悦,谓田文曰:“请与子论功,可乎?”田文曰:“可。”起曰:“将三军,使士卒乐死,敌国不敢谋,子孰与起?”文曰:“不如子。”起曰:“治百官,亲万民,实府库,子孰与起?”文曰:“不如子。”起曰:“守西河而秦兵不敢东乡,韩赵宾从,子孰与起?”文曰:“不如子。”起曰:“此三者,子皆出吾下,而位加吾上,何也?”文曰:“主少国疑,大臣未附,百姓不信,方是之时,属之于子乎?属之于我乎?”起默然良久,曰:“属之子矣。”文曰:“此乃吾所以居子之上也。”吴起乃自知弗如田文。

⑧ 田文既死,公叔为相,尚魏公主,而害吴起。公叔之仆曰:“起易去也。”公叔曰:“奈何?”其仆曰:“吴起为人节廉而自喜名也。君因先与武侯言曰:‘夫吴起贤人也,而侯之国小,又与强秦壤界,臣窃恐起之无留心也。’武侯即曰:‘奈何?’君因谓武侯曰:‘试延以公主(8),起有留心则必受之,无留心则必辞矣。以此卜之。’君因召吴起而与归,即令公主怒而轻君(9)。吴起见公主之贱君也,则必辞。”于是吴起见公主之贱魏相,果辞魏武侯。武侯疑之而弗信也。吴起惧得罪,遂去,即之楚。

⑨ 楚悼王素闻起贤,至则相楚。明法审令(10),捐不急之官,废公族疏远者,以抚养战斗之士。要在强兵,破驰说之言从横者。于是南平百越;北并陈

蔡，却三晋；西伐秦。诸侯患楚之强。故楚之贵戚尽欲害吴起。及悼王死，宗室大臣作乱而攻吴起，吴起走之王尸而伏之。击起之徒因射刺吴起，并中悼王。悼王既葬，太子立，乃使令尹尽诛射吴起而并中王尸者。坐射起而夷宗死者七十余家。

⑩ 太史公曰：世俗所称师旅，皆道《孙子》十三篇、吴起《兵法》，世多有，故弗论，论其行事所施设者(11)。语曰："能行之者未必能言，能言之者未必能行。"……吴起说武侯以形势不如德，然行之于楚，以刻暴少恩亡其躯。悲夫！

题解

本文选取自《孙子吴起列传》的吴起部分，记述了军事家吴起一生的重要事迹，突出了他的军事才华和治国能力，也暗示了他悲惨下场和人品缺陷之间的微妙关系。

注释

(1)曾子：孔子弟子曾参。(2)猜忍：残忍。(3)疽：痈疮。(4)不旋踵：不回身，即一直向前。踵，脚跟。(5)三苗氏：古代传说中的南方部族。彭蠡：鄱阳湖的古称。(6)河济：黄河、济水。伊阙：龙门山。羊肠：羊肠坂，太行山上的通道，以其萦曲而得名。(7)孟门：山名，今河南辉县西。常山：即恒山。大河：黄河。(8)延以公主：以给公主招亲的办法招揽他。(9)此公主指公叔之妻。(10)明法审令：使法律严明、令出必行。审，慎重。(11)施设：作为，设置。

课堂检测

1. 解释加点字，指出个别加点字的用法。
2. 指出划波浪线的句子在句式上的特点，并翻译成现代汉语。

文言积累

1. 下列选项中"而"字含义和用法与其他三项不一样的是　　（　　）

A. 夫鲁小国，而有战胜之名　　B. 子卒也，而将军自吮其疽

C. 守西河而秦兵不敢东乡　　D. 此三者，子皆出吾下，而位加吾上

2. 下列选项中加点字活用现象与其他三项不一样的是　（　　）

A. 遂破其家　　B. 曾子薄之

C. 魏置相，相田文　　D. 亲万民，实府库

3. 将下列句子翻译成现代汉语。

（1）齐人攻鲁，鲁欲将吴起，吴起取齐女为妻，而鲁疑之。吴起于是欲就名，遂杀其妻，以明不与齐也。

（2）将三军，使士卒乐死，敌国不敢谋，子孰与起？

阅读提示

1. 第③段李克评价吴起“贪”，第⑤段魏文侯评价吴起“廉”，是否矛盾，为什么？

2. 根据第⑦段，田文的职务为何能比吴起更高？

咬文嚼字

分析下列语段中个别字词的表达作用。

鲁人或恶吴起曰：“起之为人，猜忍人也。其少时，家累千金，游仕不遂，遂破其家。乡党笑之，吴起杀其谤己者三十余人，而东出卫郭门。与其母诀，啮臂而盟曰：‘起不为卿相，不复入卫。’遂事曾子。居顷之，其母死，起终不归。曾子薄之，而与起绝。起乃之鲁，学兵法以事鲁君。鲁君疑之，起杀妻以求将。夫鲁小国，而有战胜之名，则诸侯图鲁矣。且鲁、卫，兄弟之国也，而君用起，则是弃卫。”鲁君疑之，谢吴起。

1. 分析“鲁人或恶吴起曰”中“或”字的作用。

2. 分析“起终不归”中“终”字的作用。

合作探究

清代学者林伯桐评论本文道：“（吴起）异乎以勇力见长者矣。”结合本文，分析此语的含义。

读史明理

本文与《司马穰苴列传》都记载了传主关心普通士兵的细节，联系“太史公曰”，分析作者对此的看法。

深度解析

吴起为何言行不一？

——解读《吴起列传》

吴起，战国时著名的军事家和政治家。但司马迁在“太史公曰”中对他却多有讥评，评价他“能言之者未必能行”，即言行不一，所以最后不免“亡其躯”。对于这个评价，古今都有不少反对的意见，认为司马迁的指责“偏颇无理”。到底孰是孰非，不妨回到原文，读者自可做出公道的判断。

吴起之言：修德养身

“太史公曰”中的“形势不如德”，指的是吴起在魏国时劝谏魏武侯的一番话。当时魏武侯与吴起泛舟黄河，眼见山高河阔的胜景，自然生发出“山河永固”的豪情。吴起当场反驳了武侯，认为国家的长治久安取决于执政者的德行，而非地势的险要程度，并连举三例，以三苗氏、夏、商之覆灭论证自己的观点。魏国的国势远不如夏商，吴起以此暗示武侯若一味倚仗地势、纵欲傲物，很可能重蹈覆辙，甚至此刻舟中最亲近的左右也会站到他的对立面。

吴起的说辞逻辑严密，语言形象，情感真挚，切中了问题的症结，也认清了迷惑常人的地利，无论从哪个角度看都可圈可点，所以武侯也当场回答“善”，进而重用吴起为边境的总管。这是对吴起的褒奖，也暗示了武侯虚怀若谷、励精图治的素养。

值得玩味的是，吴起虽然名属兵家，这番话却和儒家颇有相合之处。儒家经典《左传》记载鲁宣公三年（前660），强盛的楚国军队在周朝边境上耀武扬威，楚王还问起代表王权的鼎的大小轻重，此时周使王孙满说了一句：“在德不在鼎”——吴起重德不重势的言论正与此一脉相承。《论语·为政》也有云：“道之以政，齐之以刑，民免而无耻；道之以德，齐之以礼，有耻且格”——在德政治民的方面，吴起和孔子的看法如出一辙，可谓至言。

吴起之行：刻薄寡恩

那么，吴起在楚国又做了什么“刻暴寡恩”的事，让他枉死，让司马迁直叹“悲夫”呢？

细读原文，吴起在楚国严明法令，清除冗官，抑制贵族，进而以公平赏罚激励士兵作战，很快收到了成效：楚国得以开疆拓土、震慑诸侯。对读《商君列传》中商鞅变法的内容，不难发现吴起的做法和法家是一致的。两人的下场也惊人相似：重用他们的君王过世后，新任的君主、受尽压制的贵族群起而攻之，最后他们都死于非命。

单看表面的文字，吴起没有做错什么，甚至还能得到许多同情：他的变法让平民得益，让楚国强大，让贵族收敛，这不是富国强兵的大好选择吗？此处就需要我们冷静思考，看到潜藏在文字背后的作者意图。

“故楚之贵戚尽欲害吴起”一句中，“尽”字意味所有楚国的贵族都嫉恨吴起——吴起变法覆盖之广泛、程度之彻底、手段之狠辣，可见一斑。更可怕的是，这种刻薄的做法不会只用于贵族，必然也遍及百姓。贵族尚有家财和权势做缓冲，贫苦无依的百姓面对严苛的法律，更显得无依无靠。或许有人会以“抚养战斗之士”为吴起辩护，认为这么做让平民拥有更多发财升迁的机会，不能说是“寡恩”——但奋勇作战，乃是以牺牲作为代价，并非任何人都可以承受的，遑论无法上战场的妇女儿童、老弱病残，这些“没有利用价值”的弱势群体，在法家的体系里是边缘人物，绝无“老吾老、幼吾幼”的关怀。所以即便是从战场上侥幸生还的战士，当他想到自己负伤或衰老的那一天时，恐怕心里只会剩下恐惧和绝望。

可见，吴起在楚国的所作所为，强盛只是打了兴奋剂似的短暂效果，恐惧和疲倦才是最终的无奈结果。司马迁的悲悯，是对于吴起言“德”而行“暴”的惋惜，更是对于楚国百姓在高压政策下悲惨生活的同情。

言行不一：命不由己的苦衷

吴起的言行不一，在传记中多有铺垫和暗示。身为鲁国大将，为了消除鲁君的怀疑他毫不犹豫地杀死自己的妻子。为了不让乡人耻笑他尚未实现“为卿相”的誓言，他连母亲去世都不回家送终。李克眼里，他是“贪而好色”之徒；士兵的母亲心中，他是驱使儿子甘心赴死的魔鬼；田文口中，他是在危难之际不值得托付的二心之人。即便面对于己有大恩的楚悼王，他也毫不犹豫地躺上他的灵床，不惜以毁坏楚王尸身为代价完成自己最后的复仇。以上种种，尽显吴起贪婪功利的欲念和不择手段的心机。对待至亲也不留任何情面，他自然也不会对陌生的楚国百姓有所顾念。

这种唯利是图的性格，其实是春秋战国时期士人的普遍心态。在战火纷飞、变幻莫测的乱世，有太多的竞争，也有太多的算计，如果像孔子、颜渊这样循规蹈矩，遵礼守义，那么多半会错过功成名就的机会，更有可能被庞涓、李斯那样的小人陷害。所以士人不择手段，也是环境决定性格的必然之举。

其实，“吴起们”未尝不想言行合一，商鞅初见秦孝公，进献的也是符合仁义的“王道”，奈何孝公只想图强于当世，不愿为“后人栽树”，这是当时君王们共有的急功近利心态。吴起初至楚国，或许也曾和商鞅一样努力过，但楚悼王登位时，正面临着楚国国势日益促狭的窘境，他急于收复失地、振兴楚国，又怎么可能听得进“在德不在险”的劝谏？所以吴起只能铤而走险，用自己的智慧和才干赌一把，不成功，便成“灰”了吧。

如此，吴起的悲剧便不只是由于他个人性格的缺陷，而更是一个时代挥散不去的阴影。

第十一讲　《史记》中的报仇与报恩

主题导读

仇恨与感恩，是两种自古有之的基本情感。人之杂处，必生关系；关系深入发展，无非“恩”“怨”这两种极端。如何对待仇人与恩人，是个人道德水准的重要表现。伍子胥报“血亲之仇”，豫让报“知遇之恩”，正是《史记》中的两个典型案例。

伍子胥列传

① 伍子胥者，楚人也，名员。员父曰伍奢。员兄曰伍尚。其先曰伍举，以直谏事楚庄王，有显，故其后世有名于楚。

② 楚平王有太子名曰建，使伍奢为太傅，费无忌为少傅。无忌不忠于太子建。平王使无忌为太子取妇于秦，秦女好，无忌驰归报平王曰：“秦女绝美，王可自取，而更为太子取妇。”平王遂自取秦女而绝爱幸之，生子轸。更为太子取妇。

③ 无忌既以秦女自媚于平王，因去太子而事平王。恐一旦平王卒而太子立，杀己，乃因谗太子建。建母，蔡女也(1)，无宠于平王。平王稍益疏建，使建守城父(2)，备边兵。

④ 顷之，无忌又日夜言太子短于王曰：“太子以秦女之故，不能无怨望，愿王少自备也。自太子居城父，将兵，外交诸侯，且欲入为乱矣。”平王乃召其太傅伍奢考问之。伍奢知无忌谗太子于平王，因曰：“王独奈何以谗贼小臣疏骨肉之亲乎？”无忌曰：“王今不制，其事成矣。王且见禽。”于是平王怒，囚伍奢，而使城父司马奋扬往杀太子(3)。行未至，奋扬使人先告太子：“太子急去，不然将诛。”太子建亡奔宋。

⑤ 无忌言于平王曰：“伍奢有二子，皆贤，不诛且为楚忧。可以其父质而召之，不然且为楚患。”王使使谓伍奢曰：“能致汝二子则生，不能则死。”伍奢曰：“尚

为人仁，呼必来。员为人刚戾忍訽[4]，能成大事，彼见来之并禽，其势必不来。”王不听，使人召二子曰：“来，吾生汝父；不来，今杀奢也。”伍尚欲往，员曰：“楚之召我兄弟，非欲以生我父也，恐有脱者后生患，故以父为质，诈召二子。二子到，则父子俱死。何益父之死？往而令雠不得报耳。不如奔他国，借力以雪父之耻，俱灭，无为也。”伍尚曰：“我知往终不能全父命。然恨父召我以求生而不往，后不能雪耻，终为天下笑耳。”谓员：“可去矣！汝能报杀父之雠，我将归死。”尚既就执，使者捕伍胥。伍胥贯弓执矢向使者，使者不敢进，伍胥遂亡。闻太子建之在宋，往从之。奢闻子胥之亡也，曰：“楚国君臣且苦兵矣。”伍尚至楚，楚并杀奢与尚也。

⑥ 伍胥既至宋，宋有华氏之乱[5]，乃与太子建俱奔于郑。郑人甚善之。太子建又适晋，晋顷公曰：“太子既善郑，郑信太子。太子能为我内应，而我攻其外，灭郑必矣。灭郑而封太子。”太子乃还郑。事未会，会自私欲杀其从者，从者知其谋，乃告之于郑。郑定公与子产诛杀太子建。建有子名胜。伍胥惧，乃与胜俱奔吴。到昭关，昭关欲执之[6]。伍胥遂与胜独身步走，几不得脱。追者在后。至江，江上有一渔父乘船，知伍胥之急，乃渡伍胥。伍胥既渡，解其剑曰：“此剑直百金，以与父。”父曰：“楚国之法，得伍胥者赐粟五万石，爵执珪[7]，岂徒百金剑邪！”不受。伍胥未至吴而疾，止中道，乞食。至于吴，吴王僚方用事，公子光为将[8]。伍胥乃因公子光以求见吴王。

⑦ 久之，楚平王以其边邑钟离与吴边邑卑梁氏俱蚕[9]，两女子争桑相攻，乃大怒，至于两国举兵相伐。吴使公子光伐楚，拔其钟离、居巢而归。伍子胥说吴王僚曰：“楚可破也。愿复遣公子光。”公子光谓吴王曰：“彼伍胥父兄为戮于楚，而劝王伐楚者，欲以自报其雠耳。伐楚未可破也。”伍胥知公子光有内志，欲杀王而自立，未可说以外事，乃进专诸于公子光，退而与太子建之子胜耕于野。

⑧ 五年而楚平王卒。初，平王所夺太子建秦女生子轸，及平王卒，轸竟立为后，是为昭王。吴王僚因楚丧，使二公子将兵往袭楚[10]。楚发兵绝吴兵之后，不得归。吴国内空，而公子光乃令专诸袭刺吴王僚而自立，是为吴王阖庐。阖庐既立，得志，乃召伍员以为行人[11]，而与谋国事。

⑨ 楚诛其大臣郤宛、伯州犁，伯州犁之孙伯嚭亡奔吴，吴亦以嚭为大夫。前王僚所遣二公子将兵伐楚者，道绝不得归。后闻阖庐弑王僚自立，遂以其兵降

楚，楚封之于舒。阖庐立三年，乃兴师与伍胥、伯嚭伐楚，拔舒，遂禽故吴反二将军。因欲至郢[12]，将军孙武曰：“民劳，未可，且待之。”乃归。……

⑩ 九年，吴王阖庐谓子胥、孙武曰：“始子言郢未可入，今果何如?”二子对曰：“楚将囊瓦贪，而唐、蔡皆怨之。王必欲大伐之，必先得唐、蔡乃可。”阖庐听之，悉兴师与唐、蔡伐楚，与楚夹汉水而陈。吴王之弟夫概将兵请从[13]，王不听，遂以其属五千人击楚将子常。子常败走，奔郑。于是吴乘胜而前，五战，遂至郢。己卯，楚昭王出奔。庚辰，吴王入郢。……

⑪ 及吴兵入郢，伍子胥求昭王。既不得，乃掘楚平王墓，出其尸，鞭之三百，然后已。……

⑫ 太史公曰：怨毒之于人甚矣哉！王者尚不能行之于臣下，况同列乎！向令伍子胥从奢俱死，何异蝼蚁？弃小义，雪大耻，名垂于后世，悲夫！方子胥窘于江上，道乞食，志岂尝须臾忘郢邪？故隐忍就功名，非烈丈夫孰能致此哉？……

题解

本篇记述了伍子胥忍辱报仇、辅佐吴王称霸的事迹，对他的志气和才干表现出极大的赞美与同情，也蕴含着作者的感慨与悲愤。在“生死”“复仇”这两个主题上，本文是《史记》的代表性篇目。

注释

(1)蔡女：楚平王为蔡公时，郹阳封人的女儿与之私奔，即此蔡女。(2)城父：古邑名，今河南宝丰县东，春秋时为楚国北境。(3)城父司马奋扬：城父驻军的司马，名奋扬。(4)刚戾：强硬凶狠。忍詬：能忍受耻辱。詬，同“垢”，辱。(5)华氏之乱：宋元公偏私无信，厌恶贵族华氏、向氏，双方终至交战，两年后华氏等兵败逃亡。(6)昭关：郑国边境的重要关卡，今安徽含山县北。(7)执珪：楚国爵位名。(8)吴王僚：根据《公羊传》《世本》记载为吴王寿梦庶子，《史记》记载为吴王余昧之子。公子光：即日后的吴王阖闾，吴王僚的堂兄。(9)钟离：古邑名，今安徽省蚌埠市东。卑梁：古邑名，今安徽省凤阳附近。(10)二公子：指公子掩余、烛庸，皆吴王僚之弟。(11)行人：官名，掌管朝觐聘问，接待宾客之事。(12)郢：楚国都城，今湖北荆州市江陵西北之纪南城。(13)从：此指出击。

课堂检测

1. 解释加点字，指出个别加点字的用法。
2. 指出划波浪线的句子在句式上的特点，并翻译成现代汉语。

文言积累

1. 下列选项中加点字不是通假字的一项是 ( )

A. 平王使无忌为太子取妇于秦　　B. 愿王少自备也

C. 遂禽故吴反二将军　　D. 与楚夹汉水而陈

2. 下列选项中“之”字含义和用法与其他三项不一样的是 ( )

A. 平王遂自取秦女而绝爱幸之　　B. 平王乃召其太傅伍奢考问之

C. 可以其父质而召之　　D. 闻太子建之在宋

3. 下列选项中“而”字含义和用法与其他三项不一样的是 ( )

A. 因去太子而事平王

B. 恐一旦平王卒而太子立

C. 囚伍奢，而使城父司马奋扬往杀太子

D. 然恨父召我以求生而不往

4. 将下列句子翻译成现代汉语。

(1) 楚之召我兄弟，非欲以生我父也，恐有脱者后生患，故以父为质，诈召二子。

(2) 伍胥知公子光有内志，欲杀王而自立，未可说以外事。

阅读提示

1. 联系选文，伍尚为何不听伍子胥的劝告，最终回到父亲的身边？

2. 根据第⑥段赏析渔父的人物形象。

咬文嚼字

分析下列语段中个别字词的表达作用。

到昭关,昭关欲执之。伍胥遂与胜独身步走,几不得脱。追者在后。至江,江上有一渔父乘船,知伍胥之急,乃渡伍胥。伍胥既渡,解其剑曰:“此剑直百金,以与父。”父曰:“楚国之法,得伍胥者赐粟五万石,爵执珪,岂徒百金剑邪!”不受。伍胥未至吴而疾,止中道,乞食。至于吴,吴王僚方用事,公子光为将。伍胥乃因公子光以求见吴王。

1. “至江,江上有一渔父乘船”中的两个“江”字是否重复?

2. 上文有七处提及“伍胥”,却无一处使用人称代词,是否过于重复?

合作探究

清代学者李景星评论本文道:“以赞中‘怨毒’二字为主。”结合选文,分析本文“怨毒”之处。

读史明理

1. 明代学者袁黄评论本文道:“(伍子胥助公子光杀吴王僚)毁人亦大矣。使僚有子如员,员之尸能将免乎?是寻刃之道也,恶得贤?”你是否同意他的观点,为什么?

2. 近代学者梁启超评论本文道:“伍子胥引外族以自覆其祖国,律以爱国之义,盖有罪焉。”你是否同意他的观点,为什么?

____

____

深度解析

复仇的底线

——解读《伍子胥列传》

“复仇”,是人类永恒的主题。无论是历史事件,还是文学作品,都不乏影响深远的复仇事例。古希腊有悲壮动人的《安提戈涅》《阿伽门农》,莎士比亚以《哈姆雷特》书写为父报仇的悲剧,《山海经》记录精卫填海的不屈意志,金庸也通过《飞狐外传》探讨“冤冤相报何时了”的难题。正如学者苏力所言,“在中国,最惊心动魄的复仇故事似乎都发生在先秦”,而伍子胥破楚鞭尸之事正是其中的代表,很值得探讨一番。

超越“事君”

伍子胥的复仇,最有争议之处,便是复仇行为本身的正当性。楚平王的确与他有杀父、杀兄之仇,但同时楚国是他的祖国,楚王也是他的国君,伍子胥率领吴国军队攻破楚国的都城、掘开楚平王的墓穴,在很多人眼中是“因小失大”的叛国之举,比如梁启超便激烈反对。

成书于西汉初年的《公羊传》从另一个角度消解了伍子胥复仇的正当性。《公羊传·定公四年》同样记载了伍子胥逃难至吴国之事,但当吴王阖闾因欣赏其才干而欲“为之兴师而复仇于楚”时,伍子胥却说出了一番《史记》所不载的话:

> 诸侯不为匹夫兴师。且臣闻之:事君犹事父也。亏君之义,复父之仇,臣不为也。

这句话充分体现了《公羊传》“国、君一体”的大一统思想。“事君”之君,并非指楚王,因为伍子胥已然离开楚国侍奉新主,更不用说彼此有深仇大恨,而是指吴王。伍子胥拒绝吴王出兵的提议,是因为他不愿因自己的私仇而损害吴王的“大义”。如此,一场轰轰烈烈的复仇便被歪曲得低声下气、奴颜媚骨。

《史记》没有采用《公羊传》的“唯上”态度，而是让伍子胥从与伍尚诀别时就喊出复仇的决心——《史记》中伍子胥鼓动大哥与自己一起出逃，待机复仇。而《左传》中这段历史却只记录了伍尚瞻前顾后的嘱托，没有伍子胥的这番话。司马迁通过补充，强调了伍子胥早在身为楚臣时，便埋下了复仇的种子。更可贵的是，司马迁果断删去了《公羊传》“事君犹事父也”的言论，径直书写他破楚、鞭尸的壮举，并在“太史公曰”里用“弃小义，雪大耻”定义了伍子胥复仇的性质。

是的，司马迁抛弃了事君的“小义”，认为替父兄报仇才是值得歌颂的“大义”。本质上，这是对于暴政暴君的抵抗——在太史公看来，像楚平王这样霸占儿媳、枉杀忠臣的昏君，根本算不上君王。这种对愚忠的超越，正是《史记》最可贵的独立精神！

理性光芒

虽然我们同情、赞许伍子胥的复仇，但免不了踌躇：吴王发兵之时，楚平王早已身故，费无忌也已被杀。伍子胥已经失去了直接复仇的对象，这场战争实际上更多满足了吴王争霸的欲望，让楚国无辜的军民涂炭——这样的复仇，是否超出了“正义”的底线？

我们不妨借助学者苏力对于复仇的研究来解读这个问题。苏力概括道，复仇具有“历时性”“由复仇者有意施加”两个基本特点。而伍子胥的复仇恰好对应了这两个要素：从他逃至吴国到率军入郢，间隔长达十六年；他精密规划了复仇之事，还张扬地向好友申包胥宣告自己的复仇意愿。正如苏力所言：

> 复仇不单纯是生物因素在起作用，并非兽性发作时的野蛮行为，而是有、甚至主要是人文因素（理性）在起作用。

从文化的角度看，伍子胥的行为昭示了复仇的重要意义：他快意恩仇之时，父兄和仇人都已故世，无从庆贺或忏悔。但伍子胥还活着，他的个人价值和精神世界需要“复仇”来证明其存在的意义。不然他在其他方面活得再如何精彩，也回避不了父兄冤死、仇人安然长眠的现实。太史公对此的评价是——苟死或偷生“何异蝼蚁”，复仇则能“就功名”，态度十分鲜明。

所以，我们不用担心太史公在教唆我们滥用暴力，而是要看到《史记》对于个人价值和信念的关注——人若苟且偷生、忘却耻辱，何以为人？所以我们直到今天还在纪念“南京大屠杀”，并非是为了要复仇，而是提醒当代的国人要奋发向上，振作自强。如此,才能将一时的、冲动的激愤,转化为长远的、理性的动力。

复仇底线

伍子胥复仇的理性精神固然可叹,但在现实层面,任何稍有同情心的读者都不免要质疑战争的合理性。毕竟与伍子胥有仇的只有楚平王和费无忌,吴楚两国的士兵和平民为何也要陪葬?

笔者认为,就复仇行为的范围来看,伍子胥的确殃及无辜,逾越了底线。这个底线就是孔子所说的“以直报怨”——即用合适、对等的行为来报复对方的侵害,超出这个范畴的行为便不合理。就伍子胥的遭遇看,他的底线本该是杀死楚平王、费无忌,而非吴楚两国的军民。但反思其“越线”的同时,我们必须看到伍子胥境遇的特殊性:直接的仇人已死,楚王的身份又极为特殊,他无法独自掘开楚平王的墓穴且不受任何干扰。战争,是他最坏的、也是唯一的选择。从这个意义上看,伍子胥确是前所未有的悲剧性人物——他在完成复仇大业的同时,也铸就了另一个大错,两者相依共生,阴阳各表。如同行走在冰与火的刀尖之上,伍子胥别无选择。

豫让列传

① ……豫让者,晋人也,故尝事范氏及中行氏(1),而无所知名。去而事智伯(2),智伯甚尊宠之。及智伯伐赵襄子,赵襄子与韩、魏合谋灭智伯,灭智伯之后而三分其地(3)。赵襄子最怨智伯,漆其头以为饮器。豫让遁逃山中,曰:“嗟乎!士为知己者死,女为说己者容。今智伯知我,我必为报雠而死,以报智伯,则吾魂魄不愧矣。”乃变名姓为刑人,入宫涂厕(4),中挟匕首,欲以刺襄子。襄子如厕,心动,执问涂厕之刑人,则豫让,内持刀兵,曰:“欲为智伯报仇!”左右欲诛之。襄子曰:“彼义人也,吾谨避之耳。且智伯亡无后,而其臣欲为报仇,此天下之贤人也。”卒醳去之。

② 居顷之,豫让又漆身为厉,吞炭为哑(5),使形状不可知,行乞于市。其妻不识也。行见其友,其友识之,曰:“汝非豫让邪?”曰:“我是也。”其友为泣曰:“以子之才,委质而臣事襄子,襄子必近幸子。近幸子,乃为所欲,顾不易邪?何乃残身苦形,欲以求报襄子,不亦难乎!”豫让曰:“既已委质臣事人,而求杀之,是怀二心以事

其君也。且吾所为者极难耳！然所以为此者，将以愧天下后世之为人臣怀二心以事其君者也。"

③ 既去，顷之，襄子当出，豫让伏于所当过之桥下。襄子至桥，马惊，襄子曰："此必是豫让也。"使人问之，果豫让也。于是襄子乃数豫让曰："子不尝事范、中行氏乎？智伯尽灭之，而子不为报雠，而反委质臣于智伯。智伯亦已死矣，而子独何以为之报雠之深也？"豫让曰："臣事范、中行氏，范、中行氏皆众人遇我，我故众人报之。至于智伯，国士遇我，我故国士报之。"襄子喟然叹息而泣曰："嗟乎豫子！子之为智伯，名既成矣，而寡人赦子，亦已足矣。子其自为计，寡人不复释子！"使兵围之。豫让曰："臣闻明主不掩人之美，而忠臣有死名之义。前君已宽赦臣，天下莫不称君之贤。今日之事，臣固伏诛(6)，然愿请君之衣而击之，焉以致报雠之意，则虽死不恨。非所敢望也，敢布腹心！"于是襄子大义之，乃使使持衣与豫让。豫让拔剑三跃而击之，曰："吾可以下报智伯矣！"遂伏剑自杀。死之日，赵国志士闻之，皆为涕泣。……

题解

本文节选《刺客列传》的豫让部分，记述了著名刺客豫让为报智伯知遇之恩，舍身报仇的感人事迹。相较《伍子胥列传》，本文融"报恩""复仇"这两个主题于一体，格外耐人思考。

注释

(1)范氏及中行氏：晋国的两大贵族。(2)智伯：荀瑶，晋国贵族智氏的族长。春秋中后期，晋国国君权力下降，国家政事被范、中行、智、赵、魏、韩六家贵族把持。后智氏等四家灭范、中行氏。(3)赵襄子：赵无恤，晋国贵族赵氏的族长。灭智伯：公元前453年赵襄子联合韩、魏，灭智氏。(4)涂厕：抹厕所的墙。(5)漆身为厉，吞炭为哑：用漆涂身，如患癞病；吞炭伤喉，使声音嘶哑。厉，通"癞"，麻风病。(6)伏诛：伏法，被处死。

课堂检测

1. 解释加点字，指出个别加点字的用法。

2. 指出划波浪线的句子在句式上的特点，并翻译成现代汉语。

文言积累

1. 下列选项中“以”字用法与其他三项不一样的是 （ ）

   A. 漆其头以为饮器　　B. 中挟匕首，欲以刺襄子

   C. 以子之才，委质而臣事襄子　　D. 是怀二心以事其君也

2. 下列选项中加点字词活用现象与其他三项不一样的是 （ ）

   A. 既已委质臣事人

   B. 将以愧天下后世之为人臣怀二心以事其君者也

   C. 范、中行氏皆众人遇我

   D. 天下莫不称君之贤

3. 将下列句子翻译成现代汉语。

   （1）嗟乎！士为知己者死，女为说己者容。今智伯知我，我必为报雠而死，以报智伯，则吾魂魄不愧矣。

   ____

   （2）然愿请君之衣而击之，焉以致报雠之意，则虽死不恨。非所敢望也，敢布腹心。

   ____

阅读提示

1. 根据第①段，赵襄子为何不杀豫让？

____

____

2. 联系上下文，推测第②段中，妻子“不识”，朋友却“识之”的原因。

____

____

咬文嚼字

分析下列语段中个别字词的表达作用。

豫让者，晋人也，故尝事范氏及中行氏，而无所知名。去而事智伯，智伯甚尊宠之。及智伯伐赵襄子，赵襄子与韩、魏合谋灭智伯，灭智伯之后而三分其地。赵襄子最怨智伯，漆其头以为饮器。豫让遁逃山中，曰："嗟乎！士为知己者死，女为说己者容。今智伯知我，我必为报雠而死，以报智伯，则吾魂魄不愧矣。"乃变名姓为刑人，入宫涂厕，中挟匕首，欲以刺襄子。襄子如厕，心动，执问涂厕之刑人，则豫让，内持刀兵，曰："欲为智伯报仇！"左右欲诛之。襄子曰："彼义人也，吾谨避之耳。且智伯亡无后，而其臣欲为报仇，此天下之贤人也。"卒醳去之。

1. 上文中有十处"智伯"，是否重复，可否用人称代词替换几处？

2. 分析"卒醳去之"中"卒"字的作用。

合作探究

1. 当代学者钱锺书评论本文道："(豫让)不肯诈降也。其严于名义，异于以屈节从权后图者。"结合第②段，分析此语的含义。

2. 南宋学者鲍彪评论本文道："襄子、豫子皆千载人也。"结合选文，为何说赵襄子也是"千载人"？

读史明理

1. 明代学者何孟春评论本文道："让不能知韩、魏之必反，无贵于让；知而不言，非所以望让。"你是否同意他的观点，为什么？

2. 联系《伍子胥列传》，比较伍子胥和豫让"复仇"的异同，你更认同谁，为什么？

深度解析

报恩的逻辑

——解读《豫让列传》

"士为知己者死"这句话，用来形容豫让可谓恰当。与伍子胥单纯的报仇行为相比，豫让"三击敌衣"之举更多了一份"报恩"的色彩，由此也有了更多可供品味之处。

报恩有所据

司马迁在《太史公自序》中明确提及《刺客列传》中加入豫让事迹的写作意图："豫让义不为二心"。然而追溯原文，豫让"故尝事范氏及中行氏"，然后才追随智伯。严格算来，智伯已经是豫让的第三位主人——"不为二心"的说法，似乎可以商榷。司马迁也借赵襄子之口质问豫让："子不尝事范、中行氏乎？"可谓一语中的。

豫让的正面回答，则揭示了豫让乃至整部《史记》的报恩逻辑。范氏和中行氏虽为其主，却只用平常人的标准对待他，所以豫让也只以平常人的标准回报对方。所以范氏和中行氏灭亡后，豫让很可能薄酒祭奠一番了事。智伯用看待国士的眼光赏识他，所以豫让便也用国士的规格"报恩"。身为一国最精英之士人，豫让唯有殚精竭虑、拼尽性命来报答智伯的恩情，才不算辜负智伯的知遇之恩。这种逻辑下，主人的赏识和重用成为报恩的先决条件，士人的感激和尽力则是报恩的基本特征。这是战国士人精神的核心部分，彰显着乱世中出身寒微，却心怀大志、欲以有所作为之士人的昂扬精神与不朽价值。

本文中，司马迁还使用了一种微妙的手法来暗示豫让的心理。第一段，短短的一段中连续十次出现"智伯"，乍看之下略显重复。其实太史公完全可以改变句式或换用人称代词。仔细品味则可知，本段出现的人物很多，写明"智伯"能使行文更清晰，避免误解。更重要的是，本段只道"智伯"，不用代词，更能强调智伯在豫让心中的重要地位，为后文他屡次行刺赵襄子做足了铺垫。

以这种报恩逻辑审视《史记》其他篇章，会发现许多旁证。以死报答信陵君的侯嬴、屡次救张良于危难的项伯、尽力辅佐齐桓公的管仲……他们报恩的对象都不是其最初的主人，甚至是敌对阵营的主帅，却坚守着看似迂腐、其实坦诚的报恩逻辑。

复仇有所为

豫让的报恩另有一特别处。首次行刺失败后，他损声毁容，装扮成无人关注的乞丐。一位偶然路过的朋友认出了他，惊讶地质疑：豫让完全可以凭借才华接近赵襄子，趁其不备完成刺杀。这个合理的建议被豫让断然否决，在他看来，如果归附赵襄子后再杀他，是“怀二心以事其君”的不义之举。这就是豫让报恩逻辑的第二重内涵：非但报恩的心志要纯粹坚定，报恩的手段也必须光明磊落。

豫让这么做，很容易招来“迂阔僵化”的嘲讽，钻牛角尖的人甚至可以追问：如果真要光明磊落，为何还使用易服变容等计策，而不是径直上前刺杀？

要化解这些在某种程度上合乎情理的质疑，归根到底还是要分析“二心”的含义。这颗“心”，指的是对于主人的忠诚之心。对主人尽忠，则应该各尽所长；向敌人复仇，也可以智计百出，无所不用其极。唯独“假意归顺”之计，破坏了“君臣一心”的大义，违背了“尽忠”的原则，故为豫让所不取。如此看来，豫让颇有古君子之风，行事有道德底线，宁可自残，也绝不逾越内心的原则——这是“喻于利”的小人所无法企及的。

纵横对比先秦两汉“二心”的惨剧，更能体现豫让的价值和司马迁记载此事的幽微用心。

事君有所限

自古以来另有一种批评豫让的声音，即认为豫让空有忠心，却没有匹配智伯恩遇的才华。事发前他没有察觉韩、魏的叛逆之兆，也没有在事发后力挽狂澜、救智伯于水火。所以豫让名不副实，并不值得过度赞扬，司马迁为他作传，不免也有些小题大做。王安石、明代学者何孟春都持此见。

的确从大局角度看，豫让并没有真正帮助到智伯，甚至没有看出三家阴谋的眼光，所以他并非高人才士。但因此指责他“曾不能逆策三晋，救智伯之亡”却不免过分。纵观整篇传记，豫让只是善于技击、忠诚踏实的家臣，不应对他有过分要求。况且当时智伯实力超过三家，正处于自大自满的状态，也听不进他人的劝谏。韩魏的倒戈是突然之事，更无法准确预判。把所有责任推卸到豫让身上，指望他文武双全、解决所有问题，的确是强人所难，吹毛求疵。

另外，元代学者吴师道考证，豫让是晋国义士毕阳的孙子。毕阳曾在晋国内乱中庇护了重臣伯宗的儿子州犁，一路护送他到楚国避难。由此看来，豫让的忠义和刚烈是有家族传统的，但他的家族多半也只凭借武力著称，并无学问和道术的家学渊源。所以要求豫让像管仲、诸葛亮一样洞悉时事、出谋划策，也只是一厢情愿罢了。当然，这并不影响豫让的形象。一个不完美的义士，远胜滴水不漏的小人。

举止有所别

最后不妨比较一下《史记》中两位典型的“复仇者”——伍子胥和豫让。两人都为了血海深仇，付出许多代价执行复仇计划。不同处在于：豫让复仇的对象仅限于赵襄子个人，伍子胥则将复仇范围扩大至整个楚国，且其直接复仇对象（楚平王、费无忌）死后，也没有停止复仇的行动。相对而言，豫让在人格上更为高尚正直，伍子胥则过分狠毒。由此我们也可以看出司马迁对于豫让的看重，所以他在传记中特地借豫让之口说道：“然所以为此者，将以愧天下后世之为人臣怀二心以事其君者也。”伍子胥在这一点上，是远远不及豫让的。

清代学者吴见思评论本文道：“刺客是天壤间第一种激烈人，《刺客传》是《史记》中第一种激烈文字。”这种激烈，既是指报恩复仇时惊天一击的猛烈程度，也是指刺客们“立意较然，不欺其志”的可敬品性。相比阴暗怨毒的伍子胥、吴起，司马迁对豫让付诸了更多温情怜悯的目光。

第十二讲 君子儒与小人儒

主题导读

《论语》中孔子曾教诲子夏:“女为君子儒,无为小人儒。”后世非议儒者重利求仕、曲意逢迎,说的就是“小人儒”。先秦两汉之际,正是君子儒、小人儒的分野。通过本讲两篇选文的对比,有助于我们更清晰地认识前者之可贵、后者之可悲。

仲尼弟子列传

① 孔子曰“受业身通者七十有七人”,皆异能之士也[(1)]。……

② 孔子之所严事[(2)]:于周则老子;于卫,蘧伯玉;于齐,晏平仲;于楚,老莱子;于郑,子产;于鲁,孟公绰。数称臧文仲、柳下惠、铜鞮伯华、介山子然,孔子皆后之,不并世[(3)]。

③ 颜回者,鲁人也,字子渊。少孔子三十岁。

④ 颜渊问仁,孔子曰:“克己复礼,天下归仁焉。”

⑤ 孔子曰:“贤哉回也!一箪食,一瓢饮,在陋巷,人不堪其忧,回也不改其乐。”“回也如愚;退而省其私,亦足以发,回也不愚。”“用之则行,舍之则藏,唯我与尔有是夫!”

⑥ 回年二十九,发尽白,蚤死。孔子哭之恸,曰:“自吾有回,门人益亲。”鲁哀公问:“弟子孰为好学?”孔子对曰:“有颜回者好学,不迁怒,不贰过[(4)]。不幸短命死矣,今也则亡。”……

⑦ 仲由字子路,卞人也[(5)]。少孔子九岁。

⑧ 子路性鄙,好勇力,志伉直,冠雄鸡,佩豭豚[(6)],陵暴孔子。孔子设礼稍诱子路,子路后儒服委质,因门人请为弟子。

⑨ 子路问政，孔子曰：“先之，劳之[7]。”请益。曰：“无倦。”

⑩ 子路问：“君子尚勇乎？”孔子曰：“义之为上。君子好勇而无义则乱，小人好勇而无义则盗。”……

⑪ 子路为蒲大夫[8]，辞孔子。孔子曰：“蒲多壮士，又难治。然吾语汝：恭以敬，可以执勇；宽以正，可以比众；恭正以静，可以报上。”

⑫ 初，卫灵公有宠姬曰南子。灵公太子蒉聩得过南子，惧诛出奔。及灵公卒而夫人欲立公子郢[9]。郢不肯，曰：“亡人太子之子辄在。”于是卫立辄为君，是为出公。出公立十二年，其父蒉聩居外，不得入。子路为卫大夫孔悝之邑宰。蒉聩乃与孔悝作乱，谋入孔悝家[10]，遂与其徒袭攻出公。出公奔鲁，而蒉聩入立，是为庄公。方孔悝作乱，子路在外，闻之而驰往。遇子羔出卫城门[11]，谓子路曰：“出公去矣，而门已闭，子可还矣，毋空受其祸。”子路曰：“食其食者不避其难。”子羔卒去。有使者入城，城门开，子路随而入。造蒉聩，蒉聩与孔悝登台。子路曰：“君焉用孔悝？请得而杀之。”蒉聩弗听。于是子路欲燔台，蒉聩惧，乃下石乞、壶黡攻子路[12]，击断子路之缨[13]。子路曰：“君子死而冠不免。”遂结缨而死。

⑬ 孔子闻卫乱，曰：“嗟乎，由死矣！”已而果死。故孔子曰：“自吾得由，恶言不闻于耳。”……

⑭ 太史公曰：学者多称七十子之徒，誉者或过其实，毁者或损其真，钧之未睹厥容貌，则论言弟子籍，出孔氏古文近是[14]。余以弟子名姓文字悉取《论语》弟子问并次为篇，疑者阙焉。

题解

本篇记述了孔子弟子或详或略的事迹，表现出太史公对先秦儒家的重视和敬仰。本篇主要依据《论语》和其他先秦文献写成，是我国历史上最早集中记载儒家事迹的历史文献。本文节选其中较有代表性的颜渊和子路的事迹，以展现太史公心中“君子”的形象。

注释

(1)此指身通六艺的弟子，具体人数有多种说法，大体在七十左右。(2)严事：恭敬地对待。(3)后之：此指臧文仲等四人都是孔子以前的人。不并世：不生活在同一个时代。(4)不贰过:不犯已经犯过的错。(5)卞:春秋时鲁国邑名,今山东泗水县东。(6)鄙:粗鲁浅陋。冠雄鸡:戴着状如雄鸡的帽子。佩豭豚:带着公猪皮作外套的剑。(7)劳之:亲身操劳;也可解释为慰问。(8)蒲大夫:卫国蒲邑的行政长官,蒲在今河南长垣县。(9)公子郢:卫灵公之子。(10)谋入孔悝家:此指让蒉聩混入卫国,藏在孔悝家。(11)子羔:孔子弟子,时任卫大夫。(12)石乞、壶黡:蒉聩党人。(13)缨:冠带。(14)此指如果要说孔子弟子的姓名履历,还应参考孔子旧居夹壁中发现的古文图书资料。

课堂检测

1. 解释加点字,指出个别加点字的用法。
2. 指出划波浪线的句子在句式上的特点,并翻译成现代汉语。

文言积累

1. 下列选项中加点字为通假字的两项是 ( )

   A. 受业身通者七十有七人　　B. 发尽白,蚤死

   C. 不幸短命死矣,今也则亡　　D. 弟子孰为好学

2. 下列选项中"而"字含义和用法与其他三项不一样的是 ( )

   A. 退而省其私　　B. 君子好勇而无义则乱

   C. 及灵公卒而夫人欲立公子郢　　D. 闻之而驰往

3. 将下列句子翻译成现代汉语。

   (1) 用之则行,舍之则藏,唯我与尔有是夫。

   (2) 学者多称七十子之徒,誉者或过其实,毁者或损其真,钧之未睹厥容貌。

阅读提示

1. 本文第②段提及众多孔子"严事"对象的作用是什么?

2. 联系全文，分析子路的死因。

咬文嚼字

分析下列语段中个别字词的表达作用。

方孔悝作乱，子路在外，闻之而驰往。遇子羔出卫城门，谓子路曰："出公去矣，而门已闭，子可还矣，毋空受其祸。"子路曰："食其食者不避其难。"子羔卒去。有使者入城，城门开，子路随而入。造蒉聩，蒉聩与孔悝登台。子路曰："君焉用孔悝？请得而杀之。"蒉聩弗听。于是子路欲燔台，蒉聩惧，乃下石乞、壶黡攻子路，击断子路之缨。子路曰："君子死而冠不免。"遂结缨而死。

1. 子羔的话里有两个"矣"字，是否重复？

2. 分析"子羔卒去"中"卒"字的作用。

合作探究

1. 明代学者钟惺评论本文道："圣人不得中行，最喜此一种人（指子路），……正取其刚耳。"结合选文，分析此话的意思。

2. 南宋学者戴表元评论本文道："务在推尊孔子而欲广其道。"结合本文，分析"道"的含义。

读史明理

现代学者鲁迅评论本文道:“(子路)有点迂,……(如果)披头散发的战起来,也许不至于死的罢!”你是否同意他的观点,为什么?

深度解析

神州弟子今安在

——解读《仲尼弟子列传》

司马迁在《太史公自序》中言及《仲尼弟子列传》,有“孔子述文,弟子兴业”之语。这正道出仲尼弟子们的价值:他们非但学到了老师的德行和知识,更担负起了振兴和传播儒学的重任。本文且以颜回和子路为例,探寻仲尼弟子的千载风采。

子长的眼光

传记中颜回的资料很少,几乎一半的内容摘自《论语》中孔子对颜回的评价和两人的对话。表面上看,这四段话只是单纯的引用,稍微推想,则可发现其中不寻常之处。《论语》中提及颜回有十多处,传记只选出四段话,那么这四段话便不只是孔子的评价,同时也代表着司马迁的眼光。

四段话中只有一处是孔子与颜回的对话,司马迁将其放在最前面,显得最为重要。这段话涉及孔子学说最核心的内容,仁。而孔子的回答也切中要害:“克己复礼,天下归仁焉。”这段话虽短,却值得仔细分析。“克己复礼”,说明孔子承认人原始欲望的合理性。在这一点上,司马迁和孔子的观点是一致的。孔子曾说:“富与贵,是人之所欲也。”司马迁则指出“天下熙熙,皆为利来;天下攘攘,皆为利往。”只有正视欲望,“复礼”之举才有必要性和迫切性。若是任由利欲肆虐,社会必然陷入纷争,而春秋战国正是这样一幅无序的图景。将这段话放在颜回传记的最前面,也凸显出颜回是最懂得“仁道”的弟子——这就为后文颜回早逝后孔子“哭之恸”提供了有力理由。

隔空的呼应

第二段话，孔子赞扬颜回身处陋巷，衣食贫寒，却能不改其乐，所以称得上贤良。结合第一段话可知，司马迁的着眼点不只是颜回的俭朴，而是他能克制内心的欲望，“不以其道得之，不处也”——对比“不甘寂寞”的苏秦、吴起、商鞅等人，司马迁的用心可见一斑。苏辙评价此语，“古之观人也，必于其小焉观之其大者，孰知箪食瓢饮不为哲人之大者乎?”更是确然。

第三段话则像是对于第二段话的辩护。饥寒交迫还乐此不疲，在常人看来多半可笑，就连孔子也经常受到这样的讥讽。所以司马迁选取愚与不愚的判断，辨析颜回的内心世界其实大有智慧，一般逐利者远不能及。

最后一段“用舍行藏”的评价，看似与“穷达之论”相同，但“唯我与尔有是夫”一句则流露出孔子少有的悲怆之情——能坚守道义，不被名利困扰之人，只有他和颜回罢了。“唯”突出人数之少，既是对颜回的至高评价，也是对无人应和的悲鸣。言下之意，其他弟子也不能完全摆脱欲望的纠缠。司马迁以这段话为“颜回评价”的收尾，显然代入了自己孤立无援的寂寥和悲愤——李陵之祸时，朝堂上无一人支援自己，司马迁内心恐怕也正在慨叹，“唯我与李陵有是夫”吧!

子路的意义

颜回虽然贤能，却没有什么事迹流传(很可能因为他太过纯粹，既不被赏识，也不愿将就)。相比之下，子路在卫国牺牲之事记载得就很翔实，能折射出更多的意味。

蒯聩之事，本是卫国的内乱，子路无需涉入其中。但根据史料，子路的主人孔悝是被蒯聩挟持作乱的，所以子路用“食其食者不避其难”的理由去救主于危难。即便孔悝意志薄弱归附了蒯聩，在大义上蒯聩仍是作乱之人，作为卫国臣子，子路理应反击。当然，这个“理”只是儒家的君子之理，并非世俗更常见的小人之理。子路侍奉孔悝，逆行抵抗，不屈而死，秉承的都是“君君臣臣父父子子”的礼制观念。而卫国上下，从蒯聩无奈出逃到他回国叛乱，丝毫不见礼义和秩序，只有欲望在不断推动各色人等放肆而行。燃烧的高台下，子路成为唯一的殉道者，这是子路的悲剧，也是一个时代的悲剧，更是儒家命运尴尬而不失高贵的写照。“虽千万人吾往矣”——子路的意义，便是鼓励困境中的君子：可以死得其所，绝不能苟且偷生。

鲁迅对子路有一番不同的评价，“（子路）有点迂，……（如果）披头散发的战起来，也许不至于死的罢！”搁置鲁迅之言的现实影射，单看子路当时的情形，其实彼时彼地子路已然寡不敌众，并不存在“不至于死”的可能，他临死结缨，恰是保留了最后的尊严。

弟子的回响

虽然是孔子弟子的传记，司马迁却在开头不厌其烦地罗列了孔子的诸多“老师”，而且这些“严事”的对象都不是儒家学者，反而为其他不同学派的人物。这反映出司马迁作传的深层动机，不仅仅是记录七十多位弟子（其实很多人只存姓名，并无事迹），更要突出“从师敬师，传承递延”的精神。在那个知识主要靠口耳相传的时代，儒学能代代相传，便需要不断涌现的后人担负起“传道”的重任。清代学者吴见思评价这段记录：“凭空先添出许多人，以为映衬。”文中映衬的，正是孔子、司马迁的好学之心和传道之志。

现代学者钱穆还特别留意到孔子弟子的身份：“孔子弟子多起微贱。……平民以学术进身而预贵族之位，自儒而始盛也。”这是孔子尤为难得的一点。其他学派，大都热衷政治以显荣华，唯有儒家注重对于平民的教育，这是一种可贵的平等理念和教育精神。至今，教育仍然是检验一个社会文明程度的重要标尺。重读《仲尼弟子列传》，感怀颜回、子路等人的动人事迹，对照当下教育中的诸多得失，我们必然会受益良多。

儒林列传

① 太史公曰：余读功令，至于广厉学官之路，未尝不废书而叹也[1]。曰：嗟乎！夫周室衰而《关雎》作[2]，幽厉微而礼乐坏[3]，诸侯恣行，政由强国。故孔子闵王路废而邪道兴，于是论次《诗》《书》，修起礼乐。适齐闻《韶》，三月不知肉味。自卫返鲁，然后乐正，《雅》《颂》各得其所。世以混浊莫能用，是以仲尼干七十余君无所遇，曰“苟有用我者，期月而已矣”。西狩获麟[4]，曰“吾道穷矣”。故因史记作《春秋》[5]，以当王法，其辞微而指博，后世学者多录焉。

② 自孔子卒后，七十子之徒散游诸侯，大者为师傅卿相，小者友教士大夫，或隐而不见。故子路居卫，子张居陈，澹台子羽居楚，子夏居西河，子贡终于齐。

如田子方、段干木、吴起、禽滑厘之属，皆受业于子夏之伦，为王者师。是时独魏文侯好学。后陵迟以至于始皇，天下并争于战国，儒术既绌焉，然齐鲁之间，学者独不废也。于威、宣之际，孟子、荀卿之列，咸遵夫子之业而润色之[6]，以学显于当世。……

③ 及今上即位[7]，赵绾、王臧之属明儒学，而上亦乡之，于是招方正贤良文学之士。……及窦太后崩，武安侯田蚡为丞相，绌黄老、刑名百家之言，延文学儒者数百人，而公孙弘以《春秋》白衣为天子三公[8]，封以平津侯。天下之学士靡然乡风矣。

④ 公孙弘为学官，悼道之郁滞[9]，乃请曰："丞相御史言：制曰[10]'盖闻导民以礼，风之以乐[11]。婚姻者，居室之大伦也[12]。今礼废乐崩，朕甚愍焉[13]。故详延天下方正博闻之士，咸登诸朝。其令礼官劝学讲议，洽闻兴礼，以为天下先。……'为博士官置弟子五十人，复其身[14]。太常择民年十八已上，仪状端正者，补博士弟子。郡国县道邑有好文学，敬长上，肃政教，顺乡里，出入不悖所闻者，令相长丞上属所二千石[15]；二千石谨察可者，当与计偕，诣太常[16]，得受业如弟子。一岁皆辄试，能通一艺以上，补文学掌故缺；其高弟可以为郎中者，太常籍奏[17]。……"自此以来，则公卿大夫士吏斌斌多文学之士矣[18]。……

⑤ 董仲舒，广川人也。以治《春秋》，孝景时为博士。下帷讲诵，弟子传以久次相受业[19]，或莫见其面，盖三年董仲舒不观于舍园，其精如此。进退容止，非礼不行，学士皆师尊之。今上即位，为江都相[20]。以《春秋》灾异之变推阴阳所以错行，故求雨闭诸阳[21]，纵诸阴，其止雨反是[22]。行之一国，未尝不得所欲。中废为中大夫，居舍，著《灾异之记》。是时辽东高庙灾，主父偃疾之，取其书奏之天子。天子召诸生示其书，有刺讥。董仲舒弟子吕步舒不知其师书，以为下愚。于是下董仲舒吏，当死，诏赦之。于是董仲舒竟不敢复言灾异。

⑥ 董仲舒为人廉直。是时方外攘四夷，公孙弘治《春秋》不如董仲舒，而弘希世用事，位至公卿[23]。董仲舒以弘为从谀。弘疾之，乃言上曰："独董仲舒可使相胶西王[24]。"胶西王素闻董仲舒有行，亦善待之。董仲舒恐久获罪，疾免居家。至卒，终不治产业，以修学著书为事。故汉兴至于五世之间，唯董仲舒名为明于《春秋》，其传公羊氏也[25]。……

题解

本篇记述了孔子以来的儒学发展史和汉初以来五经儒学大师的学问师承，重点描述了武帝时的“儒学盛况”。本文节选了儒学发展史和大儒董仲舒的传记。

注释

(1)功令：国家颁布的发展教育、考核选拔人才的法令。广厉学官：扩大国学规模，提高教师素质；厉，通“励”。(2)此指周朝衰败，诗人写《关雎》这类作品讽刺朝政。(3)此指周幽王、厉王因无道导致礼乐制度败坏。(4)此指鲁哀公捕获异兽，象征仁道的终结。(5)史记：各国史书的泛称。(6)润色：修饰、发挥。(7)今上：指汉武帝。(8)白衣：平民。三公：丞相、太尉、御史大夫。(9)道：儒家之道。(10)丞相御史言：汉代上书开头的格式。制曰：以下是引用武帝诏书。(11)风：教化。(12)居室：夫妇。大伦：重要的人际关系准则。(13)愍：通“悯”，痛心。(14)此指给太学教授配备五十个学生，免除其劳役。(15)令相长丞：都是县一级的行政官员。上属所二千石：上报到自己所属的郡太守或诸侯国相。(16)当与计偕，诣太常：跟随各郡国的计吏进京，到太常报到。计吏，向朝廷汇报当地人口、赋税等情况的官吏。(17)文学掌故：太常属下的小官。郎中：帝王身边的侍从。籍奏：造册上报。(18)斌斌：文质兼备的样子。(19)此指让老弟子教新弟子。(20)江都相：江都王刘非之相。(21)此指通过《春秋》记载的灾异变化推算未来。错行：反常。(22)此指求雨止雨的迷信方法。(23)此指因迎合世俗，得以掌权主事，位列三公九卿。(24)胶西王：刘端，为人残暴褊狭。(25)公羊氏：《春秋公羊传》，是对《春秋》的解释，战国时由公羊高讲习，口耳相传，至汉景帝时被著之于竹帛。

课堂检测

1. 解释加点字，指出个别加点字的用法。
2. 指出划波浪线的句子在句式上的特点，并翻译成现代汉语。

文言积累

1. 下列选项中“而”字含义和用法与其他三项不一样的是　（　　）

A. 未尝不废书而叹也

B. 幽厉微而礼乐坏

C. 故孔子闵王路废而邪道兴

D. 孟子、荀卿之列，咸遵夫子之业而润色之

2. 下列选项中加点字不是通假字的一项是　（　　）

A. 故孔子闵王路废而邪道兴　　B. 其辞微而指博

C. 而上亦乡之　　D. 盖闻导民以礼，风之以乐

3. 下列选项中加点字词活用现象与其他三项不一样的是　（　　）

A. 西狩获麟　　B. 小者友教士大夫

C. 下帷讲诵　　D. 学士皆师尊之

4. 将下列句子翻译成现代汉语。

（1）于威、宣之际，孟子、荀卿之列，咸遵夫子之业而润色之，以学显于当世。

____

（2）于是下董仲舒吏，当死，诏赦之。于是董仲舒竟不敢复言灾异。

____

阅读提示

1. 联系上下文，分析第①段提及孔子的作用。

____

____

2. 根据第③、④段，概括武帝时儒学的地位和发展情况。

____

____

3. 根据第⑤段，董仲舒为什么“竟不敢复言灾异”？

____

____

咬文嚼字

分析下列语段中个别字词的表达作用。

董仲舒为人廉直。是时方外攘四夷，公孙弘治《春秋》不如董仲舒，而弘希世用事，位至公卿。董仲舒以弘为从谀。弘疾之，乃言上曰："独董仲舒可使相胶西王。"胶西王素闻董仲舒有行，亦善待之。董仲舒恐久获罪，疾免居家。至卒，终不治产业，以修学著书为事。故汉兴至于五世之间，唯董仲舒名为明于《春秋》，其传公羊氏也。

1. 分析"胶西王素闻董仲舒有行，亦善待之"中"亦"字的作用。

2. 分析"至卒，终不治产业"中"终"字的作用。

合作探究

1. 清代学者郭嵩焘评论本文道："武帝广厉学官，诱之于利禄之途，于是儒者之道以熄，……其祸更烈于始皇，此史公所以废书而叹也。"结合本文，分析"其祸更烈于始皇"的原因。

2. 清代学者汤谐评论本文道："（本文）悲董子之直道见疾也。"结合第⑥段，分析这句话的含义。

读史明理

1. 对于本文的主旨，后世学者的看法多有不一致。太史公对于汉朝儒学的发展情况，到底是褒扬还是暗讽？根据选文，说说你的观点。

2.《论语》中孔子曾提及君子儒和小人儒。对照《仲尼弟子列传》选文，比较子路和董仲舒的异同，你认为谁更像“君子儒”，为什么？

深度解析

君子儒与小人儒

——解读《儒林列传》

尊重孔子和儒家学说的司马迁，读到武帝“广厉学官之路”时，总是不禁“废书而叹”。这一声长叹，不是对儒学终于复兴的欣慰，而是别有深意的哀痛。借用《论语》中孔子对子夏的劝导，“女为君子儒，无为小人儒”——司马迁所伤悼的，正是君子儒不敌小人儒的颓靡世风。

名利的诱惑

辨析“君子儒”“小人儒”的内涵前，我们不妨先细读《列传》，考察儒者在汉朝的生存、讲学情况，以便更真切深入地思考。

最显而易见的变化，便是儒者生活条件的改善。整本《论语》，满是孔子及其弟子颠沛流离的悲惨遭遇，即便笑呵呵地说着“不知老之将至云尔”“君子固穷”，也无法掩饰他们瘦弱的身躯和干瘪的行囊。颜回英年早逝，多半和他长期“一箪食一瓢饮”的生活相关。进入汉朝，尤其在武帝亲政以后，儒者的生活待遇发生了质的飞跃。因为武帝“乡之”，所以天下儒生纷纷进入朝廷，公孙弘更是白手起家，位极人臣。儒者终于衣食无忧，甚至富足安逸了。这显然是武帝旨意的导向，所以很快出现了“天下之学士靡然乡风矣”的潮流。

尤其值得关注，《列传》不厌其烦地记录下汉武帝广置博士弟子的名额和规定其仕进考核的办法，并用一连串的数字来凸显制度之精密和报酬之丰厚。如此，再有才华的斌斌学士也得乖乖遵守秩序，安心学习、全力应试，成为汉武帝“彀中”的工具。

权势的压迫

孔子说过:“不以其道得之,不处也。”面对物欲的诱惑和严密的制度,孔子的传承者们,难道没有一点反思和抵抗吗?《列传》中虽然没有直接记录,但我们从董仲舒的遭遇中不难发现原因。董仲舒是当世大儒,德高望重,也很受武帝的重用。即便如此,他还是被随意贬职(《列传》没有明确记载他被“废为中大夫”的原因,可见不是什么重大原因)。对于他的《灾异之记》,武帝更是刻意隐瞒姓名,让群臣,尤其是董仲舒的弟子当廷批驳他,以此彻底羞辱贬斥他的学术地位和崇高名声。之后他还被公孙弘用心险恶地排挤至胶西王身边,在残暴多疑的藩王身边胆战心惊地度过了很久。

可见,无论恩宠多少、职位高低,汉代的儒者都面临着皇权的高压。升降同儿戏,生死如覆掌。所以明明“为人廉直”的董仲舒,在传记中却不见有什么正道直言,反而尽是“不敢复言灾异”“疾免居家”这样谨小慎微的表现。大儒尚且如此,其他人可想而知。

君子小人辨

孔子对于君子、小人的区分,主要在于价值观。君子以“道”为最高标准,小人以“利”为最高标准。君子儒的最高理想,是实现上下相和、仁义有礼的王道,君王尽心为政,臣民恪尽职守。小人儒的追求,则只是个人的名利。如果遇到诚心向道的君主,两者或许看不出差别;如果遭逢秦孝公、汉武帝那样急功近利的霸主,君子儒为维护道统和个人尊严,便果断弃功利而不顾,小人儒则必然见风使舵,逢迎左右。所以同在礼崩乐坏的背景下,仲尼“干七十余君无所遇”,公孙弘“(天子)所言皆听”“缘饰以儒术”——整部《儒林列传》,几乎都是像公孙弘这般被名利权势迷惑心性、束缚手脚的“饱学之士”,难怪司马迁要“废书而叹”了!

行文至此,不得不追问一个更深的问题:这百年间的巨变,有什么深层次的历史原因吗?余英时先生的《士与中国文化》或可指迷。书中《道统与政统之间》一文中提出:原本在春秋战国时享受“师友之礼”的士人,在进入大一统的秦汉帝国后,从平等抗礼的高位跌落为“尽其臣子之常经”的下僚。孔子的“游士时代”一去不回,淮南王招揽四方游士的行为竟被视作“背义”之举。由此,小人儒正式登场,君子儒渐渐消失在历史的阴影里……

第十三讲　秦朝兴亡的文武双星

主题导读

在秦国统一天下的过程中，商鞅和白起无疑是两个重要角色。前者实行变法，从制度层面缔造秦国变强的源动力；后者百战百胜，扫尽群雄，将举国的野心付诸战场。拥有如此出色的人物，秦迅速崛起，却二世而亡。审视商鞅、白起的传记，或许也可以发现他们埋下的隐患。

商君列传

① 商君者，卫之诸庶孽公子也[1]，名鞅，姓公孙氏，其祖本姬姓也。鞅少好刑名之学，事魏相公叔座为中庶子[2]。公叔座知其贤，未及进。会座病，魏惠王亲往问病，曰："公叔病有如不可讳，将奈社稷何？"公叔曰："座之中庶子公孙鞅，年虽少，有奇才，愿王举国而听之。"王嘿然[3]。王且去，座屏人言曰："王即不听用鞅，必杀之，无令出境。"王许诺而去。公叔座召鞅谢曰："今者王问可以为相者，我言若，王色不许我。我方先君后臣，因谓王'即弗用鞅，当杀之'。王许我。汝可疾去矣，且见禽。"鞅曰："彼王不能用君之言任臣，又安能用君之言杀臣乎？"卒不去。惠王既去，而谓左右曰："公叔病甚，悲乎，欲令寡人以国听公孙鞅也，岂不悖哉！"

② 公叔既死，公孙鞅闻秦孝公下令国中求贤者，将修缪公之业，东复侵地[4]。乃遂西入秦，因孝公宠臣景监以求见孝公。孝公既见卫鞅，语事良久，孝公时时睡，弗听。罢而孝公怒景监曰："子之客妄人耳，安足用邪！"景监以让卫鞅。卫鞅曰："吾说公以帝道[5]，其志不开悟矣。后五日，复求见鞅。"鞅复见孝公，益愈，然而未中旨。罢而孝公复让景监，景监亦让鞅。鞅曰："吾说公以王道而未入也[6]。请复见鞅。"鞅复见孝公，孝公善之而未用也。罢而去。孝公谓景

监曰:“汝客善,可与语矣。”鞅曰:“吾说公以霸道[7],其意欲用之矣。诚复见我,我知之矣。”卫鞅复见孝公。公与语,不自知膝之前于席也。语数日不厌。景监曰:“子何以中吾君?吾君之欢甚也。”鞅曰:“吾说君以帝王之道比三代,而君曰:‘久远,吾不能待。且贤君者,各及其身显名天下,安能邑邑待数十百年以成帝王乎[8]?’故吾以强国之术说君,君大说之耳。然亦难以比德于殷周矣。”

③ 孝公既用卫鞅,鞅欲变法,恐天下议己。卫鞅曰:“疑行无名,疑事无功。且夫有高人之行者,固见非于世;有独知之虑者,必见敖于民。愚者暗于成事,知者见于未萌。民不可与虑始而可与乐成。论至德者不和于俗,成大功者不谋于众。是以圣人苟可以强国,不法其故;苟可以利民,不循其礼。”孝公曰:“善。”甘龙曰:“不然。圣人不易民而教[9],知者不变法而治。因民而教,不劳而成功;缘法而治者,吏习而民安之。”卫鞅曰:“龙之所言,世俗之言也。常人安于故俗,学者溺于所闻。以此两者居官守法可也,非所与论于法之外也。三代不同礼而王,五伯不同法而霸。智者作法,愚者制焉;贤者更礼,不肖者拘焉。”杜挚曰:“利不百,不变法;功不十,不易器。法古无过,循礼无邪。”卫鞅曰:“治世不一道,便国不法古。故汤武不循古而王,夏殷不易礼而亡。反古者不可非,而循礼者不足多。”孝公曰:“善。”以卫鞅为左庶长,卒定变法之令。

④ 令民为什伍,而相牧司连坐[10]。不告奸者腰斩,告奸者与斩敌首同赏,匿奸者与降敌同罚。民有二男以上不分异者,倍其赋。有军功者,各以率受上爵;为私斗者,各以轻重被刑大小。僇力本业,耕织致粟帛多者复其身[11]。事末利及怠而贫者,举以为收孥[12]。宗室非有军功论,不得为属籍[13]。明尊卑爵秩等级,各以差次名田宅,臣妾衣服以家次。有功者显荣,无功者虽富无所芬华。

⑤ 令既具,未布,恐民之不信,已乃立三丈之木于国都市南门,募民有能徙置北门者予十金。民怪之,莫敢徙。复曰“能徙者予五十金”。有一人徙之,辄予五十金,以明不欺。卒下令。

⑥ 令行于民期年,秦民之国都言初令之不便者以千数。于是太子犯法。卫鞅曰:“法之不行,自上犯之。”将法太子。太子,君嗣也,不可施刑,刑其傅公子虔,黥其师公孙贾。明日,秦人皆趋令。行之十年,秦民大说,道不拾遗,山无盗贼,家给人足。民勇于公战,怯于私斗,乡邑大治。秦民初言令不便者有来言令

便者，卫鞅曰“此皆乱化之民也”，尽迁之于边城。其后民莫敢议令。……

⑦ 其明年，齐败魏兵于马陵，虏其太子申，杀将军庞涓。其明年，卫鞅说孝公曰：“秦之与魏，譬若人之有腹心疾[14]，非魏并秦，秦即并魏。何者？魏居领厄之西，都安邑，与秦界河而独擅山东之利。利则西侵秦，病则东收地。今以君之贤圣，国赖以盛；而魏往年大破于齐，诸侯畔之，可因此时伐魏。魏不支秦，必东徙。东徙，秦据河山之固，东乡以制诸侯，此帝王之业也。”孝公以为然，使卫鞅将而伐魏。魏使公子卬将而击之。军既相距，卫鞅遗魏将公子卬书曰：“吾始与公子欢，今俱为两国将，不忍相攻。可与公子面相见，盟，乐饮而罢兵，以安秦魏。”魏公子卬以为然。会盟已，饮，而卫鞅伏甲士而袭虏魏公子卬，因攻其军，尽破之以归秦。魏惠王兵数破于齐秦，国内空，日以削，恐，乃使使割河西之地献于秦以和。而魏遂去安邑，徙都大梁。梁惠王曰：“寡人恨不用公叔座之言也。”卫鞅既破魏还，秦封之於、商十五邑[15]，号为商君。……

⑧ 后五月而秦孝公卒，太子立。公子虔之徒告商君欲反，发吏捕商君。商君亡至关下，欲舍客舍。客人不知其是商君也[16]，曰：“商君之法，舍人无验者坐之。”商君喟然叹曰：“嗟乎，为法之敝一至此哉！”去之魏。魏人怨其欺公子卬而破魏师，弗受。商君欲之他国。魏人曰：“商君，秦之贼。秦强而贼入魏，弗归，不可。”遂内秦。商君既复入秦，走商邑，与其徒属发邑兵北出击郑。秦发兵攻商君，杀之于郑黾池。秦惠王车裂商君以徇，曰：“莫如商鞅反者！”遂灭商君之家。

⑨ 太史公曰：商君，其天资刻薄人也。迹其欲干孝公以帝王术，挟持浮说，非其质矣。且所因由嬖臣，及得用，刑公子虔，欺魏将卬，不师赵良之言，亦足发明商君之少恩矣。余尝读商君开塞耕战书，与其人行事相类。卒受恶名于秦，有以也夫！

题解

本篇记述了战国法家代表商鞅辅佐秦孝公实行变法，使秦国空前富强的功绩，以及他身败名裂的下场。太史公站在史官的立场，对商鞅进行了鲜明的反对描写，但在传记中他依然如实记录了商鞅变法的功效，这是《史记》求实精神的典型体现。

注释

(1)卫:西周初年分封的诸侯国,始封之君为武王之弟康叔封,春秋以来逐渐降为小国,战国后期附庸于魏国。庶孽:姬妾所生的孩子,政治地位较低。(2)刑名之学:法家学说。中庶子:官名。(3)嘿:同“默”。(4)东复侵地:缪公时,秦国曾数次击败晋国,把国境向东推进至黄河边。战国中期,秦国中落,黄河以西的土地又被魏国占领。(5)帝道:黄帝、颛顼、帝喾、尧、舜等古代圣君治国的办法。(6)王道:夏禹、商汤、周文王、周武王的治国之道。(7)霸道:齐桓公、晋文公等春秋霸主的治国之道。(8)邑邑:同“悒悒”,苦闷的样子。(9)易民:改变人们旧有的风俗习惯。(10)什伍:把居民五家为一“伍”,十家为一“什”地编制起来。牧司:监督、窥伺。(11)僇力:尽力。本业:农业。复其身:免除其劳役。(12)末:商业。举:全部。收孥:收为奴隶。(13)此指王族如没有军功,不得列入享受特权的名册。(14)腹心疾:喻两国势不两立。(15)於、商:古邑名,位于今河南省西峡县东和陕西省商县一带。(16)客人:客舍主人。

课堂检测

1. 解释加点字,指出个别加点字的用法。
2. 指出划波浪线的句子在句式上的特点,并翻译成现代汉语。

文言积累

1. 下列选项中加点字活用与其他三项不一样的是 (　　)

A. 王色不许我　　B. 乃遂西入秦

C. 东乡以制诸侯　　D. 国内空,日以削

2. 将下列句子翻译成现代汉语。

(1) 故吾以强国之术说君,君大说之耳。然亦难以比德于殷周矣。

(2) 去之魏。魏人怨其欺公子卬而破魏师,弗受。

阅读提示

1. 第①段是怎样来表现商鞅能力的？

2. 根据第④段归纳商鞅变法的主要内容。

3. 第⑥段中，商鞅为何流放了那些赞颂变法的人？

咬文嚼字

分析下列语段中个别字词的表达作用。

公叔既死，公孙鞅闻秦孝公下令国中求贤者，将修缪公之业，东复侵地。乃遂西入秦，因孝公宠臣景监以求见孝公。孝公既见卫鞅，语事良久，孝公时时睡，弗听。罢而孝公怒景监曰："子之客妄人耳，安足用邪！"景监以让卫鞅。卫鞅曰："吾说公以帝道，其志不开悟矣。后五日，复求见鞅。"鞅复见孝公，益愈，然而未中旨。罢而孝公复让景监，景监亦让鞅。鞅曰："吾说公以王道而未入也。请复见鞅。"鞅复见孝公，孝公善之而未用也。罢而去。孝公谓景监曰："汝客善，可与语矣。"鞅曰："吾说公以霸道，其意欲用之矣。诚复见我，我知之矣。"卫鞅复见孝公。公与语，不自知膝之前于席也。语数日不厌。景监曰："子何以中吾君？吾君之欢甚也。"鞅曰："吾说君以帝王之道比三代，而君曰：'久远，吾不能待。且贤君者，各及其身显名天下，安能邑邑待数十百年以成帝王乎？'故吾以强国之术说君，君大说之耳。然亦难以比德于殷周矣。"

1. 上文连用五个"复见"，是否重复？

2. 分析"然亦难以比德于殷周矣"中"亦"字的作用。

合作探究

1. 宋代文学家王安石作《商鞅》一诗："自古驱民在信诚，一言为重百金轻。今人未可非商鞅，商鞅能令政必行。"结合传记分析此诗的含义。

2. 明末清初学者张履祥评论本文道："鞅之治秦也以法，而其杀身也以怨，法深则怨积。篇中前数'法'字，后数'怨'字，正太史公用意用识处。"联系原文，分析"太史公用意用识处"的涵义。

读史明理

想象你是商鞅变法时，一个普通的秦国百姓。结合传记内容，"你"的生活会有什么改变，又会如何看待变法？

深度解析

秦朝灭亡的根源

——解读《商君列传》

作为法家代表的商鞅，其功过千百年来众说不一。桑弘羊在《盐铁论》中将秦朝灭亡归咎于赵高，而非商鞅，甚至把商鞅比作伊尹那样的贤人。刘向在《新序》中也肯定商鞅之法"所以并诸侯也"，同时指出其法"去霸王之佐亦远矣"。终究是肯定的声音更多、更强一些。那么，司马迁何以在"太史公曰"里彻底地否定商鞅呢？

祸端：干谒秦王

商鞅之祸，从其干谒秦孝公时便露出端倪。他向孝公进言，前两次谈论的竟是儒家推崇的帝道与王道。如学者陈桐生所言，战国时的法家人物与儒家“有不同程度的联系”，商鞅先言帝道，再叙王道，可见他深知治国安民的根本。可怕的是，面对孝公的消极态度，商鞅以极快的速度转变了自己的立场——这种对君王的逢迎和对立场的不在乎，彻底抛弃了春秋以来士人的独立精神。只问君王之欲，不察黎民之苦；只管一时之效，不理百代之利；只顾生前富贵，不问身后名声。通俗地说，便是推崇极端的功利主义和利己主义，把儒家那些束缚权力的礼义打入冷宫。这种做法推至极端的结果，便是嬴政暴力冷酷的苛政。在李斯的《谏逐客书》中我们不难发现这种逻辑的延续：在李斯看来，秦王重用百里奚等下层士人，不是因为尊贤重道，而是为了富利、强国，秦王广征他国珍宝，是为了自己“快意当前”。

值得嘲讽的是，商鞅很快成为这种功利观念的受害者。太子继位后，商鞅一下子就成了无用乃至叛逆之人，新君完全无视他对秦国做出的“杰出贡献”，立即下令缉捕，不见丝毫怜悯。

辩论：张冠李戴

商鞅之祸，更在其张冠李戴的诡辩术。在那场著名的廷前辩论上，他以一己之力让甘龙、杜挚哑口无言。但细辨其辞，我们不难发现他移花接木的本领。

商鞅首先提出自己有“高人之行”“独知之虑”。但“高”与“独”只是抽象的形容词，也完全可以用来掩饰丑行。被人非议的，可能是高论，也可能拙见。而后商鞅所说的“强国”“利民”，其实也是每个治国者的口号，但“强”的标准、“利”的内涵却往往天差地别。商鞅的“强国”，指的是对外扩张的强势；商鞅的“利民”，指的是“刑九赏一”的严控。这与儒家“风乎舞雩”、道家“鸡犬之声相闻”的“利民”可毫无关系。商鞅最后还援引汤武、桀纣的例子为自己罩上“仁义”的光环，将“反古”“循礼”与“反暴”“循弊”混为一谈，可谓是偷换概念的登峰之论。

另外，有后人赞扬商鞅为“法治”的鼻祖，这是误解了“法家”与“法治”的含义。法治的基本精神之一，便是公平。法律面前，人人平等。而商鞅的变法，出发点并非秦国百姓，而只是秦王一人。所以秦国太子犯法，并不与庶民同罪，只处罚其师傅。原因便是“太子，君嗣也”。若秦王犯法该怎么办？当然，秦王就是

"秦法"的代言，根本不存在"犯法"的可能。

富强：利剑高悬

《列传》中分明写到，变法施行后"秦民大悦，道不拾遗……家给人足"，这不正是孔子向往的境界吗？但司马迁用"微言法"透露了真相，秦国百姓安分守法，只是因为"怯"。这个"怯"字，对应的正是上文"令民为什伍"的变法政策。商鞅之法之所以迅速见效，并不是因为彻底改变了秦人的心性，而只是利用严刑酷法限制了百姓的行为，震慑住小民的私欲和邪念，如此而已。

这柄悬在百姓头上的利剑，足够恐怖，却不能长久。因为恐惧是一种非常消极的心态，长期受其压制，必然引发巨大的反弹。这种报复性心态在秦国扩张期尚不明显，因为有耕战之法消化掉秦人的压力，一旦天下一统，高压政策不变，陈胜吴广起事便如星星之火，迅速点燃了整个帝国。这时候，我们再看《论语》"道之以政，齐之以刑，民免而无耻"的话，真会觉得孔子是一位伟大的预言家。

余音：百年之恨

前文分析了诸多商鞅政治上的弊端，司马迁在"太史公曰"里却着重提及其个人品行之"刻薄"。评论一个政治家的得失，为什么不看其政策，而看道德？联想曹操《求贤令》说的，"若必廉士而后可用，则齐桓其何以霸也"，若有治国之才，不拘德行高下；再联想王安石清廉却变法失败，张居正贪奢却新政成功：这么看太史公是不是有点苛刻和偏颇？事实并非如此，司马迁的独到之处，正在于此。

从国家层面来看，当政者的品行必然代表着此国家的形象。商鞅刻薄寡恩，甚至背信弃义地利用好友公子卬，这就给山东诸国留下了秦国失信的印象。商鞅力推"军功"，又驱使秦军个个如下山猛虎，杀尽敌军而后快（可以参看《白起列传》），使六国百姓对秦人恨之入骨。"楚虽三户，亡秦必楚"，正是这变法的间接结果。

从个人层面看，商鞅刻薄而成功的轨迹，也恶化了秦国的政治生态，塑造了"不问是非，只问利害"的负面榜样。从他以后，秦国政坛便多是张仪、范雎、蔡泽、李斯这样的圆滑政客，少有忠直耿介之人。秦始皇驾崩后，李斯迅速放弃立场与赵高合谋，恐怕并非偶然。那一刻商鞅"刻薄少恩"的幽灵，正回荡在沙丘的上空！

多年以后，刘邦率军攻破函谷关。他召集秦国百姓，讲了六个字："父老苦秦久矣。"这个"苦"字的源头，就在商鞅身上啊。

白起列传

① 白起者，郿人也。善用兵，事秦昭王。昭王十三年，而白起为左庶长，将而击韩之新城。是岁，穰侯相秦[1]，举任鄙以为汉中守[2]。其明年，白起为左更，攻韩、魏于伊阙，斩首二十四万，又虏其将公孙喜，拔五城。起迁为国尉。涉河取韩安邑以东，到乾河。明年，白起为大良造。攻魏，拔之，取城小大六十一。明年，起与客卿错攻垣城[3]，拔之。后五年，白起攻赵，拔光狼城。后七年，白起攻楚，拔鄢、邓五城。其明年，攻楚，拔郢，烧夷陵，遂东至竟陵。楚王亡去郢，东走徙陈。秦以郢为南郡。白起迁为武安君。武安君因取楚，定巫、黔中郡。昭王三十四年，白起攻魏，拔华阳，走芒卯[4]，而虏三晋将，斩首十三万。与赵将贾偃战，沈其卒二万人于河中。昭王四十三年，白起攻韩陉城，拔五城，斩首五万。四十四年，白起攻南阳太行道，绝之。

② 四十五年，伐韩之野王[5]。野王降秦，上党道绝。其守冯亭与民谋曰："郑道已绝，韩必不可得为民[6]。秦兵日进，韩不能应，不如以上党归赵。赵若受我，秦怒，必攻赵。赵被兵，必亲韩。韩赵为一，则可以当秦。"因使人报赵。赵孝成王与平阳君、平原君计之。平阳君曰："不如勿受。受之，祸大于所得。"平原君曰："无故得一郡，受之便。"赵受之，因封冯亭为华阳君。……

③ 四十七年，秦使左庶长王龁攻韩，取上党。上党民走赵。赵军长平，以按据上党民。四月，龁因攻赵。赵使廉颇将。赵军士卒犯秦斥兵，秦斥兵斩赵裨将茄[7]。六月，陷赵军，取二鄣四尉[8]。七月，赵军筑垒壁而守之。秦又攻其垒，取二尉，败其阵，夺西垒壁。廉颇坚壁以待秦，秦数挑战，赵兵不出。赵王数以为让。而秦相应侯又使人行千金于赵为反间[9]，曰："秦之所恶，独畏马服子赵括将耳[10]，廉颇易与，且降矣。"赵王既怒廉颇军多失亡，军数败，又反坚壁不敢战，而又闻秦反间之言，因使赵括代廉颇将以击秦。秦闻马服子将，乃阴使武安君白起为上将军，而王龁为尉裨将，令军中有敢泄武安君将者斩。赵括至，则出兵击秦军。秦军详败而走，张二奇兵以劫之。赵军逐胜，追造秦壁。壁坚拒不得

入，而秦奇兵二万五千人绝赵军后，又一军五千骑绝赵壁间，赵军分而为二，粮道绝。而秦出轻兵击之。赵战不利，因筑壁坚守，以待救至。秦王闻赵食道绝，王自之河内，赐民爵各一级[11]，发年十五以上悉诣长平，遮绝赵救及粮食。

④ 至九月，赵卒不得食四十六日，皆内阴相杀食。来攻秦垒，欲出。为四队，四五复之，不能出。其将军赵括出锐卒自搏战，秦军射杀赵括。括军败，卒四十万人降武安君。武安君计曰："前秦已拔上党，上党民不乐为秦而归赵。赵卒反覆，非尽杀之，恐为乱。"乃挟诈而尽阬杀之，遗其小者二百四十人归赵。前后斩首虏四十五万人。赵人大震。……

⑤（四十八年）其九月，秦复发兵，使五大夫王陵攻赵邯郸。是时武安君病，不任行。四十九年正月，陵攻邯郸，少利，秦益发兵佐陵。陵兵亡五校。武安君病愈，秦王欲使武安君代陵将。武安君言曰："邯郸实未易攻也。且诸侯救日至，彼诸侯怨秦之日久矣。今秦虽破长平军，而秦卒死者过半，国内空。远绝河山而争人国都，赵应其内，诸侯攻其外，破秦军必矣。不可。"秦王自命，不行；乃使应侯请之，武安君终辞不肯行，遂称病。

⑥ 秦王使王龁代陵将，八九月围邯郸，不能拔。楚使春申君及魏公子将兵数十万攻秦军，秦军多失亡。武安君言曰："秦不听臣计，今如何矣！"秦王闻之，怒，强起武安君，武安君遂称病笃。应侯请之，不起。于是免武安君为士伍[12]，迁之阴密。武安君病，未能行。居三月，诸侯攻秦军急，秦军数却，使者日至。秦王乃使人遣白起，不得留咸阳中。武安君既行，出咸阳西门十里，至杜邮。秦昭王与应侯群臣议曰："白起之迁，其意尚怏怏不服，有余言。"秦王乃使使者赐之剑，自裁。武安君引剑将自刭，曰："我何罪于天而至此哉？"良久，曰："我固当死。长平之战，赵卒降者数十万人，我诈而尽阬之，是足以死。"遂自杀。武安君之死也，以秦昭王五十年十一月。死而非其罪，秦人怜之，乡邑皆祭祀焉。……

⑦ 太史公曰：鄙语云："尺有所短，寸有所长。"白起料敌合变[13]，出奇无穷，声震天下，然不能救患于应侯[14]。……彼各有所短也。

题解

本文节选《白起王翦列传》的白起部分，记述了名将白起协助秦国统一六国的骄人战绩。突出了他卓越的军事才华，也如实揭露了他嗜杀成性的残暴。而白起最终被秦王赐死的悲惨结局，也令人叹息和深思。

注释

（1）穰侯：即魏冉，昭王之舅。（2）任鄙：秦将，以勇力著称。（3）客卿错：司马错，秦国名将。（4）芒卯：魏将。（5）野王：韩国县名。（6）此指韩国君主无法再拥有上党地区的军民。（7）斥兵：也称斥候，侦察兵。裨将：副将、偏将。（8）二鄣四尉：两个城堡和四个尉官。（9）应侯：范雎，当时的秦国相国。（10）马服子：马服君赵奢的儿子。赵奢是赵国名将，因功被封为马服君。（11）此指给河内地区每个百姓都升一级爵位。（12）士伍：士兵五人为“一伍”，此指免去白起官爵，降为普通士兵。（13）合变：临事制宜、随机应变。（14）此指应侯范雎对白起的谗言。

课堂检测

1. 解释加点字，指出个别加点字的用法。
2. 指出划波浪线的句子在句式上的特点，并翻译成现代汉语。

文言积累

1. 下列选项中“以”字的含义和用法，与其他三项不同的是　（　　）

   A. 因使赵括代廉颇将以击秦　　B. 张二奇兵以劫之

   C. 因筑壁坚守，以待救至　　D. 发年十五以上悉诣长平

2. 将下列句子翻译成现代汉语。

   (1) 远绝河山而争人国都，赵应其内，诸侯攻其外，破秦军必矣。

   ______

   (2) 长平之战，赵卒降者数十万人，我诈而尽阬之，是足以死。

   ______

阅读提示

1. 第①段提及许多数字，分析其作用。

______

______

2. 第③段中，为何秦王要“令军中有敢泄武安君将者斩”？

咬文嚼字

分析下列语段中个别字词的表达作用。

至九月，赵卒不得食四十六日，皆内阴相杀食。来攻秦垒，欲出。为四队，四五复之，不能出。其将军赵括出锐卒自搏战，秦军射杀赵括。括军败，卒四十万人降武安君。武安君计曰：“前秦已拔上党，上党民不乐为秦而归赵。赵卒反覆，非尽杀之，恐为乱。”乃挟诈而尽阬杀之，遗其小者二百四十人归赵。前后斩首虏四十五万人。赵人大震。

1. 联系上下文，分析“为四队，四五复之”这句话的作用。

2. 前文白起的话中已有“尽”字，“乃挟诈而尽坑杀之”中的“尽”能否省略？

合作探究

1. 当代学者马非百评论本文道：“然其论楚、赵之形，胜负之数，深得事理之实。”结合第⑤段分析此话的含义。

2. 清代学者吴见思评论本文道：“（本传笔法，）前边战功一顿点过，白起只抽长平一事，姿态色泽，抑扬变化，各臻其妙。”联系原文，分析“妙”处。

读史明理

结合本文和《商君列传》，简要分析两人对秦国文治、武功方面的贡献。并试着思考秦朝二世而亡，和两人有什么关联？

第十四讲　战国公子的无奈

主题导读

平原君、信陵君、春申君、孟尝君是著名的“战国四公子”。他们是各国的贵族或高官，心怀强国之志，身践礼贤之行，招纳了许多身怀绝技的人才，甚至让国家一度形成与秦国分庭抗礼的局面。然而四人的努力最终没有换来理想的结局，他们的下场也大都凄惨不幸。通过本单元的两篇选文，我们不仅可以体会到公子们的悲剧命运，还可以隐约察觉六国灭亡的必然性。

平原君列传

① 平原君赵胜者，赵之诸公子也(1)。诸子中胜最贤，喜宾客，宾客盖至者数千人。平原君相赵惠文王及孝成王，三去相，三复位，封于东武城。

② 平原君家楼临民家。民家有躄者(2)，槃散行汲(3)。平原君美人居楼上，临见，大笑之。明日，躄者至平原君门，请曰：“臣闻君之喜士，士不远千里而至者，以君能贵士而贱妾也。臣不幸有罢癃之病(4)，而君之后宫临而笑臣，臣愿得笑臣者头。”平原君笑应曰：“诺。”躄者去，平原君笑曰：“观此竖子，乃欲以一笑之故杀吾美人，不亦甚乎！”终不杀。居岁余，宾客门下舍人稍稍引去者过半。平原君怪之，曰：“胜所以待诸君者未尝敢失礼，而去者何多也？”门下一人前对曰：“以君之不杀笑躄者，以君为爱色而贱士，士即去耳。”于是平原君乃斩笑躄者美人头，自造门进躄者，因谢焉。其后门下乃复稍稍来。是时齐有孟尝，魏有信陵，楚有春申，故争相倾以待士。

③ 秦之围邯郸(5)，赵使平原君求救，合从于楚，约与食客门下有勇力文武备具者二十人偕。平原君曰：“使文能取胜，则善矣。文不能取胜，则歃血于华屋之下(6)，必得定从而还。士不外索，取于食客门下足矣。”得十九人，余无可取者，

无以满二十人。门下有毛遂者，前，自赞于平原君曰："遂闻君将合从于楚，约与食客门下二十人偕，不外索。今少一人，愿君即以遂备员而行矣。"平原君曰："先生处胜之门下几年于此矣？"毛遂曰："三年于此矣。"平原君曰："夫贤士之处世也，譬若锥之处囊中，其末立见。今先生处胜之门下三年于此矣，左右未有所称诵，胜未有所闻，是先生无所有也。先生不能，先生留。"毛遂曰："臣乃今日请处囊中耳。使遂蚤得处囊中，乃颖脱而出[7]，非特其末见而已。"平原君竟与毛遂偕。十九人相与目笑之而未废也。

④ 毛遂比至楚，与十九人论议，十九人皆服。平原君与楚合从，言其利害，日出而言之，日中不决。十九人谓毛遂曰："先生上。"毛遂按剑历阶而上，谓平原君曰："从之利害，两言而决耳。今日出而言从，日中不决，何也？"楚王谓平原君曰[8]："客何为者也？"平原君曰："是胜之舍人也。"楚王叱曰："胡不下！吾乃与而君言，汝何为者也！"毛遂按剑而前曰："王之所以叱遂者，以楚国之众也。今十步之内，王不得恃楚国之众也，王之命县于遂手。吾君在前，叱者何也？且遂闻汤以七十里之地王天下，文王以百里之壤而臣诸侯，岂其士卒众多哉，诚能据其势而奋其威[9]。今楚地方五千里，持戟百万，此霸王之资也。以楚之强，天下弗能当。白起，小竖子耳，率数万之众，兴师以与楚战，一战而举鄢郢，再战而烧夷陵，三战而辱王之先人[10]。此百世之怨而赵之所羞，而王弗知恶焉。合从者为楚，非为赵也。吾君在前，叱者何也？"楚王曰："唯唯，诚若先生之言，谨奉社稷而以从。"毛遂曰："从定乎？"楚王曰："定矣。"毛遂谓楚王之左右曰："取鸡狗马之血来。"毛遂奉铜槃而跪进之楚王曰："王当歃血而定从，次者吾君，次者遂。"遂定从于殿上。毛遂左手持槃血而右手招十九人曰："公相与歃此血于堂下。公等录录，所谓因人成事者也。"……

⑤ 平原君既返赵，楚使春申君将兵赴救赵，魏信陵君亦矫夺晋鄙军往救赵，皆未至。秦急围邯郸，邯郸急，且降，平原君甚患之。邯郸传舍吏子李同说平原君曰[11]："君不忧赵亡邪？"平原君曰："赵亡则胜为虏，何为不忧乎？"李同曰："邯郸之民，炊骨易子而食，可谓急矣，而君之后宫以百数，婢妾被绮縠[12]，余粱肉，而民褐衣不完，糟糠不厌。民困兵尽，或剡木为矛矢[13]，而君器物钟磬自若。使秦破赵，君安得有此？使赵得全，君何患无有？今君诚能令夫人以下编于士卒之间，分功而作，家之所有尽散以飨士，士方其危苦之时，易德耳。"于是平原

君从之，得敢死之士三千人。李同遂与三千人赴秦军，秦军为之却三十里。亦会楚、魏救至，秦兵遂罢，邯郸复存。李同战死，封其父为李侯。……

⑥ 平原君以赵孝成王十五年卒。子孙代，后竟与赵俱亡。……

⑦ 太史公曰：平原君，翩翩浊世之佳公子也，然未睹大体。鄙语曰“利令智昏”，平原君贪冯亭邪说(14)，使赵陷长平兵四十余万众，邯郸几亡。……

题解

本文节选了《平原君虞卿列传》的平原君部分，记述了“战国四公子”之一，赵国平原君赵胜的事迹。传记主要围绕长平之战后的邯郸之围展开，记叙了平原君在坚持合纵、维护赵国利益方面进行的活动，这可以说是他一生中最大的功劳，从中也涌现出毛遂这样一位著名人物。平原君在世时，赵国尚能艰难维持，不至亡国，这可以视作其功劳与地位的旁证。

注释

(1)平原君赵胜：赵武灵王之子，赵惠文王之弟。(2)躄(bì)：跛脚。(3)槃散：行路一拐一拐的样子。(4)罢癃：腰曲背隆的疾病，此处亦可泛指残疾。(5)秦之围邯郸：前260年赵国长平兵败，次年秦军开始进攻赵国，围赵国都城邯郸两年之久。(6)歃血：古人盟誓时的一种仪式；宰杀牲畜，盛血以皿，盟誓者以口沾吮之。华屋：指殿堂，朝会之所。(7)颖脱而出：颖，原指禾穗之芒，这里喻指整个锥子头都冒出来。(8)楚王：此指楚考烈王，名完，前262—前238年在位，此时楚国已被秦国逼迫，迁都至陈(今河南淮阳县)。(9)此指商朝和周朝凭借尺寸之地而开国之事。(10)鄢：楚国邑名。郢：楚国都城。夷陵：楚国邑名，有楚国先王的陵墓。这里实际是两次战役，毛遂分之曰“三战”，是为了加重气势。(11)传舍：古代公家为过往官吏歇宿而准备的馆舍。(12)绮縠(hú)：细绫和绉纱，此指绫罗绸缎。(13)剡(yǎn)：砍削。(14)此指赵孝成王四年(前262)，秦国攻韩，韩割让其上党地区归秦。上党守冯亭不欲降秦，派使者向赵王表归附之意。虽然平阳君赵豹反对，平原君却贪得其利，劝说赵王接受上党，遂引发秦赵之间的长平之战。

课堂检测

1. 解释加点字，指出个别加点字的用法。
2. 指出划波浪线的句子在句式上的特点，并翻译成现代汉语。

文言积累

1. 下列选项中“而”字含义与其他三项不一样的是（　　）

A. 士不远千里而至者　　B. 必得定从而还

C. 愿君即以遂备员而行矣　　D. 日出而言之

2. 将下列句子翻译成现代汉语。

（1）秦之围邯郸，赵使平原君求救，合从于楚，约与食客门下有勇力文武备具者二十人偕。

____

（2）今君诚能令夫人以下编于士卒之间，分功而作，家之所有尽散以飨士，士方其危苦之时，易德耳。

____

阅读提示

1. 在第③段中可以看出，平原君最后为什么接受了毛遂的自荐？

____

____

2. 通过第④段推测毛遂之前默默无闻的原因是什么。

____

____

3. 在第⑤段中可以看出，赵国濒临绝境的原因是什么？

____

____

咬文嚼字

分析下列语段中个别字词的表达作用。

平原君家楼临民家。民家有躄者，槃散行汲。平原君美人居楼上，临见，大笑之。明日，躄者至平原君门，请曰："臣闻君之喜士，士不远千里而至者，以君能贵士而贱妾也。臣不幸有罢癃之病，而君之后宫临而笑臣，臣愿得笑臣者头。"平原君笑应曰："诺。"躄者去，平原君笑曰："观此竖子，乃欲以一笑之故杀吾美人，不亦甚乎！"终不杀。

1. "士不远千里而至者"的"士"字能否换作"其"？

2. 文中第三处"臣"能否换作"之"，第五处"臣"能否省去？

3. "平原君笑曰"中的"笑"字能否省略？

合作探究

1. 明代学者陈仁锡评论本文道："毛、薛、躄者、李同、毛遂，皆自言而后识之，公子未可谓'知人'，亦可谓善补过矣。"结合这段话思考，平原君识人的眼光和待人的态度是怎样的？

2. 清代学者徐与乔论本文道："写得生气勃然，使千载下，赫赫若当时情事，乃其传声像形，则在重沓用字，复句回顾间。"结合这段话思考，第④段毛遂之语"重沓用字""复句回顾"的作用。

3. 通读全文,思考毛遂之所以能够成功说服楚王的原因有哪些。

读史明理

1. 北宋学者宋祁评论本文道:“太史公曰:‘赵胜翩翩浊世之佳公子也。’……才为乱世之士,治世则罪人矣。”你是否同意他“治世则罪人矣”的观点?结合本文的“太史公曰”和平原君的事迹,谈谈你的思考。

2. 清代学者吴见思评论本文道:“(本传)最佳者,毛遂定楚纵处,如华岳插天,不阶寸土,而奇峰怪石,劈面相迎。”请联系原文,分析“劈面相迎”的语言风格。

魏公子列传

① 魏公子无忌者,魏昭王少子而魏安釐王异母弟也。昭王薨,安釐王即位,封公子为信陵君。是时范雎亡魏相秦,以怨魏齐故[(1)],秦兵围大梁,破魏华阳下军,走芒卯[(2)]。魏王及公子患之。

② 公子为人仁而下士,士无贤不肖皆谦而礼交之,不敢以其富贵骄士。士以此方数千里争往归之,致食客三千人。当是时,诸侯以公子贤,多客,不敢加兵谋魏十余年。

③ 公子与魏王博[(3)],而北境传举烽,言“赵寇至,且入界”。魏王释博,欲召大臣谋。公子止王曰:“赵王田猎耳,非为寇也。”复博如故。王恐,心不在博。居顷,复从北方来传言曰:“赵王猎耳,非为寇也。”魏王大惊,曰:“公子何以知之?”公子曰:“臣之客有能深得赵王阴事者,赵王所为,客辄以报臣,臣以此知之。”是后魏王畏公子之贤能,不敢任公子以国政。

④ 魏有隐士曰侯嬴,年七十,家贫,为大梁夷门监者[(4)]。公子闻之,往请,欲

厚遗之。不肯受，曰："臣修身絜行数十年，终不以监门困故而受公子财。"公子于是乃置酒大会宾客。坐定，公子从车骑，虚左，自迎夷门侯生。侯生摄敝衣冠，直上载公子上坐，不让，欲以观公子。公子执辔愈恭。侯生又谓公子曰："臣有客在市屠中，愿枉车骑过之。"公子引车入市，侯生下见其客朱亥，俾倪，故久立与其客语，微察公子。公子颜色愈和。当是时，魏将相宗室宾客满堂，待公子举酒。市人皆观公子执辔。从骑皆窃骂侯生。侯生视公子色终不变，乃谢客就车。至家，公子引侯生坐上坐，遍赞宾客，宾客皆惊。酒酣，公子起，为寿侯生前。侯生因谓公子曰："今日嬴之为公子亦足矣。嬴乃夷门抱关者也(5)，而公子亲枉车骑，自迎嬴于众人广坐之中，不宜有所过，今公子故过之。然嬴欲就公子之名，故久立公子车骑市中。过客以观公子，公子愈恭。市人皆以嬴为小人，而以公子为长者能下士也。"于是罢酒，侯生遂为上客。

⑤ 侯生谓公子曰："臣所过屠者朱亥，此子贤者，世莫能知，故隐屠间耳。"公子往数请之，朱亥故不复谢，公子怪之。

⑥ 魏安釐王二十年，秦昭王已破赵长平军，又进兵围邯郸。公子姊为赵惠文王弟平原君夫人，数遗魏王及公子书，请救于魏。魏王使将军晋鄙将十万众救赵。秦王使使者告魏王曰："吾攻赵旦暮且下，而诸侯敢救者，已拔赵，必移兵先击之。"魏王恐，使人止晋鄙，留军壁邺(6)，名为救赵，实持两端以观望。平原君使者冠盖相属于魏，让魏公子曰："胜所以自附为婚姻者，以公子之高义，为能急人之困。今邯郸旦暮降秦而魏救不至，安在公子能急人之困也！且公子纵轻胜，弃之降秦，独不怜公子姊邪？"公子患之，数请魏王，及宾客辩士说王万端。魏王畏秦，终不听公子。公子自度终不能得之于王，计不独生而令赵亡，乃请宾客，约车骑百余乘，欲以客往赴秦军，与赵俱死。

⑦ 行过夷门，见侯生，具告所以欲死秦军状。辞决而行，侯生曰："公子勉之矣，老臣不能从。"公子行数里，心不快，曰："吾所以待侯生者备矣，天下莫不闻，今吾且死而侯生曾无一言半辞送我，我岂有所失哉？"复引车还，问侯生。侯生笑曰："臣固知公子之还也。"曰："公子喜士，名闻天下。今有难，无他端而欲赴秦军，譬若以肉投馁虎(7)，何功之有哉？尚安事客？然公子遇臣厚，公子往而臣不送，以是知公子恨之复返也。"公子再拜，因问。侯生乃屏人间语，曰："嬴闻晋鄙之兵符常在王卧内(8)，而如姬最幸，出入王卧内，力能窃之。嬴闻如姬父为人所

杀，如姬资之三年，自王以下欲求报其父仇，莫能得。如姬为公子泣，公子使客斩其仇头，敬进如姬。如姬之欲为公子死，无所辞，顾未有路耳。公子诚一开口请如姬，如姬必许诺，则得虎符夺晋鄙军，北救赵而西却秦，此五霸之伐也[9]。”公子从其计，请如姬。如姬果盗晋鄙兵符与公子。

⑧ 公子行，侯生曰：“将在外，主令有所不受，以便国家。公子即合符，而晋鄙不授公子兵而复请之，事必危矣。臣客屠者朱亥可与俱，此人力士。晋鄙听，大善；不听，可使击之。”于是公子泣。侯生曰：“公子畏死邪？何泣也？”公子曰：“晋鄙嚄唶宿将[10]，往恐不听，必当杀之，是以泣耳，岂畏死哉？”于是公子请朱亥。朱亥笑曰：“臣乃市井鼓刀屠者，而公子亲数存之，所以不报谢者，以为小礼无所用。今公子有急，此乃臣效命之秋也。”遂与公子俱。公子过谢侯生。侯生曰：“臣宜从，老不能。请数公子行日，以至晋鄙军之日，北乡自刭，以送公子。”公子遂行。

⑨ 至邺，矫魏王令代晋鄙。晋鄙合符，疑之，举手视公子曰：“今吾拥十万之众，屯于境上，国之重任，今单车来代之，何如哉？”欲无听。朱亥袖四十斤铁椎，椎杀晋鄙，公子遂将晋鄙军。勒兵下令军中曰：“父子俱在军中，父归；兄弟俱在军中，兄归；独子无兄弟，归养。”得选兵八万人，进兵击秦军。秦军解去，遂救邯郸，存赵。赵王及平原君自迎公子于界，平原君负韊矢为公子先引[11]。赵王再拜曰：“自古贤人未有及公子者也。”当此之时，平原君不敢自比于人。公子与侯生决，至军，侯生果北乡自刭。……

⑩ 公子闻赵有处士毛公藏于博徒[12]，薛公藏于卖浆家，公子欲见两人，两人自匿不肯见公子。公子闻所在，乃间步往从此两人游[13]，甚欢。平原君闻之，谓其夫人曰：“始吾闻夫人弟公子天下无双，今吾闻之，乃妄从博徒卖浆者游，公子妄人耳。”夫人以告公子。公子乃谢夫人去，曰：“始吾闻平原君贤，故负魏王而救赵，以称平原君。平原君之游，徒豪举耳，不求士也。无忌自在大梁时，常闻此两人贤，至赵，恐不得见。以无忌从之游，尚恐其不我欲也，今平原君乃以为羞，其不足从游。”乃装为去。夫人具以语平原君。平原君乃免冠谢，固留公子。平原君门下闻之，半去平原君归公子，天下士复往归公子，公子倾平原君客。……

⑪ 高祖始微少时，数闻公子贤。及即天子位，每过大梁，常祠公子。高祖十二年，从击黥布还，为公子置守冢五家，世世岁以四时奉祠公子。

⑫ 太史公曰：吾过大梁之墟，求问其所谓夷门。夷门者，城之东门也。天下

诸公子亦有喜士者矣，然信陵君之接岩穴隐者，不耻下交。有以也，名冠诸侯；不虚耳，高祖每过之而令民奉祠不绝也。

题解

本篇记述了“战国四公子”中魏国信陵君魏无忌的事迹。传记主要围绕“窃符救赵”这一惊心动魄的事件展开，除魏公子外，刻画出侯嬴、朱亥、晋鄙、如姬等多个性格鲜明、行径脱略的历史人物，表现出战国晚期六国士众为抵抗强秦入侵而迸发出的不屈意志和如火激情。魏公子的一生充满戏剧性和悲剧性，但也正因如此，成就了他千古流传的高名。

注释

(1)范雎亡魏相秦：范雎，此处误作“睢”。字叔，魏国人。因遭诬陷几乎被当时的魏相魏齐打死。后来逃到秦国，改名张禄，为秦昭王相，封应侯。(2)芒卯：魏将。(3)博：古代的一种棋戏。(4)夷门监者：魏都大梁(今开封市)东门的守门人。(5)抱关：守门。关，门闩。(6)邺：魏国县名。(7)馁虎：饿虎。(8)兵符：古代调兵所用的符信，一半为大将所持，一半存于君主处。国君下令，可命使者持符前往，以合符为信。(9)五霸之伐：春秋五霸般的功业。(10)嚄(huò)唶(zé)：声音雄武的样子，形容勇悍。(11)替人背着箭囊在前引路，表示最大的感谢和最高的敬意。韊矢：装着箭的箭囊。(12)处士：有才德但隐居不仕的人。(13)间步：改变容色和穿着，私下步行。

课堂检测

1. 解释加点字，指出个别加点字的用法。
2. 指出划波浪线的句子在句式上的特点，并翻译成现代汉语。

文言积累

1. 下列选项中“以”字含义与其他三项不一样的是（　　）

A. 不敢以其富贵骄士　　B. 臣以此知之

C. 以公子之高义　　D. 以至晋鄙军之日

2. 将下列句子翻译成现代汉语。

(1) 嬴乃夷门抱关者也，而公子亲枉车骑，自迎嬴于众人广坐之中，不宜有所过，今公子故过之。

(2) 吾所以待侯生者备矣，天下莫不闻，今吾且死而侯生曾无一言半辞送我，我岂有所失哉？

阅读提示

1. 在第③段中可以看出，魏王“恐”“惊”“畏”的原因是什么？

2. 通过第⑦段推测侯嬴为何不一开始就向魏公子献计？

咬文嚼字

分析下列语段中个别字词的表达作用。

公子与魏王博，而北境传举烽，言“赵寇至，且入界”。魏王释博，欲召大臣谋。公子止王曰：“赵王田猎耳，非为寇也。”复博如故。王恐，心不在博。居顷，复从北方来传言曰：“赵王猎耳，非为寇也。”魏王大惊，曰：“公子何以知之？”公子曰：“臣之客有能深得赵王阴事者，赵王所为，客辄以报臣，臣以此知之。”是后魏王畏公子之贤能，不敢任公子以国政。

(1) “复博如故”的“复”字能否省略？

(2) “客辄以报臣”的“辄”字能否省略？

（3）“不敢任公子以国政”中的“公子”能否改作“其”字？

合作探究

1. 清代学者牛运震评论本文道：“太史公出力写魏公子，善于旁处衬托，虚处描摹，复处萦绕，情致有余而光景如生。”结合这段话，举例分析本文衬托手法的作用。

2. 明代学者王世贞评论本文道：“三公（战国四公子的其他三位）之好士也，以自张也；信陵之好士也，以存魏也，乌乎同！”联系《平原君列传》，分析信陵君的不同之处。

读史明理

1. 请从魏公子、侯嬴、晋鄙、如姬、魏王五人中任选一人，从其人视角出发、以其人口吻简要复述“窃符救赵”事件的经过，并发表对此事件的观点。

2. 现代学者钱穆评价战国四公子列传：“四公子故事，均不见于《战国策》，而如平原君门下之毛遂，信陵君门下之侯嬴，此皆难得之杰出人才。然世人亦仅知平原、信陵而已。自经迁书之详载乃知平原、信陵之得为平原、信陵，其背后乃大有人在。此乃一番绝大提示，绝大指点。”（引文中省略了有关孟尝君的文字。）联系平原君、信陵君的传记，请推测分析四公子不见于《战国策》记载的原因，以及《史记》的“提示”“指点”之处。

深度解析

英雄能否"拯救世界"?

——解读《魏公子列传》

无论从客观的功绩，还是司马迁主观的情感来看，魏公子无忌都是"战国四公子"中最出色的人物。他像是超越那个时代的英雄，得到了当时与后世人的敬佩。然而感佩思念之余，我们不妨思考一个问题：英雄，真的能"拯救世界"吗？

说英雄，谁是英雄

明代学者茅坤评价信陵君为"太史公胸中得意人"，本文为"太史公得意文"。这话是不错的，信陵君确是《史记》乃至中国历史中的一位英雄。传记开篇，以诸侯不敢对魏国用兵的曲笔衬托信陵君的威望（据郭嵩焘考证，此时魏国屡遭秦军和赵军侵袭，绝称不上安稳，《史记》的夸张，乃是为了凸显危机中公子的重要），以"赵王田猎"之事表现信陵君的冷静与得人。进而在核心事件"窃符救赵"的叙述中，全面展现公子礼贤下士、忠勇爱国、视死如归的品质。对比其他三位战国公子：孟尝君贪图名利，甚至担任别国丞相、率军攻打祖国；平原君徒有虚名，在秦军围城、邯郸危在旦夕之时，还过着锦衣玉食的生活；春申君庸碌无为，统率诸侯联军攻秦却一战而溃——回看信陵君，的确在品德和才智方面远高于三人，说他是战国大英雄，当之无愧。四人传记的篇名中也看得出司马迁的微言大义，三人都以封号为篇名，唯独本文冠以"公子"的尊称。

当然，信陵君的英雄之举不只是他一人的功劳。战国四公子的共性，是善于养士。他们招募了一大批出身寒微却身怀绝技的门客，冯谖、毛遂、硃英是其中的代表。相较之下，信陵君门下的出色人物也是最多的。其中突出的代表，便是侯嬴与朱亥。

侯嬴、朱亥，出身低微，却都有过人的才华。侯嬴拥有看透人心的眼光，朱亥独具万夫莫敌的勇武。然而，这些是冯谖、毛遂等人也有的一般能力。他们身上最可贵的，是孑然独立的人格与忠贞不渝的爱国情怀。侯嬴面对公子的邀请不卑不亢，朱亥更是闭门谢客，可见他们对于名利的不屑。而这份淡泊又并不等同于冷酷无情，在赵魏存亡之秋，侯嬴自刎献计、朱亥搏命一击，将生命置之度外，可谓真国士也。对比毛遂等人执着于一己之私的格局，信陵君的门客也当得起英雄的赞誉。

整篇《魏公子列传》，便是一部英雄的史诗。在秦国日益强势、六国日薄西山的背景下，英雄们有了施展身手的环境，干出了一番惊天动地的事业，由此也激发了司马迁写作“得意文”的激情与灵感。

这世界，如何模样

和漫威电影中英雄的困惑一样，信陵君等人面对的世界也是平庸且复杂的。邀请侯嬴时，侯嬴的冷静独立，反衬出“从骑皆窃骂侯生”的谄媚与盲目；“窃符救赵”的石破天惊，凸显出整个魏国上层的胆怯与冷漠；侯嬴的自刭，暗示出勇士的无奈与孤独；公子羁留赵国，同时勾勒出赵国贵族的华而不实与魏王的小人之心。总之，在才华上英雄是少数派，在人心中英雄同样是令人畏惧的异类——遇到危难时，人们不加迟疑地奉上鲜花掌声，视之为救世主；转危为安后，常人便会将其打入另册，甚至质疑英雄的负面影响。这源于人性本能的排异与嫉妒。对于强者，我们常常屈服；对于善者，我们不免轻视。

《列传》最后，司马迁用少见的动情之笔，记录魏公子“竟病酒而卒”，每个字都充满了同情与悲愤。一代豪杰，竟不见容于世，凄凉而逝。这个他曾经全情投入的“世界”，很快遗忘了他，这对重情重义的魏公子来说，恐怕是最伤心的吧。

英雄能否拯救世界？

其实，信陵君等人的事迹，既不见于《战国策》，也不见于现存的先秦其他典籍。司马迁从被前人“忽略”的史料中找出他们的事迹，隆重为之作传，是一种眼光，也是一种勇气。前人之所以不记载信陵君等人的行迹，并非因为冷漠，而是出于客观冷静的态度：战国四公子所处时代已是秦国将近统一之时，秦国强大、六国式微，乃是不可逆转的大势。四公子之所为，不过是黑夜中的一丝微芒，无足轻重。即便是魏公子，也只是趁着秦军在长平之战后元气大伤、需要休整的契机，联合各国军队逼退秦军而已，并没有真正击败敌人。这是对局势的尽力延缓，而非力挽狂澜。公子一去世，魏国很快就被秦国完全吞并。所以，世界的运行自有其规律，英雄或可扭转一时的轨迹，终究不能阻挡历史的车轮。

从另一角度看，秦国也有不世出的英雄，尤其是商鞅——其人虽死，其法常在。秦国的强大，表面上源于各个领域的强者，其实更基于其制度与文化。虽然这制度也孕育着让它最终崩溃的种子，但面对六国的奢靡混乱，秦国足以摧枯拉朽，一统天下。从这个意义上看，我们或许不需要太多英雄来拯救世界，而更需要英雄设计出运行良好的规则，使英雄迟暮、百年之后，常人仍然能沐浴英雄的恩泽，世界仍能维持和平与安稳。

从常人的心理分析，“渴望英雄”的心态，也是对个人能力的菲薄和自我责任的推卸。世界的前途，不应只由几个“信陵君”来决定，而需要更多人的关心和投入。陷入英雄崇拜的迷局，就很容易走入英雄依赖、英雄控制的困境。这在平原君生活奢靡、春申君晚年昏聩的事例中便有反映。

当然，司马迁热烈赞誉信陵君，还因为公子能真正放下身段，礼贤下士。这种对于士人的赏识和尊敬，恰是汉武帝时代所缺乏的。从董仲舒到李广祖孙三代，再到自己，他深刻感受到小人得志和君王无常的痛楚。千年后我们再读本文，不禁要慨叹：即便是英雄，也需要一双慧眼的赏识！

第十五讲　武将的英雄与气短

主题导读

乐毅和田单，是战国时两位棋逢对手的名将。前者才华盖世，率领五国之兵，几乎占领齐国所有土地；后者逆境反击，以“火牛阵”一举赶走敌军，恢复齐国。从两人的事迹里，我们可以充分感受先人的智慧与勇气。光鲜之下两人也各有无奈，从中可以看到名将悲剧命运的必然性。

乐毅列传

① 乐毅者，其先祖曰乐羊。乐羊为魏文侯将，伐取中山，魏文侯封乐羊以灵寿。乐羊死，葬于灵寿，其后子孙因家焉。中山复国，至赵武灵王时复灭中山，而乐氏后有乐毅。

② 乐毅贤，好兵，赵人举之。及武灵王有沙丘之乱(1)，乃去赵适魏。闻燕昭王以子之之乱而齐大败燕(2)，燕昭王怨齐，未尝一日而忘报齐也。燕国小，辟远，力不能制，于是屈身下士，先礼郭隗以招贤者。乐毅于是为魏昭王使于燕，燕王以客礼待之。乐毅辞让，遂委质为臣，燕昭王以为亚卿(3)，久之。

③ 当是时，齐湣王强，南败楚相唐眛于重丘，西摧三晋于观津，遂与三晋击秦，助赵灭中山，破宋，广地千余里。与秦昭王争重为帝，已而复归之(4)。诸侯皆欲背秦而服于齐。湣王自矜，百姓弗堪。于是燕昭王问伐齐之事。乐毅对曰：“齐，霸国之余业也(5)，地大人众，未易独攻也。王必欲伐之，莫如与赵及楚、魏。”于是使乐毅约赵惠文王，别使连楚、魏，令赵嚪说秦以伐齐之利(6)。诸侯害齐湣王之骄暴，皆争合从与燕伐齐。乐毅还报，燕昭王悉起兵，使乐毅为上将军，赵惠文王以相国印授乐毅。乐毅于是并护赵、楚、韩、魏、燕之兵以伐齐，破之济西。诸侯兵罢归，而燕军乐毅独追，至于临菑。齐湣王之败济西，亡走，保于莒。

乐毅独留徇齐，齐皆城守。乐毅攻入临菑，尽取齐宝财物祭器输之燕。燕昭王大说，亲至济上劳军，行赏飨士，封乐毅于昌国，号为昌国君。于是燕昭王收齐卤获以归[7]，而使乐毅复以兵平齐城之不下者。

④ 乐毅留徇齐五岁，下齐七十余城，皆为郡县以属燕，唯独莒、即墨未服。会燕昭王死，子立为燕惠王。惠王自为太子时尝不快于乐毅，及即位，齐之田单闻之，乃纵反间于燕，曰："齐城不下者两城耳。然所以不早拔者，闻乐毅与燕新王有隙，欲连兵且留齐，南面而王齐。齐之所患，唯恐他将之来。"于是燕惠王固已疑乐毅，得齐反间，乃使骑劫代将，而召乐毅。乐毅知燕惠王之不善代之，畏诛，遂西降赵。赵封乐毅于观津，号曰望诸君，尊宠乐毅以警动于燕、齐。

⑤ 齐田单后与骑劫战，果设诈诳燕军，遂破骑劫于即墨下，而转战逐燕，北至河上，尽复得齐城，而迎襄王于莒，入于临菑。

⑥ 燕惠王后悔使骑劫代乐毅，以故破军亡将失齐；又怨乐毅之降赵，恐赵用乐毅而乘燕之弊以伐燕。燕惠王乃使人让乐毅，且谢之曰："先王举国而委将军，将军为燕破齐，报先王之雠，天下莫不震动，寡人岂敢一日而忘将军之功哉！会先王弃群臣，寡人新即位，左右误寡人。寡人之使骑劫代将军，为将军久暴露于外，故召将军且休计事。将军过听[8]，以与寡人有隙，遂捐燕归赵。将军自为计则可矣，而亦何以报先王之所以遇将军之意乎？"乐毅报遗燕惠王书曰：

⑦ "臣不佞，不能奉承王命，以顺左右之心，恐伤先王之明，有害足下之义，故遁逃走赵。今足下使人数之以罪，臣恐侍御者不察先王之所以畜幸臣之理，又不白臣之所以事先王之心，故敢以书对。

⑧ "臣闻贤圣之君不以禄私亲，其功多者赏之，其能当者处之。故察能而授官者，成功之君也；论行而结交者，立名之士也。臣窃观先王之举也，见有高世主之心，故假节于魏，以身得察于燕。先王过举，厕之宾客之中，立之群臣之上，不谋父兄，以为亚卿。臣窃不自知，自以为奉令承教，可幸无罪，故受令而不辞。……

⑨ "臣闻贤圣之君，功立而不废，故著于《春秋》；蚤知之士，名成而不毁，故称于后世。若先王之报怨雪耻，夷万乘之强国，收八百岁之蓄积，及至弃群臣之日，余教未衰，执政任事之臣，修法令，慎庶孽，施及乎萌隶，皆可以教后世[9]。

⑩ "臣闻之，善作者不必善成，善始者不必善终。昔伍子胥说听于阖闾，而吴

王远迹至郢；夫差弗是也，赐之鸱夷而浮之江[10]。吴王不寤先论之可以立功，故沈子胥而不悔；子胥不蚤见主之不同量，是以至于入江而不化[11]。

⑪“夫免身立功，以明先王之迹，臣之上计也。离毁辱之诽谤，堕先王之名[12]，臣之所大恐也。临不测之罪，以幸为利，义之所不敢出也。

⑫“臣闻古之君子交绝，不出恶声；忠臣去国，不絜其名。臣虽不佞，数奉教于君子矣。恐侍御者之亲左右之说，不察疏远之行，故敢献书以闻，唯君王之留意焉。”

⑬ 于是燕王复以乐毅子乐间为昌国君；而乐毅往来复通燕[13]，燕、赵以为客卿。乐毅卒于赵。……

⑭ 太史公曰：始齐之蒯通及主父偃读乐毅之《报燕王书》，未尝不废书而泣也[14]。乐臣公学黄帝、老子，其本师号曰河上丈人，不知其所出。河上丈人教安期生，安期生教毛翕公，毛翕公教乐瑕公，乐瑕公教乐臣公，乐臣公教盖公。盖公教于齐高密、胶西，为曹相国师。

题解

本篇记述了战国后期燕国名将乐毅的事迹。传记主要记载了乐毅统领五国联军，大破齐国的战役，并且通过完整记录乐毅的《报燕王书》揭示了一代名将不得君主信任、被迫出走他国，但仍保持忠诚独立人格的高尚之举。《三国志》记载诸葛亮“每自比于管仲、乐毅”，想来是敬仰乐毅在战功、人格上的光辉。

注释

(1)沙丘之乱：赵武灵王晚年，传位于少子何；后两人同游沙丘，赵武灵王长子章作乱，被群臣击败；赵武灵王因庇护长子，被群臣围困饿死。(2)子之之乱：子之是燕昭王之父燕王哙的国相，燕王哙效仿圣贤“禅让”，把王位给了子之，自己退位为臣，燕国大乱；三年后齐国伐燕，大胜，燕王哙和子之皆死，燕国几乎国灭。(3)亚卿：次卿，仅次于正卿。(4)此指秦昭王不甘心与诸国并称“王”，而自称“西帝”，又派人尊称齐湣王为“东帝”；后齐湣王接受苏秦建议取消帝号，秦昭王也随之放弃。(5)霸国之余业：霸主之国的后代。(6)啗(dàn)说：劝诱。(7)卤获：掳掠缴获的东西。卤，通“掳”。(8)过听：错听、误解。(9)庶孽：姬妾所生的孩子。萌隶：平民百姓；萌，通“氓”。(10)此指吴王夫差杀害伍子胥后将其装进皮口袋而沉尸江中。鸱夷：皮口袋。(11)不化：不变。此指伍子胥坚持自己的看法，越国是吴国的大患。(12)堕：通“隳”，败坏、废毁。(13)复通燕：又和燕王通好。(14)蒯通：秦汉之际的辩士。主父偃：武帝时的纵横家。

课堂检测

1. 解释加点字，指出个别加点字的用法。
2. 指出划波浪线的句子在句式上的特点，并翻译成现代汉语。

文言积累

1. 下列选项中“而”字含义与其他三项不一样的是　　（　　）

　A. 未尝一日而忘报齐也　　B. 诸侯皆欲背秦而服于齐

　C. 南面而王齐　　D. 先王举国而委将军

2. 将下列句子翻译成现代汉语。

　(1) 齐湣王之败济西，亡走，保于莒。

　(2) 然所以不早拔者，闻乐毅与燕新王有隙，欲连兵且留齐，南面而王齐。

阅读提示

1. 根据第②段，为什么乐毅遇赵国动乱离开，遇燕国动乱却投奔？
2. 通过第③段推测诸国讨伐齐国的原因是什么？
3. 第⑭段中，蒯通、主父偃为何读《报燕王书》而哭泣？

咬文嚼字

分析下列语段中个别字词的表达作用。

乐毅还报，燕昭王悉起兵，使乐毅为上将军，赵惠文王以相国印授乐毅。乐毅于是并护赵、楚、韩、魏、燕之兵以伐齐，破之济西。诸侯兵罢归，而燕军乐毅独追，至于临菑。齐湣王之败济西，亡走，保于莒。乐毅独留徇齐，齐皆城守。乐毅攻入临菑，尽取齐宝财物祭器输之燕。燕昭王大说，亲至济上劳军，行赏飨士，封乐毅于昌国，号为昌国君。于是燕昭王收齐卤获以归，而使乐毅复以兵平齐城之不下者。

1. “燕昭王悉起兵”的“悉”字有什么作用？

2. “而燕军乐毅独追”的“乐毅”似多余，能否去掉？

合作探究

1. 明代学者董份评论本文道：“乐毅徇齐，其势亦有不可遂拔者，燕非有大德殊政以服齐人之心，不过连势借力，乘势攻昧，欲并兼其国。虽攻拔二邑，而人未忘齐，其乱终作。”结合这段话思考乐毅迟迟不攻取莒、即墨两座城池的原因。

2. 清代学者吴见思评论本文道：“此文于乐毅伐齐等事，俱不实写，只就书词，以挦扰(联系)前后，反将实事作点缀，如书词注脚，是史传之另一格也。”联系原文，分析“史传之另一格”的含义。

读史明理

明末清初学者金圣叹评论《报燕王书》："善读此文者，必知其为诸葛《出师》之蓝本也。其起首、结尾，比《出师》更自胜无数倍。"你是否同意他"自胜无数倍"的观点？请谈谈你的看法。

深度解析

离心之际见君子

——解读《乐毅列传》

《三国志》记载诸葛亮"每自比于管仲、乐毅"，其中除了谋略上的类比，更有一份人格上的仰慕。因为在朝秦暮楚、士无定主的春秋战国时代，乐毅是一位独具高贵品质的人物，值得后人赞叹追随。

从"微言法"说起

微言法，是司马迁以"推见至隐"的作史精神，来晓喻大义的精妙手法。这既是司马迁向《春秋》致敬的虔诚态度(《史记・司马相如列传》："《春秋》推见至隐，《易》本隐之以显")，也是他在特殊历史条件下，暴露人与事件真相的可贵做法。正如当代学者徐复观在《两汉思想史》中所言，"至隐之所在，即历史真实之所在，亦即对历史做解释的关键之所在"。

当然，有些强势的人物，如高高在上的帝王嬴政，不可一世的权臣李斯，他们并不需要微言法来传达心声。还有一些睚眦必报的士人，如范雎、伍子胥、苏秦、韩信，不甘一时的屈辱，以快意恩仇的方式宣泄怒火，也不需要微言法来暗藏款曲。

所以，只有那些遭受压迫、暗含苦衷，不得直抒胸臆的人物，往往以单纯的"失意"面目留于后世，才需要史家的春秋笔法揭示他们的真实内心。关于他们失意的原因，旁人很少关注。《史记》对此却有许多精彩的微言解释，乐毅便是个中的典型。

乐毅之谜

拥领五国之兵，横扫齐国之地，人生得意，大概莫若乐毅这般盛况了。那为什么乐毅的命运会在此时急转直下，成为寄居他国的弱势人物？

答案似乎很简单：是“唯独莒、即墨未服”这个客观事实；如果没有这个事实，惠王即使与乐毅有仇，一时也很难找到实质性的借口排挤他。然而以燕国军队的强大，乐毅的神武，这两座城市何以迟迟不能被攻破呢？果真是乐毅的能力不够吗，还是他被胜利冲昏头脑，骄傲轻敌，甚至是因为他想拥兵自重从而南面称王？《史记》并没有给出明确的答案，只留下一封谜一般的书信，透露了其中的奥妙。

细读《报燕王书》

这封书信是乐毅写给燕惠王的。写信的缘起是乐毅因谗言离开燕国，投靠赵国，燕国军队被田单击败后，燕惠王后悔赶走乐毅，故派人请他回来。作为答复，乐毅写了这封长信。令人费解的是，除了一些必要的客套话（恭维先王、回顾之前的胜利），他竟然没有提及自己是否愿意回国，也没有解释当年不攻下两座城市的缘由。这封“文不对题”的信，究竟用意何在？信中这一段话值得我们注意：

> 若先王之报怨雪耻，夷万乘之强国，收八百岁之蓄积，及至弃群臣之日，余教未衰，执政任事之臣，修法令，慎庶孽，施及乎萌隶，皆可以教后世。

先王（燕昭王）最显著的功绩，当然是对齐国作战的胜利，然而言及昭王死后的“余教”，乐毅却只说法律的制定和执行，对王室旁支的待遇，以及对平民和奴隶的宽仁——他非但不说战功，反而重点提及了治国之道。而这治国之道，重点又在于对待百姓的政策，这正隐隐透露出乐毅不攻下齐国二城的关键所在：民心。

对照《田单列传》可知，当时齐国君主避难于莒，田单则坚守于即墨。以燕国军队的气势，攻破两座城市，尤其是莒这座城市，是不太困难的。然而，表面上齐国只剩两座城池，岌岌可危；实际上，那些迅速沦陷的齐国土地上的齐国子民，却并没有完全放弃抵抗，尤其在精神层面，仍自认为齐人。他们不仅不认同燕国的统治（何况那时处于战时，不可能存在太多的治理），还非常关注他们仅存的两大希望：一个是他们的精神支柱齐王，一个则是他们最后的抵抗力量田单的部队。

如果乐毅悍然攻下莒城杀死或俘虏齐王，势必引起所有齐国军民的怨望，更可能导致全天下的舆论倒向新灭亡的齐国，同时促使天下对燕国作出极端负面的评价和严阵以待的防备，这绝不利于燕国日后的生存和发展。

而乐毅攻下即墨也没太多好处：即墨防守固若金汤，又有田单指挥，即便得胜也需要付出极为惨痛的代价。在当时的大好形势下，当然没有必要对齐国赶尽杀绝。

君子之风

乐毅在信中重点说到的“余教”，同样是他在战争中忠实贯彻的原则。在取得初步的大胜以后，他需要在心理上真正击败敌人，收服齐国军民尚有不甘，乃至渴望一雪前耻的心灵，做到不战而屈人之兵。从宏观角度上看，这能为燕国日后的生存和扩张带来众多的资源。关于乐毅这方面的用心，《史记集解》所载夏侯玄的文章分析得十分透彻，有兴趣的读者可以参看。

回看《报燕王书》，乐毅以先王之仁政暗示自己当年的苦衷，同时以伍子胥的典故暗讽如今的燕王心胸狭隘、不能体恤民心，最后表示自己不会答应燕王的要求。果然，乐毅此后只是往来于燕赵之间，成为两国交流的使者，最后也死在了赵国——这样的选择，和他秉承的仁义原则是相符的：既对得起先王的知遇之恩，也没有背叛收留他的赵国。委曲求全、离心而不丧德如乐毅，在礼崩乐坏的战国时代，实在是难得一见的君子！

田单列传

① 田单者，齐诸田疏属也[(1)]。湣王时，单为临菑市掾[(2)]，不见知。及燕使乐毅伐破齐，齐湣王出奔，已而保莒城。燕师长驱平齐，而田单走安平，令其宗人尽断其车轴末而傅铁笼[(3)]。已而燕军攻安平，城坏，齐人走，争涂，以轊折车败[(4)]，为燕所虏，唯田单宗人以铁笼故得脱，东保即墨。燕既尽降齐城，唯独莒、即墨不下。燕军闻齐王在莒，并兵攻之。淖齿既杀湣王于莒[(5)]，因坚守，距燕军，数年不下。燕引兵东围即墨，即墨大夫出与战[(6)]，败死。城中相与推田单，曰：“安平之战，田单宗人以铁笼得全，习兵。”立以为将军，以即墨距燕。

② 顷之，燕昭王卒，惠王立，与乐毅有隙。田单闻之，乃纵反间于燕，宣言曰：“齐王已死，城之不拔者二耳。乐毅畏诛而不敢归，以伐齐为名，实欲连兵

南面而王齐。齐人未附，故且缓攻即墨以待其事。齐人所惧，唯恐他将之来，即墨残矣。”燕王以为然，使骑劫代乐毅。

③ 乐毅因归赵，燕人士卒忿。而田单乃令城中人食必祭其先祖于庭，飞鸟悉翔舞城中下食。燕人怪之。田单因宣言曰：“神来下教我。”乃令城中人曰：“当有神人为我师。”有一卒曰：“臣可以为师乎？”因反走。田单乃起，引还，东乡坐，师事之。卒曰：“臣欺君，诚无能也。”田单曰：“子勿言也！”因师之。每出约束，必称神师。乃宣言曰：“吾唯惧燕军之劓所得齐卒[7]，置之前行，与我战，即墨败矣。”燕人闻之，如其言。城中人见齐诸降者尽劓，皆怒，坚守，唯恐见得。单又纵反间曰：“吾惧燕人掘吾城外冢墓，僇先人，可为寒心。”燕军尽掘垄墓，烧死人。即墨人从城上望见，皆涕泣，俱欲出战，怒自十倍。

④ 田单知士卒之可用，乃身操版插[8]，与士卒分功[9]，妻妾编于行伍之间，尽散饮食飨士。令甲卒皆伏，使老弱女子乘城，遣使约降于燕，燕军皆呼万岁。田单又收民金，得千溢[10]，令即墨富豪遗燕将，曰：“即墨即降，愿无虏掠吾族家妻妾，令安堵[11]。”燕将大喜，许之。燕军由此益懈。

⑤ 田单乃收城中得千余牛，为绛缯衣[12]，画以五彩龙文，束兵刃于其角，而灌脂束苇于尾，烧其端。凿城数十穴，夜纵牛，壮士五千人随其后。牛尾热，怒而奔燕军，燕军夜大惊。牛尾炬火光明炫耀，燕军视之皆龙文，所触尽死伤。五千人因衔枚击之，而城中鼓噪从之，老弱皆击铜器为声，声动天地。燕军大骇，败走。齐人遂夷杀其将骑劫。燕军扰乱奔走，齐人追亡逐北，所过城邑皆畔燕而归田单，兵日益多，乘胜，燕日败亡，卒至河上，而齐七十余城皆复为齐。乃迎襄王于莒[13]，入临菑而听政。

⑥ 襄王封田单，号曰安平君。

⑦ 太史公曰：兵以正合，以奇胜[14]。善之者出奇无穷。奇正还相生，如环之无端。夫始如处女，适人开户；后如脱兔，适不及距[15]：其田单之谓邪！……

题解

本篇记述了齐国名将田单的事迹，特别详细记载了他巧用计谋、出奇制胜，大破燕军于即墨，并乘势收复齐国国土的过程，可谓挽狂澜于既倒，济苍生于倒悬之义士。即墨之战的部分，充分体现了司马迁进步的战争观和高超的史笔，精于剪裁，又鲜活生动。

注释

(1)诸田疏属：齐王宗室中疏远的旁支子弟。因为当时齐国田姓的贵族甚多，所以称“诸田”。(2)市掾(yuàn)：管理市场的佐官小吏。掾：佐官小吏的统称。(3)此指截去车轴两端过于长出的部分，并给轴头包上铁箍。(4)軎(wèi)折车败：由于撞断车轴而导致翻车。軎，车轴头。(5)此指楚国派淖齿带兵救齐，淖齿杀死齐湣王并与燕军瓜分齐国的土地和财物。淖齿：楚国将领。(6)即墨大夫：即墨城的行政长官。(7)劓(yì)：割鼻。(8)版：筑墙时夹土的工具。插：铁锹。(9)此指田单和士卒分领同样的劳务。功：通“工”。(10)溢：通“镒”，一镒为二十四两，或曰二十两。(11)安堵：安居。(12)绛缯衣：红色丝绸做的披挂。(13)襄王：湣王之子，湣王被杀后继任。(14)化用《孙子》：“凡战者，以正合，以奇胜”。曹操注云：“正者当敌，奇兵从傍击不备也。”合：正面交锋。(15)此四句见《孙子·九地》，指先示敌以弱，使之懈怠；而后突然用强，使之来不及抵御。适：同“敌”。脱兔：脱网之兔，故奔跑迅疾。

课堂检测

1. 解释加点字，指出个别加点字的用法。
2. 指出划波浪线的句子在句式上的特点，并翻译成现代汉语。

文言积累

1. 下列选项中没有通假字的一项是　　(　　)

A. 齐人走，争涂　　B. 单又纵反间曰

C. 田单乃起，引还，东乡坐　　D. 适不及距

2. 将下列句子翻译成现代汉语。

(1) 令甲卒皆伏，使老弱女子乘城，遣使约降于燕，燕军皆呼万岁。

____

(2) 燕军扰乱奔走，齐人追亡逐北，所过城邑皆畔燕而归田单。

____

阅读提示

1. 根据第①段，分析田单的性格。

2. 归纳第③段田单的备战策略，并分析其作用。

咬文嚼字

分析下列语段中个别字词的表达作用。

田单知士卒之可用，乃身操版插，与士卒分功，妻妾编于行伍之间，尽散饮食飨士。令甲卒皆伏，使老弱女子乘城，遣使约降于燕，燕军皆呼万岁。田单又收民金，得千溢，令即墨富豪遗燕将，曰："即墨即降，愿无虏掠吾族家妻妾，令安堵。"燕将大喜，许之。燕军由此益懈。

1. "令甲卒皆伏"的"皆"字有什么作用？

2. "燕将大喜，许之。燕军由此益懈"中，"燕军"能否换成"燕将"？

合作探究

1. 明代学者董份评论本文道："田单即墨之战固奇，太史公叙事亦善，状如亲见火牛触燕军而披靡者。"分析原文中哪些地方体现了"亲见"？

2. 明代文学家归有光评论本文道："此传如事书之，不复添设，而简淡之中笔端曲尽。"联系原文，分析"简淡之中笔端曲尽"的含义。

读史明理

乐毅、田单俱为战国的名将，可惜两人并未在战场上正面交锋。假设你回到两人对峙即墨城下的时候，并附身成为其中的一人，请你写一封信给另一人，300—500字左右。注意时代背景和人物性格尽量吻合。

第十六讲　江湖与庙堂的对峙

主题导读

刺客与游侠，是古代社会的“不稳定因素”。前者搏命刺杀，轻生重义；后者逍遥法外，快意恩仇。所以班固批评司马迁，有“序游侠则退处士而进奸雄”之语。然而恰是从这些“大逆不道”者的传记中，我们能发现司马迁超越常人的眼光。

刺客列传

① ……荆轲者，卫人也。其先乃齐人，徙于卫，卫人谓之庆卿。而之燕，燕人谓之荆卿。

② 荆卿好读书击剑，以术说卫元君，卫元君不用。其后秦伐魏，置东郡，徙卫元君之支属于野王(1)。

③ 荆轲尝游过榆次，与盖聂论剑，盖聂怒而目之。荆轲出，人或言复召荆卿。盖聂曰：“曩者吾与论剑有不称者，吾目之；试往，是宜去，不敢留。”使使往之主人，荆卿则已驾而去榆次矣。使者还报，盖聂曰：“固去也，吾曩者目摄之！”

④ 荆轲游于邯郸，鲁句践与荆轲博，争道(2)，鲁句践怒而叱之，荆轲嘿而逃去，遂不复会。

⑤ 荆轲既至燕，爱燕之狗屠及善击筑者高渐离。荆轲嗜酒，日与狗屠及高渐离饮于燕市，酒酣以往，高渐离击筑，荆轲和而歌于市中，相乐也，已而相泣，旁若无人者。荆轲虽游于酒人乎，然其为人沈深好书；其所游诸侯，尽与其贤豪长者相结。其之燕，燕之处士田光先生亦善待之，知其非庸人也。

⑥ 居顷之，会燕太子丹质秦亡归燕。燕太子丹者，故尝质于赵，而秦王政生于赵，其少时与丹欢。及政立为秦王，而丹质于秦。秦王之遇燕太子丹不善，故

丹怨而亡归。归而求为报秦王者，国小，力不能。其后秦日出兵山东以伐齐、楚、三晋，稍蚕食诸侯，且至于燕，燕君臣皆恐祸之至。……

⑦ 荆轲遂见太子，言田光已死，致光之言。太子再拜而跪，膝行流涕，……太子避席顿首曰："……今秦有贪利之心，而欲不可足也。非尽天下之地，臣海内之王者，其意不厌。今秦已虏韩王，尽纳其地。又举兵南伐楚，北临赵；王翦将数十万之众距漳、邺[3]，而李信出太原、云中。赵不能支秦，必入臣，入臣则祸至燕。燕小弱，数困于兵，今计举国不足以当秦。诸侯服秦，莫敢合从。丹之私计，愚以为诚得天下之勇士使于秦，窥以重利[4]；秦王贪，其势必得所愿矣。诚得劫秦王，使悉反诸侯侵地，若曹沫之与齐桓公[5]，则大善矣；则不可，因而刺杀之。彼秦大将擅兵于外而内有乱，则君臣相疑，以其间诸侯得合从，其破秦必矣。此丹之上愿，而不知所委命，唯荆卿留意焉。"……

⑧ 于是太子豫求天下之利匕首，得赵人徐夫人匕首，取之百金，使工以药粹之，以试人，血濡缕，人无不立死者。乃装为遣荆卿。燕国有勇士秦舞阳，年十三杀人，人不敢忤视[6]。乃令秦舞阳为副。荆轲有所待，欲与俱；其人居远未来，而为治行。顷之，未发，太子迟之，疑其改悔，乃复请曰："日已尽矣，荆卿岂有意哉？丹请得先遣秦舞阳。"荆轲怒，叱太子曰："何太子之遣？往而不返者，竖子也[7]！且提一匕首入不测之强秦，仆所以留者，待吾客与俱。今太子迟之，请辞决矣！"遂发。

⑨ 太子及宾客知其事者，皆白衣冠以送之。至易水之上，既祖，取道[8]，高渐离击筑，荆轲和而歌，为变徵之声，士皆垂泪涕泣。又前而为歌曰："风萧萧兮易水寒，壮士一去兮不复还！"复为羽声忼慨，士皆瞋目，发尽上指冠。于是荆轲就车而去，终已不顾。

⑩ 遂至秦，持千金之资币物，厚遗秦王宠臣中庶子蒙嘉。嘉为先言于秦王曰："燕王诚振怖大王之威，不敢举兵以逆军吏，愿举国为内臣，比诸侯之列，给贡职如郡县[9]，而得奉守先王之宗庙。恐惧不敢自陈，谨斩樊於期之头，及献燕督亢之地图[10]，函封，燕王拜送于庭，使使以闻大王，唯大王命之。"秦王闻之，大喜，乃朝服，设九宾，见燕使者咸阳宫。荆轲奉樊於期头函，而秦舞阳奉地图柙[11]，以次进。至陛，秦舞阳色变振恐，群臣怪之。荆轲顾笑舞阳，前谢曰："北蕃蛮夷之鄙人，未尝见天子，故振慴。愿大王少假借之，使得毕使于前。"秦王谓

轲曰："取舞阳所持地图。"轲既取图奏之，秦王发图，图穷而匕首见。因左手把秦王之袖，而右手持匕首揕之。未至身，秦王惊，自引而起，袖绝。拔剑，剑长，操其室[12]。时惶急，剑坚，故不可立拔。荆轲逐秦王，秦王环柱而走。群臣皆愕，卒起不意，尽失其度。而秦法，群臣侍殿上者不得持尺寸之兵；诸郎中执兵皆陈殿下，非有诏召不得上。方急时，不及召下兵，以故荆轲乃逐秦王。而卒惶急，无以击轲，而以手共搏之。是时侍医夏无且以其所奉药囊提荆轲也[13]。秦王方环柱走，卒惶急，不知所为，左右乃曰："王负剑！"负剑，遂拔以击荆轲，断其左股。荆轲废，乃引其匕首以擿秦王[14]。不中，中桐柱。秦王复击轲，轲被八创。轲自知事不就，倚柱而笑，箕踞以骂曰："事所以不成者，以欲生劫之，必得约契以报太子也。"于是左右既前杀轲。秦王不怡者良久。已而论功，赏群臣及当坐者各有差，而赐夏无且黄金二百溢，曰："无且爱我，乃以药囊提荆轲也。"

⑪ 于是秦王大怒，益发兵诣赵，诏王翦军以伐燕。十月而拔蓟城。燕王喜、太子丹等尽率其精兵东保于辽东。秦将李信追击燕王急，代王嘉乃遗燕王喜书曰："秦所以尤追燕急者，以太子丹故也。今王诚杀丹献之秦王，秦王必解，而社稷幸得血食。"其后李信追丹，丹匿衍水中，燕王乃使使斩太子丹，欲献之秦。秦复进兵攻之。后五年，秦卒灭燕，虏燕王喜。……

⑫ 鲁句践已闻荆轲之刺秦王[15]，私曰："嗟乎，惜哉其不讲于刺剑之术也！甚矣吾不知人也！曩者吾叱之，彼乃以我为非人也[16]！"

⑬ 太史公曰：世言荆轲，其称太子丹之命，"天雨粟，马生角"也[17]，太过。又言荆轲伤秦王，皆非也。始公孙季功、董生与夏无且游，具知其事，为余道之如是。自曹沫至荆轲五人，此其义或成或不成，然其立意较然，不欺其志，名垂后世，岂妄也哉！

题解

本篇记述了曹沫、专诸、豫让、聂政、荆轲等五个刺客的传奇事迹，本文选录了最著名的荆轲的传记。相比豫让、专诸等人，荆轲的行刺之举超越了个人恩怨，具有一种见义勇为、反对强暴的精神，尤为感人。

注释

(1)野王：邑名，今河南沁阳县。(2)博：古代的一种棋戏。争道：争抢棋路。

(3)距:抵达。(4)窥:使……窥视,引诱。(5)此指曹沫劫持齐桓公,迫使其归还侵占鲁国的土地。(6)忤视:正视,对视。(7)此指荆轲想要劫持秦王,立约而回。(8)祖:古人出远门前祭祀路神。取道:上路。(9)给:进。贡职:贡物。(10)樊於期:得罪秦王的大将,逃亡燕国,后自杀助荆轲刺秦。督亢:今河北涿县一带,燕国的富庶地区。(11)柙:通"匣"。(12)室:剑鞘。(13)提:投击。(14)擿:投刺。(15)上文论剑者为盖聂,而怒叱者为鲁句践。(16)非人:不是同类人。人,偶。(17)此指传说太子丹做人质时被秦王羁縻,秦王以"乌头白,马生角"为回国条件,丹仰天叹息,竟发生上述奇迹。

课堂检测

1. 解释加点字,指出个别加点字的用法。
2. 指出划波浪线的句子在句式上的特点,并翻译成现代汉语。

文言积累

1. 下列选项中加点字不是通假字的一项是　(　　)

A. 吾曩者目摄之　　B. 荆轲嘿而逃去

C. 图穷而匕首见　　D. 会燕太子丹质秦亡归燕

2. 下列选项中加点字词活用现象与其他三项不一样的是　(　　)

A. 盖聂怒而目之　　B. 日与狗屠及高渐离饮于燕市

C. 又举兵南伐楚　　D. 稍蚕食诸侯

3. 下列选项中"而"字含义和用法与其他三项不一样的是　(　　)

A. 盖聂怒而目之　　B. 荆卿则已驾而去榆次矣

C. 故丹怨而亡归　　D. 太子再拜而跪

4. 将下列句子翻译成现代汉语。

(1) 彼秦大将擅兵于外而内有乱,则君臣相疑,以其间诸侯得合从,其破秦必矣。

______

(2) 秦王复击轲,轲被八创。轲自知事不就,倚柱而笑,箕踞以骂曰:"事所以不成者,以欲生劫之,必得约契以报太子也。"

______

阅读提示

1. 联系选文，太子丹为什么要派荆轲刺杀秦王？

2. 根据第⑧、⑩段推测：荆轲久等不来的“远客”是个怎样的人？

咬文嚼字

分析下列语段中个别字词的表达作用。

于是太子豫求天下之利匕首，得赵人徐夫人匕首，取之百金，使工以药焠之，以试人，血濡缕，人无不立死者。乃装为遣荆卿。燕国有勇士秦舞阳，年十三杀人，人不敢忤视。乃令秦舞阳为副。荆轲有所待，欲与俱；其人居远未来，而为治行。顷之，未发，太子迟之，疑其改悔，乃复请曰：“日已尽矣，荆卿岂有意哉？丹请得先遣秦舞阳。”荆轲怒，叱太子曰：“何太子之遣？往而不返者，竖子也！且提一匕首入不测之强秦，仆所以留者，待吾客与俱。今太子迟之，请辞决矣！”遂发。

上文有三处“乃”，是否重复？

合作探究

1. 明代学者凌稚隆评论本文道：“（荆轲回避盖聂、鲁句践）可见深沉也。”结合选文第③、④段，分析此语的意思。

2. 明代学者顾炎武评论本文道：“古人作史，有不待论断，而于叙事之中即见其指者，惟太史公能之，如《荆轲传》末载鲁句践语……皆于叙事中寓论断法也。”结合选文，分析“于叙事中寓论断法”的作用。

读史明理

1. 唐代文学家柳宗元写诗评论本文道："秦皇本诈力，事与桓公殊。奈何效曹子，实谓勇且愚。"你是否同意他的观点，为什么？

2. 当代学者陈桐生评论本文道："由特定时代孕育培养的刺客内心感情世界以及由此激发的人格，是我们理解《刺客列传》的基点。"结合选文，分析荆轲的感情世界和人格。

游侠列传

① 韩子曰："儒以文乱法，而侠以武犯禁[1]。"二者皆讥，而学士多称于世云[2]。至如以术取宰相卿大夫[3]，辅翼其世主，功名俱著于春秋，固无可言者。及若季次、原宪[4]，闾巷人也，读书怀独行君子之德，义不苟合当世，当世亦笑之。故季次、原宪终身空室蓬户，褐衣疏食不厌。死而已四百余年，而弟子志之不倦。今游侠，其行虽不轨于正义，然其言必信，其行必果，已诺必诚，不爱其躯，赴士之厄困，既已存亡死生矣，而不矜其能，羞伐其德，盖亦有足多者焉。

② 且缓急，人之所时有也。太史公曰：昔者虞舜窘于井廪，伊尹负于鼎俎，傅说匿于傅险，吕尚困于棘津，夷吾桎梏，百里饭牛，仲尼畏匡，菜色陈、蔡[5]。此皆学士所谓有道仁人也，犹然遭此菑[6]，况以中材而涉乱世之末流乎？其遇害何可胜道哉！……

③ 至如闾巷之侠[7]，修行砥名，声施于天下[8]，莫不称贤，是为难耳。然儒、墨皆排摈不载。自秦以前，匹夫之侠，湮灭不见，余甚恨之。以余所闻，汉兴有朱家、田仲、王公、剧孟、郭解之徒，虽时扞当世之文罔[9]，然其私义廉絜退让，

有足称者。名不虚立，士不虚附。至如朋党宗强比周[10]，设财役贫，豪暴侵凌孤弱，恣欲自快，游侠亦丑之。余悲世俗不察其意，而猥以朱家、郭解等令与暴豪之徒同类而共笑之也[11]。……

④ 郭解，轵人也[12]，字翁伯，善相人者许负外孙也。……及解年长，更折节为俭，以德报怨，厚施而薄望。然其自喜为侠益甚。既已振人之命，不矜其功，其阴贼著于心，卒发于睚眦如故云。而少年慕其行，亦辄为报仇，不使知也。解姊子负解之势，与人饮，使之嚼[13]。非其任，强必灌之。人怒，拔刀刺杀解姊子，亡去。解姊怒曰："以翁伯之义，人杀吾子，贼不得。"弃其尸于道，弗葬，欲以辱解。解使人微知贼处。贼窘自归，具以实告解。解曰："公杀之固当，吾儿不直[14]。"遂去其贼，罪其姊子，乃收而葬之。诸公闻之，皆多解之义，益附焉。……

⑤ 雒阳人有相仇者，邑中贤豪居间者以十数，终不听。客乃见郭解。解夜见仇家，仇家曲听解[15]。解乃谓仇家曰："吾闻雒阳诸公在此间，多不听者。今子幸而听解，解奈何乃从他县夺人邑中贤大夫权乎！"乃夜去，不使人知，曰："且无用，待我去，令雒阳豪居其间，乃听之。"

⑥ 解执恭敬，不敢乘车入其县廷[16]。之旁郡国，为人请求事，事可出，出之；不可者，各厌其意，然后乃敢尝酒食。诸公以故严重之，争为用。邑中少年及旁近县贤豪，夜半过门常十余车，请得解客舍养之[17]。

⑦ 及徙豪富茂陵也，解家贫，不中訾，吏恐，不敢不徙[18]。卫将军为言："郭解家贫不中徙。"上曰："布衣权至使将军为言，此其家不贫。"解家遂徙。诸公送者出千余万。轵人杨季主子为县掾，举徙解。解兄子断杨掾头。由此杨氏与郭氏为仇。

⑧ 解入关，关中贤豪知与不知，闻其声，争交欢解。解为人短小，不饮酒，出未尝有骑。已又杀杨季主。杨季主家上书，人又杀之阙下。上闻，乃下吏捕解。解亡，置其母家室夏阳，身至临晋。临晋籍少公素不知解，解冒[19]，因求出关。籍少公已出解，解转入太原，所过辄告主人家。吏逐之，迹至籍少公。少公自杀，口绝。久之，乃得解。穷治所犯，为解所杀，皆在赦前。轵有儒生侍使者坐，客誉郭解，生曰："郭解专以奸犯公法，何谓贤！"解客闻，杀此生，断其舌。吏以此责解，解实不知杀者。杀者亦竟绝，莫知为谁。吏奏解无罪。御史大夫公孙弘议

曰:“解布衣为任侠行权[20],以睚眦杀人,解虽弗知,此罪甚于解杀之。当大逆无道。”遂族郭解翁伯。……

⑨ 太史公曰:吾视郭解,状貌不及中人,言语不足采者。然天下无贤与不肖,知与不知,皆慕其声,言侠者皆引以为名。谚曰:“人貌荣名,岂有既乎[21]!”于戏[22],惜哉!

题解

本篇记述了一批解人急难、重义轻生、快意恩仇的“游侠”人物,歌颂其言必信、行必果,急人之难,不爱其躯的高尚品质。选文重点选取了代表人物郭解的传记,既彰显游侠之特征,也暗示出当时法网密布、道德渐坏的社会问题。

注释

(1)语出《韩非子·五蠹》,指儒者学古以非当世、授私学以非上;侠者逞勇力,不顾法制约束。(2)此指韩非否定两者,但儒家在汉朝备受称道。(3)此指公孙弘等以儒术为高官者。(4)季次、原宪:孔子学生,皆甘守贫困。(5)以上都是历代名人遭遇困厄的典故。(6)菑:通“灾”。(7)闾巷之侠:平民之侠。(8)施:散布。(9)扞:抵触。文罔:法网,法律;罔,通“网”。(10)朋党:为图谋私利勾结起来的官僚帮派。宗强:豪族、豪绅。比周:勾结、亲密。(11)猥:曲,此指错误地、不加区分地。(12)轵:汉县名,今河南济源县南。(13)嚼:尽饮酒。(14)不直:不占理。(15)曲听解:为尊重郭解而委屈心意地接受调停。(16)县廷:县衙前的大院。(17)此指人们愿为郭解分担,迎其所藏亡命者归而养之。(18)徙豪富茂陵:茂陵是武帝的坟墓,武帝按旧例为自己预建陵墓、设立园邑,令各地富豪迁入居住。不中訾:家财够不上符合搬迁要求的数目;訾,同“资”。(19)冒:贸然相投,告知以实情。(20)任侠行权:打抱不平,行使他不该行使的权力。(21)此指相貌易衰,唯以荣名为貌,能流誉不尽。既:尽。(22)于戏:同“呜呼”。

课堂检测

1. 解释加点字,指出个别加点字的用法。
2. 指出划波浪线的句子在句式上的特点,并翻译成现代汉语。

文言积累

1. 下列选项中“乃”字含义和用法与其他三项不一样的是 （　　）

A. 罪其姊子，乃收而葬之

B. 客乃见郭解

C. 解奈何乃从他县夺人邑中贤大夫权乎

D. 乃夜去，不使人知

2. 下列选项中加点字词活用现象与其他三项不一样的是 （　　）

A. 功名俱著于春秋　　B. 遂去其贼，罪其姊子

C. 籍少公已出解　　D. 不可者，各厌其意

3. 下列选项中加点字词活用现象与其他三项不一样的是 （　　）

A. 设财役贫　　B. 豪暴侵凌孤弱

C. 以德报怨　　D. 解执恭敬

4. 将下列句子翻译成现代汉语。

（1）今游侠，其行虽不轨于正义，然其言必信，其行必果，已诺必诚，不爱其躯，赴士之厄困，既已存亡死生矣，而不矜其能，羞伐其德，盖亦有足多者焉。

____

（2）既已振人之命，不矜其功，其阴贼著于心，卒发于睚眦如故云。而少年慕其行，亦辄为报仇，不使知也。

____

阅读提示

1. 本文名为《游侠列传》，第①段中又为什么提及儒家？

____

____

2. 第③段中，世俗之人为什么“不察其意”？

____

____

3. 第⑧段中籍少公为什么自杀？

咬文嚼字

分析下列语段中个别字词的表达作用。

及解年长，更折节为俭，以德报怨，厚施而薄望。然其自喜为侠益甚。既已振人之命，不矜其功，其阴贼著于心，卒发于睚眦如故云。而少年慕其行，亦辄为报仇，不使知也。

1. 分析“然其自喜为侠益甚”中“甚”字的作用。

2. 分析“亦辄为报仇”中“亦”字的作用。

合作探究

1. 当代学者郭预衡评论本文道：“这篇文章可以和《伯夷列传》合读，因为‘岩穴之士’‘闾巷之人’修身洁行而受祸害，暴戾恣睢之徒反而长享安乐，司马迁在《伯夷列传》中发的牢骚不少，而且深感悲愤；现在游侠之士……正好能够不顾自身的安危而赴‘士之困厄’，救人之‘缓急’，这是非常难得的。”联系选文，分析游侠的“难得之处”。

2. 南宋学者陈仁子评论本文道：“吾于此传可以观人材，可以观世变。”根据郭解的事迹，分析当时的世风。

读史明理

1. 清代学者李慈铭评论本文道："史公以救李陵遭腐刑，愤当世士夫拘墨洟涊（畏缩含容），无为言者，故思游侠之士能不顾身家，急人之难，其意甚痛而曲。"结合选文，分析《游侠列传》的写作意图。

____

____

2. 东汉史学家班固评论本文道："（郭解）以匹夫之细，窃生杀之权，其罪已不容于诛矣。……（虽也有诸多优点，）惜乎不入于道德，苟放纵于末流，杀身亡宗，非不幸也。"你是否同意他的观点，为什么？

____

____

第十七讲　造反者的真面目

主题导读

汉高祖开国后分封了八个异姓王，有七位被无情铲除，以悲剧收场。黥布和韩信，便是其中典型的两个。通过司马迁的“曲笔”，我们不难体会这些造反者的微妙处境和无奈选择。

黥布列传

① 黥布者，六人也[1]，姓英氏。秦时为布衣。少年，有客相之曰：“当刑而王。”及壮，坐法黥[2]。布欣然笑曰：“人相我当刑而王，几是乎？”人有闻者，共俳笑之。布已论输丽山[3]，丽山之徒数十万人，布皆与其徒长豪桀交通[4]，乃率其曹偶，亡之江中为群盗。

② 陈胜之起也，布乃见番君[5]，与其众叛秦，聚兵数千人。番君以其女妻之。章邯之灭陈胜，破吕臣军，布乃引兵北击秦左右校，破之清波，引兵而东。闻项梁定江东会稽，涉江而西。陈婴以项氏世为楚将，乃以兵属项梁，渡淮南，英布、蒲将军亦以兵属项梁。……

③ 项籍之引兵西至新安，又使布等夜击阬章邯秦卒二十余万人。至关，不得入，又使布等先从间道破关下军，遂得入，至咸阳。布常为军锋。项王封诸将，立布为九江王，都六。

④ 汉元年四月，诸侯皆罢戏下，各就国。项氏立怀王为义帝，徙都长沙，乃阴令九江王布等行击之。其八月，布使将击义帝，追杀之郴县。

⑤ 汉二年，齐王田荣畔楚，项王往击齐，征兵九江，九江王布称病不往，遣将将数千人行。汉之败楚彭城，布又称病不佐楚。项王由此怨布，数使使者诮让召布，布愈恐，不敢往。项王方北忧齐、赵，西患汉，所与者独九江王，又多布材，欲

亲用之，以故未击。……

⑥ 楚使者在，方急责英布发兵，舍传舍。随何直入，坐楚使者上坐[6]，曰："九江王已归汉，楚何以得发兵？"布愕然。楚使者起。何因说布曰："事已搆，可遂杀楚使者，无使归，而疾走汉并力。"布曰："如使者教，因起兵而击之耳。"于是杀使者，因起兵而攻楚。楚使项声、龙且攻淮南，项王留而攻下邑。数月，龙且击淮南，破布军。布欲引兵走汉，恐楚王杀之，故间行与何俱归汉。

⑦ 淮南王至，上方踞床洗，召布入见，布大怒，悔来，欲自杀。出就舍，帐御饮食从官如汉王居[7]，布又大喜过望。于是乃使人入九江。楚已使项伯收九江兵，尽杀布妻子。布使者颇得故人幸臣，将众数千人归汉。汉益分布兵而与俱北，收兵至成皋。四年七月，立布为淮南王，与击项籍。

⑧ 汉五年，布使人入九江，得数县。六年，布与刘贾入九江[8]，诱大司马周殷，周殷反楚，遂举九江兵与汉击楚，破之垓下。……

⑨ 七年，朝陈。八年，朝雒阳。九年，朝长安。

⑩ 十一年，高后诛淮阴侯，布因心恐。夏，汉诛梁王彭越，醢之[9]，盛其醢遍赐诸侯。至淮南，淮南王方猎，见醢，因大恐，阴令人部聚兵，候伺旁郡警急。

⑪ 布所幸姬疾，请就医，医家与中大夫贲赫对门，姬数如医家，贲赫自以为侍中[10]，乃厚馈遗，从姬饮医家。姬侍王，从容语次，誉赫长者也。王怒曰："汝安从知之？"具说状。王疑其与乱。赫恐，称病。王愈怒，欲捕赫。赫言变事，乘传诣长安[11]。布使人追，不及。赫至，上变，言布谋反有端，可先未发诛也。上读其书，语萧相国。相国曰："布不宜有此，恐仇怨妄诬之。请系赫，使人微验淮南王。"淮南王布见赫以罪亡，上变，固已疑其言国阴事；汉使又来，颇有所验，遂族赫家，发兵反。反书闻，上乃赦贲赫，以为将军。

⑫ 上召诸将问曰："布反，为之奈何？"皆曰："发兵击之，阬竖子耳，何能为乎！"汝阴侯滕公召故楚令尹问之[12]。令尹曰："是故当反。"滕公曰："上裂地而王之，疏爵而贵之，南面而立万乘之主，其反何也？"令尹曰："往年杀彭越，前年杀韩信，此三人者，同功一体之人也。自疑祸及身，故反耳。"……

⑬ 布之初反，谓其将曰："上老矣，厌兵，必不能来。使诸将，诸将独患淮阴、彭越，今皆已死，余不足畏也。"故遂反。果如薛公筹之，东击荆，荆王刘贾走死富陵。尽劫其兵，渡淮击楚。楚发兵与战徐、僮间，为三军，欲以相救为奇。或说楚

将曰："布善用兵，民素畏之。且兵法，诸侯战其地为散地[13]。今别为三，彼败吾一军，余皆走，安能相救！"不听。布果破其一军，其二军散走。

⑭ 遂西，与上兵遇蕲西会甀[14]。布兵精甚，上乃壁庸城，望布军置陈如项籍军，上恶之。与布相望见，遥谓布曰："何苦而反？"布曰："欲为帝耳！"上怒骂之，遂人战。布军败走，渡淮，数止战，不利，与百余人走江南。布故与番君婚，以故长沙哀王使人绐布[15]，伪与亡，诱走越，故信而随之番阳。番阳人杀布兹乡民田舍[16]，遂灭黥布。

⑮ 立皇子长为淮南王[17]，封贲赫为期思侯，诸将率多以功封者。

⑯ 太史公曰：英布者，其先岂《春秋》所见楚灭英、六，皋陶之后哉？身被刑法，何其拔兴之暴也[18]！项氏之所阬杀人以千万数，而布常为首虐。功冠诸侯，用此得王，亦不免于身为世大僇[19]。祸之兴自爱姬殖，妒媢生患[20]，竟以灭国！

题解

本篇记述了黥布一生跌宕传奇的事迹，从项羽手下的猛将到刘邦的开国功臣，再到起兵谋反的逆臣，黥布反复无常，颇似吕布。但仔细品读本文，可以读出太史公对此另有一番态度。

注释

(1)六：今安徽六安市北。(2)黥：在犯人脸上刺字涂墨的刑法。(3)丽山：即骊山，此指秦始皇陵墓工地。(4)徒长：管理徒卒的小头领。(5)番君：番县县令吴芮，后被高祖封为长沙王。(6)随何：刘邦的谋士，此时他已基本说服黥布投靠汉王。(7)帐御：室内帷帐衣物等一切用具。(8)刘贾：刘邦族人。(9)醢(hǎi)：剁成肉酱。(10)侍中：在内廷服务。(11)乘传：乘坐驿车。(12)滕公：夏侯婴，刘邦的车夫，官至太仆。(13)此指在家乡土地上作战，士兵容易逃散。(14)蕲西会甀：蕲县城西的会甀邑，今安徽宿州市东南。(15)长沙哀王：吴芮之子吴臣。(16)兹乡：番阳县乡名。(17)皇子长：刘邦之子刘长。(18)拔兴：勃兴，暴起。(19)僇：辱。(20)妒媢：嫉妒。

课堂检测

1. 解释加点字，指出个别加点字的用法。

2. 指出划波浪线的句子在句式上的特点，并翻译成现代汉语。

文言积累

1. 下列选项中加点字活用现象与其他三项不一样的是 （　　）

A. 陈婴以项氏世为楚将

B. 又使布等夜击阬章邯秦卒二十余万人

C. 项王方北忧齐

D. 欲亲用之，以故未击

2. 下列选项中加点词不是古今异义的一项是 （　　）

A. 布皆与其徒长豪桀交通　　B. 无使归，而疾走汉并力

C. 楚已使项伯收九江兵，尽杀布妻子　　D. 不利，与百余人走江南

3. 下列选项中“之”字含义和用法与其他三项不一样的是 （　　）

A. 陈胜之起也　　B. 章邯之灭陈胜

C. 项籍之引兵西至新安　　D. 故信而随之番阳

4. 将下列句子翻译成现代汉语。

(1) 项王方北忧齐、赵，西患汉，所与者独九江王，又多布材，欲亲用之，以故未击。

____

(2) 淮南王布见赫以罪亡，上变，固已疑其言国阴事；汉使又来，颇有所验，遂族赫家，发兵反。

____

阅读提示

1. 根据第①段，分析黥布的性格。

____

____

2. 根据选文，黥布为何背叛了项羽？

3. 第⑪段中，萧何为什么提议先关押贲赫？

咬文嚼字

分析下列语段中个别字词的表达作用。

汉元年四月，诸侯皆罢戏下，各就国。项氏立怀王为义帝，徙都长沙，乃阴令九江王布等行击之。其八月，布使将击义帝，追杀之郴县。

上文中“九江王”三字是否可以删去？

合作探究

1. 清代学者史珥评论本文道：“（随何在楚国使者面前一番话）急着，尤妙。”结合第⑥段，分析“妙”在哪里？

2. 唐代史学家张守节评论本文道：“（高祖对待黥布投诚的做法）峻礼令布折服，……悦其心，权道也。”结合选文，分析“权道”的含义。

读史明理

1. 清代学者吴见思评论本文道：“（黥布与高祖对阵）此时布诉功斥冤，俱属孱弱，只作倔强一语，不特时事固尔，而英布身分俱现。”联系选文，分析“英布身分”的含义。

2. 明代学者凌稚隆评论本文道："（第⑨段）连年书'朝'，明布无反迹也；连次诛淮阴、诛梁王，明布之反，高帝与吕后激之也。"你是否同意他的观点，为什么？

淮阴侯列传

① 淮阴侯韩信者，淮阴人也[1]。始为布衣时，贫无行，不得推择为吏，又不能治生商贾，常从人寄食饮，人多厌之者。常数从其下乡南昌亭长寄食，数月，亭长妻患之，乃晨炊蓐食[2]。食时信往，不为具食。信亦知其意，怒，竟绝去。

② 信钓于城下，诸母漂[3]，有一母见信饥，饭信，竟漂数十日。信喜，谓漂母曰："吾必有以重报母。"母怒曰："大丈夫不能自食，吾哀王孙而进食[4]，岂望报乎！"

③ 淮阴屠中少年有侮信者，曰："若虽长大，好带刀剑，中情怯耳。"众辱之曰："信能死，刺我；不能死，出我袴下。"于是信孰视之，俛出袴下，蒲伏。一市人皆笑信，以为怯。……

④ 信数与萧何语，何奇之。至南郑，诸将行道亡者数十人，信度何等已数言上，上不我用，即亡。何闻信亡，不及以闻，自追之。人有言上曰："丞相何亡。"上大怒，如失左右手。居一二日，何来谒上，上且怒且喜，骂何曰："若亡，何也？"何曰："臣不敢亡也，臣追亡者。"上曰："若所追者谁何？"曰："韩信也。"上复骂曰："诸将亡者以十数，公无所追；追信，诈也。"何曰："诸将易得耳。至如信者，国士无双[5]。王必欲长王汉中，无所事信；必欲争天下，非信无所与计事者。顾王策安所决耳。"王曰："吾亦欲东耳，安能郁郁久居此乎？"何曰："王计必欲东，能用信，信即留；不能用，信终亡耳。"王曰："吾为公以为将。"何曰："虽为将，信必不留。"王曰："以为大将。"何曰："幸甚。"于是王欲召信拜之。何曰："王素慢无礼，今拜大将如呼小儿耳，此乃信所以去也。王必欲拜之，择良日，斋戒，设坛场，具礼，乃可耳。"王许之。诸将皆喜，人人各自以为得大将。至拜大将，乃韩信也，一

军皆惊。……

⑤ 楚数使奇兵渡河击赵，赵王耳、韩信往来救赵，因行定赵城邑，发兵诣汉。楚方急围汉王于荥阳，汉王南出，之宛、叶间，得黥布，走入成皋，楚又复急围之。六月，汉王出成皋，东渡河，独与滕公俱，从张耳军修武。至，宿传舍。晨自称汉使，驰入赵壁。张耳、韩信未起，即其卧内上夺其印符，以麾召诸将，易置之。信、耳起，乃知汉王来，大惊。汉王夺两人军，即令张耳备守赵地，拜韩信为相国，收赵兵未发者击齐。

⑥ 信引兵东，未渡平原(6)，闻汉王使郦食其已说下齐，韩信欲止。范阳辩士蒯通说信曰："将军受诏击齐，而汉独发间使下齐，宁有诏止将军乎？何以得毋行也！且郦生一士，伏轼掉三寸之舌，下齐七十余城，将军将数万众，岁余乃下赵五十余城，为将数岁，反不如一竖儒之功乎？"于是信然之，从其计，遂渡河。齐已听郦生，即留纵酒，罢备汉守御。信因袭齐历下军，遂至临菑。齐王田广以郦生卖己，乃亨之，而走高密，使使之楚请救。韩信已定临菑，遂东追广至高密西。楚亦使龙且将，号称二十万，救齐。……

⑦ 汉四年，遂皆降平齐。使人言汉王曰："齐伪诈多变，反覆之国也，南边楚，不为假王以镇之(7)，其势不定。愿为假王便。"当是时，楚方急围汉王于荥阳，韩信使者至，发书，汉王大怒，骂曰："吾困于此，旦暮望若来佐我，乃欲自立为王！"张良、陈平蹑汉王足，因附耳语曰："汉方不利，宁能禁信之王乎？不如因而立，善遇之，使自为守。不然，变生。"汉王亦悟，因复骂曰："大丈夫定诸侯，即为真王耳，何以假为！"乃遣张良往立信为齐王，征其兵击楚。……

⑧ 汉王之困固陵，用张良计，召齐王信，遂将兵会垓下。项羽已破，高祖袭夺齐王军。汉五年正月，徙齐王信为楚王，都下邳。

⑨ 信至国，召所从食漂母，赐千金。及下乡南昌亭长，赐百钱，曰："公，小人也，为德不卒。"召辱己之少年令出胯下者以为楚中尉。告诸将相曰："此壮士也。方辱我时，我宁不能杀之邪？杀之无名，故忍而就于此。"

⑩ 项王亡将钟离眛家在伊庐，素与信善。项王死后，亡归信。汉王怨眛，闻其在楚，诏楚捕眛。信初之国，行县邑，陈兵出入。汉六年，人有上书告楚王信反。高帝以陈平计，天子巡狩会诸侯，南方有云梦，发使告诸侯会陈："吾将游云梦。"实欲袭信，信弗知。高祖且至楚，信欲发兵反，自度无罪，欲谒上，恐见禽。

人或说信曰:“斩眛谒上,上必喜,无患。”信见眛计事。眛曰:“汉所以不击取楚,以眛在公所。若欲捕我以自媚于汉,吾今日死,公亦随手亡矣。”乃骂信曰:“公非长者!”卒自刭。信持其首,谒高祖于陈。上令武士缚信,载后车。信曰:“果若人言,‘狡兔死,良狗亨;高鸟尽,良弓藏;敌国破,谋臣亡。’天下已定,我固当亨!”上曰:“人告公反。”遂械系信。至雒阳,赦信罪,以为淮阴侯。

⑪ 信知汉王畏恶其能,常称病不朝从。信由此日夜怨望,居常鞅鞅,羞与绛、灌等列。信尝过樊将军哙,哙跪拜送迎,言称臣,曰:“大王乃肯临臣!”信出门,笑曰:“生乃与哙等为伍!”上常从容与信言诸将能不,各有差。上问曰:“如我能将几何?”信曰:“陛下不过能将十万。”上曰:“于君何如?”曰:“臣多多而益善耳。”上笑曰:“多多益善,何为为我禽?”信曰:“陛下不能将兵,而善将将,此乃信之所以为陛下禽也。且陛下所谓天授,非人力也。”

⑫ 陈豨拜为钜鹿守,辞于淮阴侯。淮阴侯挈其手,辟左右与之步于庭,仰天叹曰:“子可与言乎?欲与子有言也。”豨曰:“唯将军令之。”淮阴侯曰:“公之所居,天下精兵处也;而公,陛下之信幸臣也。人言公之畔,陛下必不信;再至,陛下乃疑矣;三至,必怒而自将。吾为公从中起,天下可图也。”陈豨素知其能也,信之,曰:“谨奉教!”汉十年,陈豨果反。上自将而往,信病不从。阴使人至豨所,曰:“弟举兵,吾从此助公。”信乃谋与家臣夜诈诏赦诸官徒奴[8],欲发以袭吕后、太子。部署已定,待豨报。其舍人得罪于信,信囚,欲杀之。舍人弟上变,告信欲反状于吕后。吕后欲召,恐其党不就[9],乃与萧相国谋,诈令人从上所来,言豨已得死,列侯群臣皆贺。相国绐信曰:“虽疾,强入贺。”信入,吕后使武士缚信,斩之长乐钟室[10]。信方斩,曰:“吾悔不用蒯通之计,乃为儿女子所诈,岂非天哉!”遂夷信三族。……

⑬ 太史公曰:吾如淮阴,淮阴人为余言,韩信虽为布衣时,其志与众异。其母死,贫无以葬,然乃行营高敞地,令其旁可置万家[11]。余视其母冢,良然。假令韩信学道谦让,不伐己功,不矜其能,则庶几哉,于汉家勋可以比周、召、太公之徒,后世血食矣。不务出此,而天下已集[12],乃谋畔逆,夷灭宗族,不亦宜乎!

题解

本篇记述了“汉初三杰”之一韩信的事迹,太史公详细记叙其卓越战功,表达了对他的赞美和同情。本文略去相对为人熟悉的战功部分，着重选取了表现韩信与刘邦之间微妙的“君臣关系”的段落。

注释

(1)淮阴：秦县名，今江苏淮阴市。(2)下乡：乡名，属淮阴县。蓐：同“褥”。(3)母：年长的妇女。漂：洗棉絮。(4)王孙：对青年男子的尊称。(5)国士：国家最优秀的人才。(6)平原：平原津，古黄河重要渡口，今山东平原县西南。(7)假王：代理之王。(8)诈诏：假造刘邦诏书。赦诸官徒奴：释放各衙署拘管的苦役和官奴。(9)党：同“倘”。(10)长乐钟室：长乐宫中的悬钟之室。(11)行营：四处寻找、谋求。令其旁可置万家：此指自信此后发达，或将致万户守冢洒扫，祭祀不绝。(12)集：安定。

课堂检测

1. 解释加点字，指出个别加点字的用法。
2. 指出划波浪线的句子在句式上的特点，并翻译成现代汉语。

文言积累

1. 下列选项中“乃”字含义和用法与其他三项不一样的是 ( )
   A. 具礼，乃可耳　　B. 至拜大将，乃韩信也
   C. 信、耳起，乃知汉王来　　D. 岁余乃下赵五十余城
2. 下列选项中加点字活用现象与其他三项不一样的是 ( )
   A. 信数与萧何语，何奇之　　B. 于是信然之，从其计
   C. 善遇之，使自为守　　D. 徙齐王信为楚王，都下邳
3. 下列选项中加点字词活用现象与其他三项不一样的是 ( )
   A. 乃晨炊蓐食　　B. 汉王南出
   C. 而汉独发间使下齐　　D. 旦暮望若来佐我
4. 将下列句子翻译成现代汉语。
   (1) 食时信往，不为具食。信亦知其意，怒，竟绝去。

______

(2) 假令韩信学道谦让，不伐己功，不矜其能，则庶几哉，于汉家勋可以比周、召、太公之徒，后世血食矣。

阅读提示

1. 联系全文，分析本文写及漂母的作用。

2. 根据第⑥段，分析韩信的性格。

3. 联系全文，分析韩信不杀少年，反而使其担任中尉的原因。

咬文嚼字

分析下列语段中个别字词的表达作用。

楚数使奇兵渡河击赵，赵王耳、韩信往来救赵，因行定赵城邑，发兵诣汉。楚方急围汉王于荥阳，汉王南出，之宛、叶间，得黥布，走入成皋，楚又复急围之。六月，汉王出成皋，东渡河，独与滕公俱，从张耳军修武。至，宿传舍。晨自称汉使，驰入赵壁。张耳、韩信未起，即其卧内上夺其印符，以麾召诸将，易置之。信、耳起，乃知汉王来，大惊。汉王夺两人军，即令张耳备守赵地，拜韩信为相国，收赵兵未发者击齐。

1. 上文前三处"汉王"是否重复？

2. 分析"独与滕公俱"中"独"字的作用。

合作探究

1. 清代学者何焯评论本文道："太史公用笔入神也。他人不过曰'汉王怒，良、平谏，乃许之'。"结合第⑦段，分析"用笔入神"之处。

2. 明代学者钟惺评论本文道："（此传名称）曰'淮阴'而不名者，重其人其功，而原其不反也。"联系全文，分析此语的意思。

读史明理

1. 对于第⑤段汉王"夺印符"之事，古来多有不同看法。凌稚隆、费衮认为韩信有过错，"禁防阔疏"；冯班、茅坤认为汉王亲自前来，守卫自然放入，且夺印符是为了保障自身安全，以防韩信、张耳生变；梁玉绳则认为此事系作者"增饰，非其实也"。对此，你怎么看？请简要分析。

2. 明代学者邓以瓒评论本文第⑫段道："此段是吕后文致（舞文弄法、陷人入罪）信反谋以对高祖者，史承之以著书耳。"你是否同意他的观点，为什么？

深度解析

"造反者"的真面目

——解读《淮阴侯列传》

汉高祖平定天下后，分封了八位异姓王：张耳、吴芮、彭越、黥布、臧荼、卢绾与两位韩信（正巧姓名相同）。然而他们大都没有善终，乃至以"造反者"的面目身败名裂，落魄史册；八人中只有吴芮安然无恙，流传五世，以无嗣而终。淮阴侯韩信，正是其中最著名、最典型的代表。

“无双者”的烦恼

韩信的过人之处，首先在于其用兵的能力。这一点汉高祖下过定论：“连百万之军，战必胜，攻必取，吾不如韩信。”萧何评价他“国士无双”，也是此意。按照常理，某个领域最出色的人物，不仅会受到众人的敬仰，更可能招来旁人的嫉妒。所以像张良那样功成身退，是顺势而为的大智慧。而韩信偏偏是一个不屑掩饰、骄矜于色的人。面对已然称帝的高祖，更是毫不客气地坦陈自己带兵能力远超君王——这样的骄横，即便在后世众多的“贰臣”中也独一无二。

当然我们必须看到汉初的特殊背景：暴秦甫亡，项羽初定，正是人们对于“暴君”咬牙切齿之时（沛公刚入函谷关的时候也以“父老苦秦苛法久矣”收拢人心），所以不管是真心还是伪装，高祖对待功臣必然会特别的宽厚。同时，像韩信、彭越、黥布这样拥兵自重的将领，与汉王并非简单的上下属关系，更像因为共同利益而结盟的同盟集团。汉王固然是这个集团的首领，但并不能随心所欲地指挥他们。这就可以解释为什么韩信、彭越坐视汉王被困而不救援，反而趁机要挟汉王封他们为王的“大逆不道”之举。在韩信他们看来，汉王只是一个比项羽更称职的集团首领，而非至高无上的君王。

一方面，韩信们的世界观还停留在四分五裂的春秋战国、楚汉争霸时代，忽视了渐渐强势的皇权。另一方面，韩信们才华横溢、功高盖主，实际上也成为帝国统一和稳定的障碍。尽快削除这片“秀于林”的良木，成了汉高祖及以后君王们的必然选择。

“莫须有”的冷箭

客观地说，八个异姓王中，的确有臧荼、韩王信这样怀有异心的造反者。但更多人的罪名只是被罗织出来的“莫须有”罢了。

韩信第一次“造反”，源于“人有上书告楚王信反”这样一条无中生有的密报。高祖亲自前往韩信的封地，结果毫不费力地把他绑到了洛阳，当场削王为侯。如果韩信真有造反之心，凭借他的军事手段，高祖能这么容易“擒贼先擒王”吗？从“赦信罪”的记叙来看，高祖也自知理亏，既给自己找了个台阶，也是为了安抚其他功臣之心。

失去兵权中的韩信，第二次“造反”之路更为神奇。他与前往巨鹿赴任的陈豨约定“吾为公从中起”，然后“天下可图也”。陈豨为人自私褊狭，又无显赫战功，不是可以依靠之人；韩信身处监视中，更是难有作为——这番大计，不像是出自韩信之口，而更像是吕后等人编造的借口。另一个证据是：韩信、陈豨对话时，并无第三人在场，这番话却被堂皇记入狱状，韩信到底出于什么愚蠢的动机，主动献上这份让自己灭族的供词呢？

可见，大部分王朝建立功臣中的“造反者”，实际并无谋反之意，只是因为一些微小的过失，就被编织通天的罪名，落入不测的深渊。司马迁在“太史公曰”中不指责韩信谋逆，而只是说他不该“伐己功”“矜其能”，正含蓄点出了其中的差别。与之形成对比的，是站在汉朝立场而写的《汉书·韩信传》的史赞，班固批判韩信“南面称孤……事穷势迫，卒谋叛逆”，为韩信的罪名做出定论，不容分辩。

“互见法”的妙笔

其实韩信最好的“造反”机会，是楚汉僵持的时候。那时韩信统兵三十万，兵精粮足，人才辈出，是楚、汉之外一支举足轻重的力量。此处，司马迁用“互见法”的妙笔，展示了韩信曲折幽微的内心世界。

楚汉相争之际，蒯通前往游说韩信“参分天下，鼎足而居”。这番话在《淮阴侯列传》中被全部记录。而《汉书》则以“语在《通传》”一笔带过。所谓“语在《通传》”，是因为《汉书》为蒯通另立本传：《蒯伍江息夫传》。所以班固在淮阴侯的本传中就以互见法省略。当然，这可以用立传的选择来解释，但从互见法的角度来看，则更可以体会到司马迁在人物塑造上的幽深之心——纯粹从历史角度论，班固的做法固然无碍于史实的表达；但从淮阴侯韩信的角度出发，蒯通的陈词，却是不可缺少的“自白”前提。

蒯通的长篇大论言真意切，句句指向汉王刘邦反复无常、背信弃义的缺陷，也极为清晰地判断了当时天下的势力划分情况。考虑到其时淮阴侯的实力以及被汉王渐渐疏远的事实，韩信完全不必屈服于他的号令，或可投奔项羽，或可自立为王、南面称孤。韩信之所以不听蒯通理性的建议，是因为他对当年沛公的知遇之恩始终铭记在心、感激不已（“汉王遇我甚厚”）。蒯通之言，正鲜明反衬了韩信对于汉王赤诚忠心（“吾岂可以向利倍义乎”），这就以巨大的力度批评了之后高祖夷韩信三族的无赖行径。《汉书》的“语在《通传》”，将韩信的这个亮点直接略过，也让原本紧凑、生动的行文大为失色。当代学者朱东润先生曾评论道："淮阴侯、淮南王二传，提出蒯、伍二人，顿觉黯然寡色。蒯、伍二人除与韩信、淮南王安相连之事实以外，亦后无可叙述，合诸江充、息夫躬，亦觉不伦。"正是指出了班固这一安排的失当之处。

韩信之不幸，在遇到高祖这样老谋深算的君王；韩信之幸，在司马迁留住了他可悲可叹的真容。

第十八讲　四夷之辨

主题导读

司马迁在《史记》中首创民族史传（共计五篇），在“民族一统”进步思想的指导下，记录下中华民族从分裂、斗争，渐渐走向了解、融合的过程。本单元的两篇选文，正是“一南一北”的两个典型。

匈奴列传

① 匈奴，其先祖夏后氏之苗裔也，曰淳维[1]。唐虞以上有山戎、猃狁、荤粥[2]，居于北蛮，随畜牧而转移。其畜之所多则马、牛、羊，其奇畜则橐驼、驴、骡、駃騠、騊駼、驒騱[3]。逐水草迁徙，毋城郭常处耕田之业，然亦各有分地[4]。毋文书，以言语为约束。儿能骑羊，引弓射鸟鼠；少长则射狐兔：用为食。士力能毌弓[5]，尽为甲骑。其俗，宽则随畜[6]，因射猎禽兽为生业，急则人习战攻以侵伐，其天性也。其长兵则弓矢，短兵则刀鋋[7]。利则进，不利则退，不羞遁走。苟利所在，不知礼义。自君王以下，咸食畜肉，衣其皮革，被旃裘。壮者食肥美，老者食其余。贵壮健，贱老弱。父死，妻其后母[8]；兄弟死，皆取其妻妻之。其俗有名不讳，而无姓字[9]。……

② 是时汉初定中国，徙韩王信于代，都马邑[10]。匈奴大攻围马邑，韩王信降匈奴。匈奴得信，因引兵南逾句注[11]，攻太原，至晋阳下。高帝自将兵往击之。会冬大寒雨雪，卒之堕指者十二三，于是冒顿详败走[12]，诱汉兵。汉兵逐击冒顿，冒顿匿其精兵，见其羸弱，于是汉悉兵，多步兵，三十二万，北逐之。高帝先至平城，步兵未尽到，冒顿纵精兵四十万骑围高帝于白登[13]，七日，汉兵中外不得相救饷。匈奴骑，其西方尽白马，东方尽青駹马，北方尽乌骊马，南方尽骍马[14]。高帝乃使使间厚遗阏氏[15]，阏氏乃谓冒顿曰：“两主不相困。今得汉

地，而单于终非能居之也。且汉王亦有神，单于察之。”冒顿与韩王信之将王黄、赵利期，而黄、利兵又不来，疑其与汉有谋，亦取阏氏之言，乃解围之一角。于是高帝令士皆持满傅矢外乡，从解角直出，竟与大军合，而冒顿遂引兵而去。汉亦引兵而罢，使刘敬结和亲之约。

③ 是后韩王信为匈奴将，及赵利、王黄等数倍约，侵盗代、云中。居无几何，陈豨反，又与韩信合谋击代。汉使樊哙往击之，复拔代、雁门、云中郡县，不出塞。是时匈奴以汉将众往降，故冒顿常往来侵盗代地。于是汉患之，高帝乃使刘敬奉宗室女公主为单于阏氏，岁奉匈奴絮缯酒米食物各有数[16]，约为昆弟以和亲，冒顿乃少止。……

④ 高祖崩，孝惠、吕太后时，汉初定，故匈奴以骄。冒顿乃为书遗高后，妄言。高后欲击之，诸将曰：“以高帝贤武，然尚困于平城。”于是高后乃止，复与匈奴和亲。……

⑤ 今帝即位[17]，明和亲约束，厚遇，通关市，饶给之。匈奴自单于以下皆亲汉，往来长城下。汉使马邑下人聂翁壹奸兰出物与匈奴交[18]，详为卖马邑城以诱单于。单于信之，而贪马邑财物，乃以十万骑入武州塞。汉伏兵三十余万马邑旁，御史大夫韩安国为护军，护四将军以伏单于。单于既入汉塞，未至马邑百余里，见畜布野而无人牧者，怪之，乃攻亭[19]。是时雁门尉史行徼[20]，见寇，葆此亭，知汉兵谋，单于得，欲杀之，尉史乃告单于汉兵所居。单于大惊曰：“吾固疑之。”乃引兵还。出曰：“吾得尉史，天也，天使若言。”以尉史为“天王”。汉兵约单于入马邑而纵，单于不至，以故汉兵无所得。汉将军王恢部出代击胡辎重，闻单于还，兵多，不敢出。汉以恢本造兵谋而不进，斩恢。自是之后，匈奴绝和亲，攻当路塞[21]，往往入盗于汉边，不可胜数。然匈奴贪，尚乐关市，嗜汉财物，汉亦尚关市不绝以中之。……

⑥ 初，汉两将军大出围单于，所杀虏八九万，而汉士卒物故亦数万，汉马死者十余万。匈奴虽病，远去，而汉亦马少，无以复往。匈奴用赵信之计，遣使于汉，好辞请和亲。天子下其议，或言和亲，或言遂臣之。丞相长史任敞曰：“匈奴新破，困，宜可使为外臣，朝请于边。”汉使任敞于单于。单于闻敞计，大怒，留之不遣。先是汉亦有所降匈奴使者，单于亦辄留汉使相当。汉方复收士马[22]，会骠骑将军去病死，于是汉久不北击胡。……

⑦ 乌维单于立三年，汉已灭南越，遣故太仆贺将万五千骑出九原二千余里[23]，至浮苴井而还，不见匈奴一人。汉又遣故从骠侯赵破奴万余骑出令居数千里，至匈河水而还，亦不见匈奴一人。……

⑧ 太史公曰：孔氏著《春秋》，隐桓之间则章，至定哀之际则微[24]，为其切当世之文而罔褒[25]，忌讳之辞也。世俗之言匈奴者，患其徼一时之权，而务谄纳其说[26]，以便偏指，不参彼己；将率席中国广大，气奋[27]，人主因以决策，是以建功不深。尧虽贤，兴事业不成，得禹而九州宁。且欲兴圣统，唯在择任将相哉！唯在择任将相哉！

题解

本篇突破传统"尊王攘夷"的狭隘观点，客观记述了匈奴的发展史及其与历代中原政权的战争、外交史，是《史记》"外族类"传记中篇幅最长、文字最精的一篇。选文侧重选取了汉朝与匈奴之间或战或和的史实，以彰显太史公进步的民族史观。

注释

(1)夏后氏：夏朝的帝王。淳维：也称"熏粥"，传说为夏末商初人。(2)以上都是匈奴的别号。(3)奇畜：较贵重的牲畜。羸：同"骡"。(4)分地：领地。分：通"份"。(5)士力能毋弓：凡是能拉开弓的成年男人。毋：同"贯"。(6)宽：此指没有战争时。(7)鋋：铁柄短矛。(8)后母：生母之外父亲的妻子。(9)此指匈奴人都直呼其名，不像汉人避讳名，亦无姓无字。(10)汉初定中国：指刘邦灭项羽初称皇帝时。韩王信：名信，被封韩王。韩国贵族后代，刘邦的开国功臣。(11)句注：山名，今山西代县西北。(12)冒顿：单于，使匈奴强大起来的关键人物。(13)白登：古地名，在今山西平城东北。(14)以上都是不同颜色的马。(15)阏氏：单于妻子的封号。(16)絮缯：丝绵与锦帛。(17)今帝：此指武帝刘彻。(18)马邑：汉县名，今山西朔县。聂翁壹：名叫聂壹的老翁。奸兰：走私。交：贸易。(19)亭：瞭望亭，岗哨。(20)尉史：郡尉手下的小吏。行徼：巡查边界。(21)当路塞：匈奴入汉首当其冲的要塞。(22)收士马：集聚兵力。(23)太仆贺：公孙贺。(24)此指《春秋》中开头的两位国君鲁隐公、鲁桓公时的历史明白直露，《春秋》末尾的两位国君鲁定公、鲁哀公时的历史隐晦含蓄。(25)此指文字表面上没有褒贬。(26)徼：同“要”，求。谄纳：谄媚献上。(27)率：同“帅”。席：凭借。气奋：逞一时的意气。

课堂检测

1. 解释加点字，指出个别加点字的用法。
2. 指出划波浪线的句子在句式上的特点，并翻译成现代汉语。

文言积累

1. 下列选项中加点字不是通假字的一项是（　　）
   A. 皆取其妻妻之　　B. 于是冒顿详败走
   C. 冒顿匿其精兵，见其羸弱　　D. 通关市，饶给之
2. 下列选项中加点字词活用现象与其他三项不一样的是（　　）
   A. 不羞遁走　　B. 衣其皮革
   C. 贵壮健，贱老弱　　D. 见畜布野而无人牧者，怪之
3. 下列选项中“乃”字含义和用法与其他三项不一样的是（　　）
   A. 高帝乃使使间厚遗阏氏
   B. 高帝乃使刘敬奉宗室女公主为单于阏氏
   C. 约为昆弟以和亲，冒顿乃少止
   D. 尉史乃告单于汉兵所居
4. 将下列句子翻译成现代汉语。
   (1) 利则进，不利则退，不羞遁走。苟利所在，不知礼义。

   ____

   (2) 匈奴用赵信之计，遣使于汉，好辞请和亲。天子下其议，或言和亲，或言遂臣之。

   ____

阅读提示

1. 根据第①段，概括匈奴人的特点。

2. 第②段详细记录匈奴不同种类马的名字，其作用是什么？

3. 第⑤段中，单于怎样看破了汉军设伏的计谋？

咬文嚼字

分析下列语段中个别字词的表达作用。

初，汉两将军大出围单于，所杀虏八九万，而汉士卒物故亦数万，汉马死者十余万。匈奴虽病，远去，而汉亦马少，无以复往。匈奴用赵信之计，遣使于汉，好辞请和亲。天子下其议，或言和亲，或言遂臣之。丞相长史任敞曰："匈奴新破，困，宜可使为外臣，朝请于边。"汉使任敞于单于。单于闻敞计，大怒，留之不遣。先是汉亦有所降匈奴使者，单于亦辄留汉使相当。汉方复收士马，会骠骑将军去病死，于是汉久不北击胡。

1. 分析"而汉士卒物故亦数万"中"亦"字的作用。

2. 分析"单于亦辄留汉使相当"中"辄"字的作用。

合作探究

明代学者余有丁评论本文道："传内每言击胡，胡辄入边杀掠，及留胡使，胡亦留汉使相当。……见武帝虽事穷黩，而未得十分逞志也。篇中大意如此，其微旨实寓讥云。"联系选文，分析"讥"的含义。

读史明理

1. 唐代学者张守节评论本文道:“(‘尧虽贤,兴事业不成,得禹而九州宁’句)刺武帝不能择贤将相,而务谄纳小人浮说,多伐匈奴,故坏齐民。故太史公引禹圣成其太平,以攻当代之罪。”你是否同意他的观点,为什么?

2. 清代学者姚苎田评论本文道:“(匈奴)礼教亲厚之意总不足以系属之,亦明甚矣。奈何汉启和亲之门,唐宋以下世世有加,始如奉骄子,后若事严父,可胜叹哉!”你是否同意他的观点,为什么?

深度解析

四夷之辨

——解读《匈奴列传》

学者陈序经在他的巨著《匈奴史稿》中写道:“《史记·匈奴列传》可以说是世界上关于匈奴历史的较为系统、全面的最古的记载。”的确,《匈奴列传》在历史、社会、民族、地理等多方面开了先河,成为各个领域专家的重点研究对象。本文关注的,是司马迁对于“夷夏之辨”的反思与超越。

问题的源起

孔子在《论语》中说“夷狄之有君,不如诸夏之亡也”,还用“微管仲,吾其被发左衽矣”来暗示夷狄的落后。这种态度在儒家被视作正统后根深蒂固,影响深远。班固认为“夷狄之人贪而好利,被发左衽,人面兽心”,进一步将其降格为禽兽。《通典》中写道“中国之于夷狄,犹太阳之于列星,理无降尊”,强调异族臣服才是正常秩序。《新唐书·五行志》把“夷狄强”当做“阴类胜”的不祥之兆。

这种夷狄观的实质,是一种狭隘的世界观和盲目乐观的优越感。上至君王,下至平民，都无视外族的真实情况，只从自己出发，因而制造尖锐的矛盾和文化上的隔阂。两千年之后，清朝的“闭关锁国”便成了理所当然的选择。

人文的目光

在这种潮流里，司马迁却能放下百年来的沉重包袱，在《史记》中首创民族史传（共计五篇），并在“民族一统”进步思想的指导下，记录下中华民族从分裂、斗争，渐渐走向了解、融合的过程，可谓千古一人。

这种人文的目光，首先体现于他对匈奴人客观细致的描述。在司马迁看来，他们也有生老病死，有七情六欲，更有过人的勇力和不输于汉人的智慧。所以司马迁浓墨重彩地记载了冒顿的事迹，其人智勇兼备，远胜于许多汉朝开国功臣的庸碌低调、平淡无奇。有如此英雄人物的民族，怎么会是落后愚昧、等同兽类的“异族”呢？

司马迁甚至强调匈奴是夏朝王族的后裔。这可能是后人所附会的。虽然从史实的角度来说这不免荒诞，但他的出发点是对匈奴人心理上的亲和，以及“大一统”的观念。这颗温暖的种子埋藏在我们民族的心底，历经许多风波和干扰，终于缔结成今日各民族团结共荣的局面。

当然司马迁也如实记下匈奴文明程度低于汉朝的现实，但他用和亲、互市等历史，暗示帝王应该重视对其教化，而非保持歧视。因为在司马迁看来，只有坚持和平共处、使之渐渐归化的政策，才是“建功深远”之策。对比同为一代史家的班固，司马迁的卓识尤其令人叹服。

大胆的反思

匈奴人为何常年侵扰汉朝边疆？答案本来显而易见：胡人以游牧为生，秋冬之际粮草匮乏，胡人为谋生存，自然会利用机动性和武力的优势南下掠夺（学者许倬云在《万古江河》中对此有详细论述）。这是一个严峻的现实，当时确实没有太好的解决办法，但至少不应归咎于异族的“兽性”——这种污名化的做法非但无助于解决问题，还会让两族间的沟壑越来越深。所以司马迁在《史记》中或隐或显地展开了反思。

从间接的角度，司马迁在《韩长孺列传》《平津侯主父列传》等传记中大量收录朝臣们劝谏征伐四夷的奏议。对此，当代学者徐复观认为《史记》的列传中很少记载奏议，唯独多收录这类奏议，“以见他的微旨”。此外，司马迁还在《平准书》中借秦朝之弊暗讽武帝:“(秦)于是外攘夷狄,内兴功业,海内之士力耕不足粮饷,女子纺绩不足衣服。古者尝竭天下之资财以奉其上,犹自以为不足也。”可谓意味深长。

更直接的言语在《匈奴列传》的“太史公曰”中喷薄而出。司马迁认为振兴尧那样圣人的统治,关键在于挑选合适的文武官员。这就暗示了武帝好大喜功,又听信王恢、任敞等小人的谄媚,大兴武力,穷兵黩武,在匈奴问题上未任用合适的官员。联系《列传》中匈奴、汉朝的特点,以及李广利丧师辱国、最后投敌的结局,司马迁观点的合理性不言而喻。毕竟,战争永远都不应该是一个国家的首选或优选项。即便是以战事立身的兵家,也认为“不战而屈人之兵,善之善者也”(《孙子兵法·谋攻》),不是吗?

南越列传

① 南越王尉佗者,真定人也,姓赵氏[(1)]。秦时已并天下,略定杨越[(2)],置桂林、南海、象郡,以谪徙民,与越杂处十三岁。佗,秦时用为南海龙川令[(3)]。至二世时,南海尉任嚣病且死,召龙川令赵佗语曰:“闻陈胜等作乱,秦为无道,天下苦之,项羽、刘季、陈胜、吴广等州郡各共兴军聚众,虎争天下,中国扰乱,未知所安,豪杰畔秦相立。南海僻远,吾恐盗兵侵地至此,吾欲兴兵绝新道[(4)],自备,待诸侯变,会病甚。且番禺负山险,阻南海,东西数千里,颇有中国人相辅,此亦一州之主也,可以立国。郡中长吏无足与言者,故召公告之。”即被佗书,行南海尉事。嚣死,佗即移檄告横浦、阳山、湟谿关曰:“盗兵且至,急绝道聚兵自守!”因稍以法诛秦所置长吏,以其党为假守。秦已破灭,佗即击并桂林、象郡,自立为南越武王。高帝已定天下,为中国劳苦,故释佗弗诛。汉十一年,遣陆贾因立佗为南越王,与剖符通使,和集百越,毋为南边患害,与长沙接境[(5)]。

② 高后时,有司请禁南越关市铁器[(6)]。佗曰:“高帝立我,通使物,今高后听谗臣,别异蛮夷,隔绝器物,此必长沙王计也,欲倚中国,击灭南越而并王之,自为功也。”于是佗乃自尊号为南越武帝,发兵攻长沙边邑,败数县而去焉。高后遣将军隆虑侯灶往击之。会暑湿,士卒大疫,兵不能逾岭。岁余,高后崩,即罢兵。佗因此以兵威边,财物赂遗闽越、西瓯、骆,役属焉[(7)],东西万余里。乃乘黄屋左

纛，称制[8]，与中国侔。

③ 及孝文帝元年，初镇抚天下，使告诸侯四夷从代来即位意，喻盛德焉。乃为佗亲冢在真定，置守邑，岁时奉祀。召其从昆弟，尊官厚赐宠之。诏丞相陈平等举可使南越者，平言好畤陆贾[9]，先帝时习使南越。乃召贾以为太中大夫，往使。因让佗自立为帝，曾无一介之使报者。陆贾至南越，王甚恐，为书谢，称曰："蛮夷大长老夫臣佗[10]，前日高后隔异南越，窃疑长沙王谗臣，又遥闻高后尽诛佗宗族，掘烧先人冢，以故自弃，犯长沙边境。且南方卑湿，蛮夷中间，其东闽越千人众号称王，其西瓯骆裸国亦称王[11]。老臣妄窃帝号，聊以自娱，岂敢以闻天王哉!"乃顿首谢，愿长为藩臣，奉贡职。于是乃下令国中曰："吾闻两雄不俱立，两贤不并世。皇帝，贤天子也。自今以后，去帝制黄屋左纛。"陆贾还报，孝文帝大说。遂至孝景时，称臣，使人朝请。然南越其居国窃如故号名，其使天子，称王朝命如诸侯[12]。至建元四年卒。……

④ 太子兴代立，其母为太后[13]。太后自未为婴齐姬时，尝与霸陵人安国少季通[14]。及婴齐薨后，元鼎四年[15]，汉使安国少季往谕王、王太后以入朝，比内诸侯；令辩士谏大夫终军等宣其辞，勇士魏臣等辅其缺，卫尉路博德将兵屯桂阳，待使者。王年少，太后中国人也，尝与安国少季通，其使复私焉。国人颇知之，多不附太后。太后恐乱起，亦欲倚汉威，数劝王及群臣求内属[16]。即因使者上书，请比内诸侯，三岁一朝，除边关。于是天子许之，赐其丞相吕嘉银印，及内史、中尉、大傅印，余得自置。除其故黥劓刑，用汉法，比内诸侯。使者皆留填抚之[17]，王、王太后饬治行装重赍，为入朝具。

⑤ 其相吕嘉年长矣，相三王，宗族官仕为长吏者七十余人，男尽尚王女，女尽嫁王子兄弟宗室，及苍梧秦王有连[18]。其居国中甚重，越人信之，多为耳目者，得众心愈于王。王之上书，数谏止王，王弗听。有畔心，数称病不见汉使者。使者皆注意嘉，势未能诛。王、王太后亦恐嘉等先事发，乃置酒，介汉使者权，谋诛嘉等。使者皆东乡，太后南乡，王北乡，相嘉、大臣皆西乡，侍坐饮。嘉弟为将，将卒居宫外。酒行，太后谓嘉曰："南越内属，国之利也，而相君苦不便者，何也?"以激怒使者。使者狐疑相杖[19]，遂莫敢发。嘉见耳目非是[20]，即起而出。太后怒，欲鏦嘉以矛[21]，王止太后。嘉遂出，分其弟兵就舍，称病，不肯见王及使者。乃阴与大臣作乱。王素无意诛嘉，嘉知之，以故数月不发。太后有淫行，国

人不附，欲独诛嘉等，力又不能。

⑥ 天子闻嘉不听王，王、王太后弱孤不能制，使者怯无决。又以为王、王太后已附汉，独吕嘉为乱，不足以兴兵，欲使庄参以二千人往使。参曰："以好往，数人足矣；以武往，二千人无足以为也。"辞不可，天子罢参也。郏壮士故济北相韩千秋奋曰："以区区之越，又有王、太后应，独相吕嘉为害，愿得勇士二百人，必斩嘉以报。"于是天子遣千秋与王太后弟樛乐将二千人往，入越境。吕嘉等乃遂反，下令国中曰："王年少。太后，中国人也，又与使者乱，专欲内属，尽持先王宝器入献天子以自媚，多从人，行至长安，虏卖以为僮仆。取自脱一时之利，无顾赵氏社稷，为万世虑计之意。"乃与其弟将卒攻杀王、太后及汉使者。遣人告苍梧秦王及其诸郡县，立明王长男越妻子术阳侯建德为王(22)。而韩千秋兵入，破数小邑。其后越直开道给食(23)，未至番禺四十里，越以兵击千秋等，遂灭之。使人函封汉使者节置塞上，好为谩辞谢罪，发兵守要害处。于是天子曰："韩千秋虽无成功，亦军锋之冠。封其子延年为成安侯。樛乐，其姊为王太后，首愿属汉。封其子广德为龙亢侯。"乃下赦曰："天子微，诸侯力政，讥臣不讨贼(24)。今吕嘉、建德等反，自立晏如，令罪人及江淮以南楼船十万师往讨之。"

⑦ 元鼎五年秋，卫尉路博德为伏波将军，出桂阳，下汇水；主爵都尉杨仆为楼船将军，出豫章，下横浦；故归义越侯二人为戈船、下厉将军，出零陵，或下离水，或柢苍梧；使驰义侯因巴蜀罪人，发夜郎兵，下牂柯江：咸会番禺。

⑧ 元鼎六年冬，楼船将军将精卒先陷寻陕，破石门，得越船粟，因推而前，挫越锋，以数万人待伏波。伏波将军将罪人，道远，会期后，与楼船会乃有千余人，遂俱进。楼船居前，至番禺。建德、嘉皆城守。楼船自择便处，居东南面；伏波居西北面。会暮，楼船攻败越人，纵火烧城。越素闻伏波名，日暮，不知其兵多少。伏波乃为营(25)，遣使者招降者，赐印，复纵令相招。楼船力攻烧敌，反驱而入伏波营中。犁旦(26)，城中皆降伏波。吕嘉、建德已夜与其属数百人亡入海，以船西去。伏波又因问所得降者贵人，以知吕嘉所之，遣人追之。以其故校尉司马苏弘得建德，封为海常侯；越郎都稽得嘉，封为临蔡侯。……

⑨ 自尉佗初王后，五世九十三岁而国亡焉。

⑩ 太史公曰：尉佗之王，本由任嚣。遭汉初定，列为诸侯。隆虑离湿疫，佗得以益骄。瓯骆相攻，南越动摇。汉兵临境，婴齐入朝。其后亡国，征自樛

女[27]；吕嘉小忠，令佗无后。楼船从欲，怠傲失惑；伏波困穷，智虑愈殖，因祸为福。成败之转，譬若纠墨[28]。

题解

本篇记述了秦末至汉武帝时岭南地区的历史以及中原与岭南地区的关系，是研究岭南问题最早、最基本的珍贵文献资料。选文节录了南越国开国君主赵佗的事迹，以及南越后期陷入内乱，继而被汉朝所灭的情形。

注释

(1)尉佗：即赵佗，曾任南海郡尉，故称尉佗。(2)杨越：古代扬州境内越族居住地，包括今广东、福建、浙江、广西东部、湖南南部、江西南部、越南北部等广大地区。此处专指广东、广西、越南北部一带。杨，同“扬”。(3)南海龙川令：南海郡龙川县县令，其地处今广东龙川县西。(4)绝新道：断绝秦时开辟的中原与越地间的通道。(5)陆贾：刘邦的辩士。剖符：帝王分封诸侯时，将金属或竹木制成的符节中分为二，各执其一，以表互相忠诚。(6)此指不准向南越出售铁制工具。(7)以上都是福建、广西一带的小国。(8)黄屋左纛：帝王车驾的规格。称制：用皇帝的口气发布命令。(9)好畤：汉县名，今陕西乾县东北，陆贾居住地。(10)大长：大头领。(11)裸国：不穿衣服的野蛮国家。(12)窃如故号名：像原来一样窃称帝号。(13)太子兴：南越第四任君主赵兴，其父为第三任君主明王赵婴齐。(14)安国少季：姓安国，名少季。(15)元鼎：汉武帝的第五个年号，前116—前111。(16)内属：成为汉朝的附属国。(17)填：通“镇”。(18)苍梧秦王：赵光，南越王的亲属。有连：有婚姻关系。(19)狐疑相杖：犹豫相持。(20)耳目非是：脸色异于寻常。(21)鏦：用矛刺杀。(22)越妻子：婴齐所娶南越女子生的儿子。(23)直开道给食：让开道路，提供食品。(24)《韩诗外传》：“于时周室微，王道绝，诸侯力征。……于是孔子自东、自西、自南、自北匍匐救之。”天子式微，诸侯国恃强征伐，若不讨贼便会受到圣人批评。政：通“征”。(25)为营：此指多设营帐以虚张声势。(26)犁旦：黎明时分。犁，通“黎”。(27)征：征兆。(28)纠墨：纠缠的绳索，比喻祸福成败的彼此倚伏。

课堂检测

1. 解释加点字，指出个别加点字的用法。
2. 指出划波浪线的句子在句式上的特点，并翻译成现代汉语。

文言积累

1. 下列选项中“以”字含义和用法与其他三项不一样的是（　　）
   A. 置桂林、南海、象郡，以谪徙民　　B. 太后谓嘉曰……以激怒使者
   C. 必斩嘉以报　　D. 尽持先王宝器入献天子以自媚
2. 下列选项中“而”字含义和用法与其他三项不一样的是（　　）
   A. 击灭南越而并王之　　B. 即起而出
   C. 得越船粟，因推而前　　D. 五世九十三岁而国亡焉
3. 将下列句子翻译成现代汉语。
   (1) 且番禺负山险，阻南海，东西数千里，颇有中国人相辅，此亦一州之主也，可以立国。

   ____

   (2) 即因使者上书，请比内诸侯，三岁一朝，除边关。

   ____

阅读提示

1. 分析第④段汉武帝派出使者人员及分派任务的用意。

   ____

   ____

2. 第⑥段中韩千秋失败的原因是什么？

   ____

   ____

咬文嚼字

分析下列语段中个别字词的表达作用。

高后时，有司请禁南越关市铁器。佗曰："高帝立我，通使物，今高后听谗臣，别异蛮夷，隔绝器物，此必长沙王计也，欲倚中国，击灭南越而并王之，自为功也。"于是佗乃自尊号为南越武帝，发兵攻长沙边邑，败数县而去焉。高后遣将军隆虑侯灶往击之。会暑湿，士卒大疫，兵不能逾岭。岁余，高后崩，即罢兵。佗因此以兵威边，财物赂遗闽越、西瓯、骆，役属焉，东西万余里。乃乘黄屋左纛，称制，与中国侔。

1.“于是佗乃自尊号为南越武帝”中，“于是”“乃”两个词是否重复？

2. 分析“高后崩，即罢兵”中“即”字的作用。

合作探究

1. 对于第③段赵佗的上书，明代学者钟惺评论道："佗上书有倔强处，然蛮夷酋长面目毕露。"清代学者吴见思评论道："妙在自占地步，想赵佗是一极聪明人。"联系选文，分析两人评论的含义。

2. 明代学者陈子龙评论本文道："越虽有衅可乘，然口语既泄，去汉又远，往必有变，参可谓知兵矣。"结合第⑥段，分析庄参的“知兵”之处。

读史明理

1. 明代学者凌稚隆评论本文道："图天下者贵识天下之大势，高帝有天下，盖识其势者也。当时吏民新附，叛者九起，故北不刷白登之耻，南不贪百越之臣，……若穷征远伐，变不旋踵，恐鞭长不及马腹，天下匈匈，非我有也。"结合第①段，分析高帝“识其势”的含义。

2. 联系本文和《匈奴列传》，概括太史公对于“四夷”的观点，并谈谈你的看法。

第十九讲　班马异同的比较

主题导读

从汉高祖建国到汉武帝中期的一百余年历史,《史记》《汉书》在内容上是重合的。且班固在撰写《汉书》的这部分内容时,基本沿用了《史记》,这就使得两者有了可比性。所谓"班马异同",便是通过对两部著作重合部分的比较,研究两人在政治立场、学术思想、文采措辞等方面的异同。本讲以彭越的传记为示例,引导读者进行初步探索。

史记·彭越列传

① ……彭越者,昌邑人也(1),字仲。常渔钜野泽中(2),为群盗。陈胜、项梁之起,少年或谓越曰:"诸豪桀相立畔秦,仲可以来,亦效之。"彭越曰:"两龙方斗,且待之。"

② 居岁余,泽间少年相聚百余人,往从彭越,曰:"请仲为长。"越谢曰:"臣不愿与诸君(3)。"少年强请,乃许。与期旦日日出会,后期者斩。旦日日出,十余人后,后者至日中。于是越谢曰:"臣老,诸君强以为长。今期而多后,不可尽诛,诛最后者一人。"令校长斩之。皆笑曰:"何至是?请后不敢。"于是越乃引一人斩之,设坛祭,乃令徒属。徒属皆大惊,畏越,莫敢仰视。乃行略地,收诸侯散卒,得千余人。

③ 沛公之从砀北击昌邑,彭越助之。昌邑未下,沛公引兵西。彭越亦将其众居钜野中,收魏散卒。项籍入关,王诸侯,还归,彭越众万余人毋所属。汉元年秋,齐王田荣畔项王,乃使人赐彭越将军印,使下济阴以击楚。楚命萧公角将兵击越,越大破楚军。汉王二年春,与魏王豹及诸侯东击楚(4),彭越将其兵三万余人归汉于外黄。汉王曰:"彭将军收魏地得十余城,欲急立魏后。今西魏王豹亦

魏王咎从弟也，真魏后。”乃拜彭越为魏相国，擅将其兵，略定梁地[5]。

④ 汉王之败彭城解而西也，彭越皆复亡其所下城，独将其兵北居河上。汉王三年，彭越常往来为汉游兵，击楚，绝其后粮于梁地。汉四年冬，项王与汉王相距荥阳，彭越攻下睢阳、外黄十七城。项王闻之，乃使曹咎守成皋，自东收彭越所下城邑，皆复为楚。越将其兵北走谷城。汉五年秋，项王之南走阳夏，彭越复下昌邑旁二十余城，得谷十余万斛，以给汉王食。

⑤ 汉王败，使使召彭越并力击楚。越曰：“魏地初定，尚畏楚，未可去。”汉王追楚，为项籍所败固陵。乃谓留侯曰：“诸侯兵不从，为之奈何？”留侯曰：“齐王信之立，非君王之意，信亦不自坚。彭越本定梁地，功多，始君王以魏豹故，拜彭越为魏相国。今豹死毋后，且越亦欲王，而君王不蚤定。与此两国约：即胜楚，睢阳以北至谷城，皆以王彭相国；从陈以东傅海，与齐王信。齐王信家在楚，此其意欲复得故邑。君王能出捐此地许二人，二人今可致；即不能，事未可知也。”于是汉王乃发使使彭越，如留侯策。使者至，彭越乃悉引兵会垓下，遂破楚。项籍已死。春，立彭越为梁王，都定陶[6]。

⑥ 六年，朝陈。九年，十年，皆来朝长安。

⑦ 十年秋，陈豨反代地，高帝自往击，至邯郸，征兵梁王。梁王称病，使将将兵诣邯郸。高帝怒，使人让梁王。梁王恐，欲自往谢。其将扈辄曰：“王始不往，见让而往，往则为禽矣。不如遂发兵反。”梁王不听，称病。梁王怒其太仆，欲斩之。太仆亡走汉，告梁王与扈辄谋反。于是上使使掩梁王[7]，梁王不觉，捕梁王，囚之雒阳。有司治反形已具，请论如法。上赦以为庶人，传处蜀青衣[8]。西至郑，逢吕后从长安来，欲之雒阳，道见彭王。彭王为吕后泣涕，自言无罪，愿处故昌邑。吕后许诺，与俱东至雒阳。吕后白上曰：“彭王壮士，今徙之蜀，此自遗患，不如遂诛之。妾谨与俱来。”于是吕后乃令其舍人告彭越复谋反。廷尉王恬开奏请族之，上乃可。遂夷越宗族，国除。

⑧ 太史公曰：魏豹、彭越虽故贱，然已席卷千里，南面称孤，喋血乘胜日有闻矣。怀畔逆之意，及败，不死而虏囚[9]，身被刑戮，何哉？中材已上且羞其行，况王者乎！彼无异故，智略绝人，独患无身耳[10]。得摄尺寸之柄，其云蒸龙变，欲有所会其度[11]，以故幽囚而不辞云。

题解

本文是《魏豹彭越列传》的彭越部分，记述了汉朝开国功臣梁王彭越的事迹。他在楚汉战争中起到了关键作用，但在汉朝建立后很快身死国灭。在表现刘邦杀功臣的若干传记中，本文是太史公态度最明确、指出问题最清楚的一篇。

注释

(1)昌邑：秦县名，今山东巨野县南。(2)钜野泽：水泽名。(3)臣：谦称。(4)魏王豹：魏豹，魏国王室的后代。(5)擅：专。略定：攻克平定。(6)定陶：汉县名，今山东定陶县西北。(7)掩：袭捕。(8)此指以传车将其押往蜀地的青衣县安置。(9)此指遇难不自杀，甘心受缚下狱。(10)此指欲保全性命，只恐身死。(11)此指希望能遇到机会施展才华。度：气量、才干。

课堂检测

1. 解释加点字，指出个别加点字的用法。

2. 指出划波浪线的句子在句式上的特点，并翻译成现代汉语。

文言积累

1. 下列选项中加点词是古今异义的一项是　（　　）

A. 仲可以来，亦效之　　B. 令校长斩之

C. 彭越常往来为汉游兵　　D. 彭王壮士

2. 下列选项中加点字含义和用法判断正确的一项是　（　　）

① 今期而多后　② 以故幽囚而不辞云　③ 使下济阴以击楚　④ 得谷十余万斛，以给汉王食

A. ①②相同，③④相同　　B. ①②相同，③④不同

C. ①②不同，③④相同　　D. ①②不同，③④不同

3. 将下列句子翻译成现代汉语。

(1) 汉王三年，彭越常往来为汉游兵，击楚，绝其后粮于梁地。

(2) 王始不往,见让而往,往则为禽矣。不如遂发兵反。

阅读提示

1. 第②段中,彭越是如何树立军威的?

2. 第⑦段中,吕后怎样说服了汉高祖杀死彭越?

咬文嚼字

分析下列语段中个别字词的表达作用。

居岁余,泽间少年相聚百余人,往从彭越,曰:"请仲为长。"越谢曰:"臣不愿与诸君。"少年强请,乃许。与期旦日日出会,后期者斩。旦日日出,十余人后,后者至日中。于是越谢曰:"臣老,诸君强以为长。今期而多后,不可尽诛,诛最后者一人。"令校长斩之。皆笑曰:"何至是?请后不敢。"于是越乃引一人斩之,设坛祭,乃令徒属。徒属皆大惊,畏越,莫敢仰视。乃行略地,收诸侯散卒,得千余人。

1. 上文有两处"旦日日出",是否重复?

2. "于是越乃引一人斩之,设坛祭,乃令徒属"中,两处"乃"和一处"于是"是否重复?

合作探究

1. 清代学者吴见思评论本文道:"待时而动,审顾却虑,写彭越不凡,起手便不草草，正见老成处。”结合第①段分析“老成处”的含义。

______

______

2. 清代学者李景星评论本文道：“（本文）曰‘朝陈’，曰‘皆来朝长安’，曰‘梁王恐，欲往自谢’，曰‘梁王不觉’，曰‘自言无罪’，皆于无形中证明越之不反。”结合选文，分析彭越“不反”的含义。

______

______

读史明理

明代学者杨慎评论本文的“太史公曰”道：“此赞曲折甚奇，能言豪杰意中事，取于众人所不取，亦其素意如此。”联系太史公生平，分析“素意”的含义。

______

______

汉书·彭越传

① ……彭越字仲，昌邑人也。常渔钜野泽中，为盗。陈胜起，或谓越曰：“豪桀相立畔秦，仲可效之。”越曰：“两龙方斗，且待之。”

② 居岁余，泽间少年相聚百余人，往从越，“请仲为长”，越谢不愿也。少年强请，乃许。与期旦日日出时，后会者斩。旦日日出，十余人后，后者至日中。于是越谢曰：“臣老，诸君强以为长。今期而多后，不可尽诛，诛最后者一人。”令校长斩之。皆笑曰：“何至是！请后不敢。”于是越乃引一人斩之，设坛祭，令徒属。徒属皆惊，畏越，不敢仰视。乃行略地，收诸侯散卒，得千余人。

③ 沛公之从砀北击昌邑，越助之。昌邑未下，沛公引兵西。越亦将其众居钜野泽中，收魏败散卒。项籍入关，王诸侯，还归，越众万余人无所属。齐王田荣叛项王，汉乃使人赐越将军印，使下济阴以击楚。楚令萧公角将兵击越，越大破楚军。汉二年春，与魏豹及诸侯东击楚，越将其兵三万余人，归汉外黄。汉王曰：“彭将军收魏地，得十余城，欲急立魏后。今西魏王豹，魏咎从弟，真魏也。”乃拜

越为魏相国，擅将兵，略定梁地。

④ 汉王之败彭城解而西也，越皆亡其所下城，独将其兵北居河上。汉三年，越常往来为汉游兵击楚，绝其粮于梁地。项王与汉王相距荥阳，越攻下睢阳、外黄十七城。项王闻之，乃使曹咎守成皋，自东收越所下城邑，皆复为楚。越将其兵北走谷城。项王南走阳夏，越复下昌邑旁二十余城，得粟十余万斛，以给汉食。

⑤ 汉王败，使使召越并力击楚，越曰："魏地初定，尚畏楚，未可去。"汉王追楚，为项籍所败固陵。乃谓留侯曰："诸侯兵不从，为之奈何？"留侯曰："彭越本定梁地，功多，始君王以魏豹故，拜越为相国。今豹死亡后，且越亦欲王，而君王不蚤定。今取睢阳以北至谷城，皆许以王彭越。"又言所以许韩信。语在《高纪》。于是汉王发使使越，如留侯策。使者至，越乃引兵会垓下。项籍死，立越为梁王，都定陶。

⑥ 六年，朝陈。九年，十年，皆来朝长安。

⑦ 陈豨反代地，高帝自往击之，至邯郸，征兵梁。梁王称病，使使将兵诣邯郸。高帝怒，使人让梁王。梁王恐，欲自往谢。其将扈辄曰："王始不往，见让而往，往即为禽，不如遂发兵反。"梁王不听，称病。梁太仆有罪，亡走汉，告梁王与扈辄谋反。于是上使使掩捕梁王，囚之雒阳。有司治反形已具，请论如法。上赦以为庶人，徙蜀青衣。西至郑，逢吕后从长安东，欲之雒阳，道见越。越为吕后泣涕，自言亡罪，愿处故昌邑。吕后许诺，诏与俱东。至雒阳，吕后言上曰："彭越壮士也，今徙之蜀，此自遗患，不如遂诛之。妾谨与俱来。"于是吕后令其舍人告越复谋反。廷尉奏请，遂夷越宗族。……

⑧ 赞曰：昔高祖定天下，功臣异姓而王者八国。张耳、吴芮、彭越、黥布、臧荼、卢绾与两韩信，皆徼一时之权变，以诈力成功，咸得裂土(1)，南面称孤。见疑强大，怀不自安，事穷势迫，卒谋叛逆，终于灭亡。……

题解

本文选自《汉书·韩彭英卢吴传》，为《汉书》中彭越的传记，在基本沿袭《史记》内容的基础上，本文有不少改动调整之处，可以作为"班马异同"的典型案例。

注释

(1)徼:贪求。裂土:分封。

咬文嚼字

1. 第①段中,《史记》“常渔钜野泽中,为群盗”一句,《汉书》删“群”字。你觉得是否妥当,为什么?

2. 第②段中,《史记》“徒属皆大惊,畏越,莫敢仰视”一句,《汉书》删“大”字,并将“莫”换为“不”。你觉得是否妥当,为什么?

文采措辞

第⑦段中,《史记》“于是上使使掩梁王,梁王不觉,捕梁王”一句,《汉书》改作“于是上使使掩捕梁王。”你觉得是否妥当,为什么?

读史明理

1. 第④段中,《史记》“得谷十余万斛,以给汉王食”一句,《汉书》删“王”字。你觉得是否妥当,为什么?

2. 第⑦段中,《史记》“十年秋,陈豨反代地”一句,《汉书》删“十年秋”三字。你觉得是否妥当,为什么?

3. 第⑦段中,《史记》“西至郑,逢吕后从长安来,欲之雒阳,道见彭王。彭王为吕后泣涕,自言无罪,愿处故昌邑。吕后许诺,与俱东至雒阳。吕后白上曰:‘彭王壮士，今徙之蜀，此自遗患，不如遂诛之。妾谨与俱来。'"一段，《汉书》将三处"彭王"都改作"彭越"或"越"。你觉得是否妥当，为什么？

深度解析

"班马异同"管窥

——解读《史记·彭越列传》《汉书·彭越传》

从汉高祖建国到汉武帝中期的一百余年历史，《史记》《汉书》在内容上是重合的。且班固在撰写《汉书》的这部分内容时，基本沿用了《史记》，这就使得两部史学名著有了很大的可比性。所谓"班马异同"，便是通过对两部著作重合部分的比较，研究两人在政治立场、学术思想、文采措辞等方面的异同。彭越是汉初八位异姓王之一，他的传记正可以作为管窥"班马异同"的典型案例。

个性的塑造

《史记》《汉书》都是纪传体史书，以人物为中心记载历史。那么，彭越是个怎么样的人？《史记》中彭越的性格，一言以蔽之：暴烈。彭越早年为"群"盗（可知彭越的势力已成气候，具备一定规模，绝非是只甘为拦路劫财的小贼独盗。其枭雄潜质，可见一斑），拢"少年"于大泽（"少年"二字说明了彭越手下正是一群热血儿郎。再反过来暗示彭越本人之性情：能率服众少年者，虽不必尽如少年，却必有少年人之血性）；斩违令者而使下属"大"惊，"莫"敢仰视（强调彭越的果敢冷酷给群盗的震惊与威慑）；一旦得到汉王封王的承诺，"悉"引兵助之（对于汉王毫无保留的支持与忠诚）；久滞封地，他动辄"怒"而"斩"太仆（呼应前文起义时的铁血手段）——凡此种种，与"暴烈"二字可谓丝丝入扣。这番快意恩仇的火热性情，正是乱世枭雄彭越所当有的独特个性。

以上引号中的修饰词，在《汉书》中被一概删去或改掉。一方面，有不少学者认为这是史书所应有的客观简练；另一方面，也有学者指出，《史记》塑造的人物个性更真切鲜明。

记事的角度

即便对于同一件事的记载,《汉书》与《史记》也有许多明显的差别。

彭越的主要事迹,即楚汉争霸期间的战事。《史记》记载彭越在汉三年击楚,"绝其后粮于梁地",《汉书》删去了"后"字。既曰"后粮",可见彭越断绝的不是项羽随军之粮。一方面凸显项羽军队尚强,彭越不敢正面对敌;一方面也暗示着彭越的谋略:后粮一绝,虽无近忧,必有远虑。项羽此时正与汉军相持,短时间内不可能撤军。眼见后援乏力,怎能不自乱阵脚?

彭越封王之后,《史记》记载"六年,朝陈。九年,十年,皆来朝长安。十年秋陈豨反代地。"《汉书》删"十年秋"。表面看来,班固此举无可非议:前文已记"十年",后面便不必重复。可是,这并非纯粹的纪年问题,而是司马迁"微言法"的一次光彩运用:"十年秋"有陈豨反汉之事;彭越则继六年、九年之后连续第三次,再度赴长安朝拜君王。一年之内,一逆一忠,对比鲜明。"十年"的顶真格,强调的是彭越对于汉室的忠心,深含的是司马迁对于彭越的认同。

《汉书》中这样删改的例子比比皆是:彭越掠夺粮食来供汉"王"食,删去"王",弱化了他对汉王的忠心;垓下之战,彭越出兵"遂破楚",删去"遂破楚",彭越为统一大业贡献的力量消弭无形。总之,彭越的面目在《汉书》中越来越模糊了。

避讳的选择

刘邦与彭越的关系千丝万缕,密不可分。写两者的交往过程,不可避免会涉及刘邦的性格。《史记》中,垓下之战时汉王听张良的建议,"于是汉王乃发使使彭越,如留侯策。"《汉书》删去了"乃"字。"乃"在这里有"才"的意思,暗指汉王先前犹豫不决、踌躇再三的心理,颇为传神。《汉书》删此字,汉王倒变得英明果断起来。

就整篇传记来看,班固为刘邦避讳,很大程度上便是在遮掩彭越的悲剧性命运。因为彭越的"盖棺定论"是逆臣,所以刘邦在彭越面前暴露弱点,不免与官方的定论自相矛盾。更不用说成为皇帝后的高祖,只能有"斩白蛇""带云气"的神异,怎能渲染征兵梁"王"、"上乃可"这样不可告人的阴谋诡计呢?

迥异的立场

传记最后的评论,最能直接反应出作者对于人物的看法。"太史公曰"用"然已席卷千里，南面称孤，喋血乘胜日有闻矣”突出彭越的强悍勇武，又以“怀叛逆之意”“反形已具”暗示彭越并无谋反的行动，更用“不死而虏囚，身被刑戮”的遭际，慨叹“其云蒸龙变，欲有所会其度”的抱负。司马迁对彭越的评价，由切实的评论过渡到个人的抒情，可谓凝练酣畅。

《汉书》的“赞曰”，则删去了彭越“不死而虏囚，身被刑戮”的隐忍，只突出他是“徼一时之权变，以诈力成功”的小人。至于叛逆之事，也超越“反形”的阶段，达到了“卒谋叛逆”的实质地步。末了更以长沙王吴芮“不失正道”的光辉形象对应彭越的不忠。

如此巨大的差异，其实反映了两位作者作史的迥异立场——班固写《汉书》，开始虽有波折，最后还是得到汉明帝的大力支持。所以整部《汉书》，稳稳站在“尊汉”的立场。而司马迁作《史记》，以“通古今之变”为使命，卓然站在“人类之立场”（徐复观语）。

总之，司马迁热爱着这个前半生敢作敢为、暴烈勇猛，后半生凄凉无比、命不自保的彭王。彭王早年发奋，忍辱负重，心有所待，都是司马迁极为赞许向往的人生态度。加之彭越生卒离司马迁生活年代尚近，许多遗迹逸闻还萦绕在历史的廊柱之间，栩栩如生。较之班固的百年之隔，他可以感受到一个更真实更鲜活的彭王。《史记·彭越列传》，是司马迁呕心沥血之作；《汉书·彭越传》，只大略以文字承袭《史记》，不免略显失色。通过比较更多《史记》《汉书》同一传主的传记，我们可以更充分地体会到两位大家在史学和文学上的差异。

第二十讲　探索司马迁的内心世界

主题导读

司马迁是谁，他为什么要写《史记》，他又是怎样完成《史记》的，这个漫长的过程中发生了什么惊天巨变？这些基本问题，是我们阅读《史记》的必经之路。本讲选取了《史记》最后一篇《太史公自序》，以及司马迁著名的书信《报任少卿书》，从“历史”和“个人”这两个角度引导读者走进司马迁的内心世界。

太史公自序

① ……太史公既掌天官，不治民[(1)]。有子曰迁。

② 迁生龙门[(2)]，耕牧河山之阳。年十岁则诵古文[(3)]。二十而南游江、淮，上会稽，探禹穴，窥九疑，浮于沅、湘；北涉汶、泗，讲业齐、鲁之都，观孔子之遗风，乡射邹、峄；厄困鄱、薛、彭城，过梁、楚以归[(4)]。于是迁仕为郎中[(5)]，奉使西征巴、蜀以南，南略邛、笮、昆明，还报命。

③ 是岁天子始建汉家之封[(6)]，而太史公留滞周南，不得与从事，故发愤且卒[(7)]。而子迁适使反，见父于河洛之间。太史公执迁手而泣曰：“余先周室之太史也。自上世尝显功名于虞夏，典天官事。后世中衰，绝于予乎？汝复为太史，则续吾祖矣。今天子接千岁之统，封泰山，而余不得从行，是命也夫，命也夫！余死，汝必为太史；为太史，无忘吾所欲论著矣。且夫孝始于事亲，中于事君，终于立身。扬名于后世，以显父母，此孝之大者。夫天下称诵周公，言其能论歌文武之德[(8)]，宣周邵之风，达太王王季之思虑，爰及公刘，以尊后稷也[(9)]。幽厉之后，王道缺，礼乐衰，孔子修旧起废，论《诗》《书》，作《春秋》，则学者至今则之。自获麟以来四百有余岁，而诸侯相兼，史记放绝[(10)]。今汉兴，海内一统，明主贤君忠臣死义之士，余为太史而弗论载，废天下之史文，余甚惧焉，汝其念哉！”迁俯首流

涕曰:“小子不敏,请悉论先人所次旧闻,弗敢阙[11]。”

④ 卒三岁而迁为太史令,细史记石室金匮之书[12]。五年而当太初元年,十一月甲子朔旦冬至,天历始改,建于明堂,诸神受纪。

⑤ 太史公曰[13]:“先人有言:‘自周公卒五百岁而有孔子。孔子卒后至于今五百岁,有能绍明世,正《易传》,继《春秋》,本《诗》《书》《礼》《乐》之际[14]?’意在斯乎!意在斯乎!小子何敢让焉。”

⑥ 上大夫壶遂曰[15]:“昔孔子何为而作《春秋》哉?”太史公曰:“余闻董生曰[16]:‘周道衰废,孔子为鲁司寇,诸侯害之,大夫壅之。孔子知言之不用,道之不行也,是非二百四十二年之中,以为天下仪表,贬天子,退诸侯,讨大夫,以达王事而已矣。’子曰:‘我欲载之空言,不如见之于行事之深切著明也。’夫《春秋》,上明三王之道,下辨人事之纪,别嫌疑,明是非,定犹豫,善善恶恶,贤贤贱不肖,存亡国,继绝世[17],补敝起废,王道之大者也。《易》著天地阴阳四时五行,故长于变;《礼》经纪人伦,故长于行;《书》记先王之事,故长于政;《诗》记山川溪谷禽兽草木牝牡雌雄,故长于风;《乐》乐所以立,故长于和;《春秋》辩是非,故长于治人。是故《礼》以节人,《乐》以发和[18],《书》以道事,《诗》以达意,《易》以道化,《春秋》以道义。拨乱世反之正,莫近于《春秋》。《春秋》文成数万,其指数千。万物之散聚皆在《春秋》。《春秋》之中,弑君三十六,亡国五十二,诸侯奔走不得保其社稷者不可胜数。察其所以,皆失其本已。故《易》曰‘失之毫厘,差以千里’。故曰‘臣弑君,子弑父,非一旦一夕之故也,其渐久矣’。故有国者不可以不知《春秋》,前有谗而弗见,后有贼而不知。为人臣者不可以不知《春秋》,守经事而不知其宜[19],遭变事而不知其权。为人君父而不通于《春秋》之义者,必蒙首恶之名。为人臣子而不通于《春秋》之义者,必陷篡弑之诛,死罪之名。其实皆以为善,为之不知其义,被之空言而不敢辞[20]。夫不通礼义之旨,至于君不君,臣不臣,父不父,子不子。夫君不君则犯,臣不臣则诛,父不父则无道,子不子则不孝。此四行者,天下之大过也。以天下之大过予之,则受而弗敢辞。故《春秋》者,礼义之大宗也。夫礼禁未然之前,法施已然之后;法之所为用者易见,而礼之所为禁者难知。”

⑦ 壶遂曰:“孔子之时,上无明君,下不得任用,故作《春秋》,垂空文以断礼义,当一王之法。今夫子上遇明天子,下得守职,万事既具,咸各序其宜,夫子所

论，欲以何明？"

⑧ 太史公曰："唯唯，否否，不然[21]。余闻之先人曰：'伏羲至纯厚，作《易》八卦。尧舜之盛，《尚书》载之，礼乐作焉。汤武之隆，诗人歌之。《春秋》采善贬恶，推三代之德，褒周室，非独刺讥而已也。'汉兴以来，至明天子[22]，获符瑞，封禅，改正朔，易服色，受命于穆清，泽流罔极，海外殊俗，重译款塞[23]，请来献见者，不可胜道。臣下百官力诵圣德，犹不能宣尽其意。且士贤能而不用，有国者之耻；主上明圣而德不布闻，有司之过也。且余尝掌其官，废明圣盛德不载，灭功臣世家贤大夫之业不述，堕先人所言，罪莫大焉。余所谓述故事，整齐其世传，非所谓作也，而君比之于《春秋》，谬矣。"

⑨ 于是论次其文。七年而太史公遭李陵之祸，幽于缧绁[24]。乃喟然而叹曰："是余之罪也夫！是余之罪也夫！身毁不用矣。"退而深惟曰："夫《诗》《书》隐约者，欲遂其志之思也。昔西伯拘羑里，演《周易》；孔子厄陈蔡，作《春秋》；屈原放逐，著《离骚》；左丘失明，厥有《国语》；孙子膑脚，而论兵法；不韦迁蜀，世传《吕览》；韩非囚秦，《说难》《孤愤》；《诗》三百篇，大抵贤圣发愤之所为作也[25]。此人皆意有所郁结，不得通其道也，故述往事，思来者。"于是卒述陶唐以来，至于麟止，自黄帝始。……

题解

本篇记述了作者的生平和家世，叙述了作者写作《史记》的时代条件、个人动机和受刑后忍辱著书的毅力，介绍了《史记》的规模体例以及各篇的基本内容。本文选取了作者生平和创作动机的部分。

注释

(1)太史公：汉朝太常属下有太史令，太史公是对其尊称。此指司马迁之父司马谈。(2)龙门：地名，今陕西韩城市东北。(3)古文：先秦流传下来的用六国古文字所写的经籍。(4)以上是司马迁年轻时游历之地，遍及东部和中部地区。(5)仕为郎中：因父亲为官而得保任为郎中。(6)是岁：武帝元封元年(前110)。汉家之封：汉朝的封禅。(7)此指司马谈没有参与封禅活动，而封禅与太史令职责相关，故司马谈深以为憾，发病将死。(8)论歌：写文、作诗来宣传歌颂。

(9)“太王”以下所举都是周朝历代先祖,详见《周本纪》。(10)获麟:鲁哀公十四年(前481)西狩获麟,孔子对此伤心慨叹,《春秋》的写作也至此结束。史记放绝:各国史书丢失散乱。(11)论:论定。次:编排。(12)此指大量缀集皇宫所藏史书。(13)太史公是司马迁自指。(14)有能:谁能。绍:继承发扬。(15)壶遂:武帝时的天文学家。(16)董生:董仲舒。(17)继绝世:使已经断绝的帝王世系再继续下去。(18)发和:抒发人的平和之气。(19)经事:正常情况。(20)此指初怀善心行事,但不知义理,受到舆论谴责便不敢为自己辩驳。(21)此指既不敢肯定也不甘心否定,进退失据的回答。(22)明天子:此指汉武帝。(23)获符瑞:出现上天所降的吉祥征兆。改正朔:颁行新历法。易服色:车马、礼服等改用新的颜色。穆清:上天。泽流罔极:皇帝的恩泽远播到没有尽头的远方。重译款塞:经过几重的翻译,叩塞门而入,来到中国。(24)李陵之祸:李陵征匈奴兵败被俘,司马迁因为他求情而下狱,随后身受宫刑。缧绁:捆犯人的绳索。(25)发愤:自觉不满,奋力为之。

课堂检测

1. 解释加点字,指出个别加点字的用法。
2. 指出划波浪线的句子在句式上的特点,并翻译成现代汉语。

文言积累

1. 下列选项中加点字不是通假字的一项是　(　　)

   A. 而子迁适使反
   B.《书》记先王之事,故长于政
   C.《诗》记山川溪谷禽兽草木牝牡雌雄,故长于风
   D.《春秋》辩是非,故长于治人

2. 下列选项中“而”字含义和用法与其他三项不一样的是　(　　)

   A. 是岁天子始建汉家之封,而太史公留滞周南
   B. 今天子接千岁之统,封泰山,而余不得从行
   C. 前有谗而弗见
   D. 法之所为用者易见,而礼之所为禁者难知

3. 将下列句子翻译成现代汉语。

(1) 今汉兴，海内一统，明主贤君忠臣死义之士，余为太史而弗论载，废天下之史文，余甚惧焉，汝其念哉！

(2) 大礼禁未然之前，法施已然之后；法之所为用者易见，而礼之所为禁者难知。

阅读提示

1. 根据第②、④段，司马迁为写作《史记》做了哪些准备？

2. 根据第⑥段，为什么“拨乱世反之正，莫近于《春秋》”？

3. 第⑨段罗列周文王、孔子等人事例的作用是什么？

咬文嚼字

分析下列语段中个别字词的表达作用。

于是论次其文。七年而太史公遭李陵之祸，幽于缧绁。乃喟然而叹曰：“是余之罪也夫！是余之罪也夫！身毁不用矣。”退而深惟曰：“夫《诗》《书》隐约者，欲遂其志之思也。昔西伯拘羑里，演《周易》；孔子厄陈蔡，作《春秋》；屈原放逐，著《离骚》；左丘失明，厥有《国语》；孙子膑脚，而论兵法；不韦迁蜀，世传《吕览》；韩非囚秦，《说难》《孤愤》；《诗》三百篇，大抵贤圣发愤之所为作也。此人皆意有所郁结，不得通其道也，故述往事，思来者。”于是卒述陶唐以来，至于麟止，自黄帝始。

“大抵贤圣发愤之所为作也”“此人皆意有所郁结”中“大抵”“皆”是否矛盾？

合作探究

1. 清代学者吴见思评论本文道:“(司马谈父子临终的对话)句句转折,字字凄咽。”结合第③段,分析此语的含义。

2. 就史实看,周公至孔子约五百年,孔子至太史公时不过三四百年。对此,清代学者崔适评论本文道:“云‘五百岁’者,此以祖述之意相比,所谓断章取义,不必以实数求也。”你是否同意他的观点,为什么?

读史明理

1. 太史公先以继承《春秋》自任,后又责怪壶遂不应把《史记》比于《春秋》。对于这种矛盾态度,明代学者徐孚远评论道:“史公为此言,惧有‘谤书’之祸也。”联系选文,分析太史公对此的真实想法。

2. 第⑥段提及“君不君则犯,臣不臣则诛。”从本书所选篇目中各举一个例子来印证此语。

报任少卿书

① 太史公牛马走司马迁再拜言(1)。少卿足下:曩者辱赐书,教以慎于接物,推贤进士为务(2),意气勤勤恳恳,若望仆不相师,而用流俗人之言。仆非敢如此

也。仆虽罢驽，亦尝侧闻长者之遗风矣。顾自以为身残处秽，动而见尤，欲益反损，是以独郁悒而无谁语。谚曰："谁为为之？孰令听之[(3)]？"盖钟子期死，伯牙终身不复鼓琴。何则？士为知己者用，女为说己者容。若仆大质已亏缺矣，虽材怀随、和，行若由、夷，终不可以为荣，适足以发笑而自点耳[(4)]。书辞宜答，会东从上来[(5)]，又迫贱事，相见日浅，卒卒无须臾之间，得竭指意。今少卿抱不测之罪，涉旬月，迫季冬，仆又薄从上雍，恐卒然不可为讳[(6)]，是仆终已不得舒愤懑以晓左右[(7)]，则长逝者魂魄私恨无穷。请略陈固陋。阙然久不报[(8)]，幸勿为过！

② 仆闻之：修身者，智之符也[(9)]；爱施者，仁之端也；取与者[(10)]，义之表也；耻辱者，勇之决也；立名者，行之极也。士有此五者，然后可以托于世，而列于君子之林矣。故祸莫憯于欲利[(11)]，悲莫痛于伤心，行莫丑于辱先，诟莫大于宫刑。刑余之人，无所比数，非一世也，所从来远矣。昔卫灵公与雍渠同载，孔子适陈；商鞅因景监见，赵良寒心；同子参乘，袁丝变色：自古而耻之[(12)]。夫以中才之人，事有关于宦竖，莫不伤气，而况于慷慨之士乎！如今朝廷虽乏人，奈何令刀锯之余，荐天下之豪俊哉！

③ 仆赖先人绪业，得待罪辇毂下，二十余年矣。所以自惟：上之，不能纳忠效信，有奇策材力之誉，自结明主；次之，又不能拾遗补阙，招贤进能，显岩穴之士；外之，又不能备行伍，攻城野战，有斩将搴旗之功；下之，不能积日累劳，取尊官厚禄，以为宗族交游光宠。四者无一遂，苟合取容，无所短长之效，可见如此矣。向者，仆常厕下大夫之列[(13)]，陪外廷末议。不以此时引维纲[(14)]，尽思虑，今以亏形为扫除之隶，在阘茸之中[(15)]，乃欲仰首伸眉，论列是非，不亦轻朝廷、羞当世之士邪？嗟乎！嗟乎！如仆尚何言哉！尚何言哉！

④ 且事本末未易明也。仆少负不羁之才[(16)]，长无乡曲之誉，主上幸以先人之故，使得奏薄技，出入周卫之中。仆以为戴盆何以望天[(17)]，故绝宾客之知，亡室家之业，日夜思竭其不肖之才力，务一心营职，以求亲媚于主上。而事乃有大谬不然者！

⑤ 夫仆与李陵，俱居门下，素非能相善也，趣舍异路，未尝衔杯酒，接殷勤之余欢；然仆观其为人，自守奇士[(18)]，事亲孝，与士信，临财廉，取与义，分别有让[(19)]，恭俭下人，常思奋不顾身，以徇国家之急。其素所蓄积也，仆以为有国士之风。夫人臣出万死不顾一生之计，赴公家之难，斯以奇矣。今举事一不当，而

全躯保妻子之臣，随而媒蘖其短[20]，仆诚私心痛之！且李陵提步卒不满五千，深践戎马之地，足历王庭，垂饵虎口，横挑强胡，仰亿万之师，与单于连战十有余日，所杀过当[21]。虏救死扶伤不给，旃裘之君长咸震怖，乃悉征其左、右贤王，举引弓之人[22]，一国共攻而围之。转斗千里，矢尽道穷，救兵不至，士卒死伤如积。然陵一呼劳军，士无不起，躬自流涕，沬血饮泣，更张空拳，冒白刃，北向争死敌者。陵未没时，使有来报，汉公卿王侯，皆奉觞上寿。后数日，陵败书闻，主上为之食不甘味，听朝不怡，大臣忧惧，不知所出。仆窃不自料其卑贱，见主上惨怆怛悼，诚欲效其款款之愚，以为李陵素与士大夫绝甘分少[23]，能得人死力，虽古之名将不能过也。身虽陷败，彼观其意，且欲得其当而报于汉[24]；事已无可奈何，其所摧败，功亦足以暴于天下矣。仆怀欲陈之而未有路，适会召问，即以此指推言陵之功，欲以广主上之意，塞睚眦之辞。未能尽明，明主不晓，以为仆沮贰师[25]，而为李陵游说，遂下于理。拳拳之忠，终不能自列，因为诬上，卒从吏议。家贫，货赂不足以自赎，交游莫救，左右亲近，不为一言。身非木石，独与法吏为伍，深幽囹圄之中，谁可告愬者[26]！此真少卿所亲见，仆行事岂不然乎？李陵既生降，隤其家声；而仆又佴之蚕室[27]，重为天下观笑。悲夫！悲夫！事未易一二为俗人言也。

⑥ 仆之先，非有剖符丹书之功，文史、星历，近乎卜祝之间，固主上所戏弄，倡优所畜，流俗之所轻也。假令仆伏法受诛，若九牛亡一毛，与蝼蚁何以异？而世又不与能死节者，特以为智穷罪极，不能自免，卒就死耳。何也？素所自树立使然也。人固有一死，或重于太山，或轻于鸿毛，用之所趋异也。太上不辱先，其次不辱身，其次不辱理色[28]，其次不辱辞令，其次诎体受辱[29]，其次易服受辱，其次关木索[30]、被箠楚受辱，其次剔毛发、婴金铁受辱，其次毁肌肤、断肢体受辱，最下腐刑，极矣！传曰"刑不上大夫。"此言士节不可不勉励也。猛虎在深山，百兽震恐，及在槛阱之中，摇尾而求食，积威约之渐也。故有画地为牢，势不可入；削木为吏，议不可对：定计于鲜也[31]。今交手足，受木索，暴肌肤，受榜箠，幽于圜墙之中，当此之时，见狱吏则头抢地，视徒隶则心惕息[32]。何者？积威约之势也。及以至是，言不辱者，所谓强颜耳，曷足贵乎！且西伯，伯也，拘于羑里；李斯，相也，具于五刑；淮阴，王也，受械于陈；彭越、张敖，南面称孤，系狱抵罪；绛侯诛诸吕，权倾五伯，囚于请室；魏其，大将也，衣赭衣，关三木；季布为朱家

钳奴；灌夫受辱于居室。此人皆身至王侯将相，声闻邻国，及罪至罔加[33]，不能引决自裁，在尘埃之中[34]，古今一体，安在其不辱也？由此言之，勇怯，势也；强弱，形也。审矣！何足怪乎？夫人不能早自裁绳墨之外，以稍陵迟至于鞭箠之间[35]，乃欲引节，斯不亦远乎！古人所以重施刑于大夫者，殆为此也。

⑦ 夫人情莫不贪生恶死，念父母，顾妻子；至激于义理者不然，乃有所不得已也。今仆不幸，早失父母，无兄弟之亲，独身孤立，少卿视仆于妻子何如哉？且勇者不必死节，怯夫慕义，何处不勉焉[36]！仆虽怯懦，欲苟活，亦颇识去就之分矣，何至自沈溺缧绁之辱哉！且夫臧获婢妾[37]，犹能引决，况仆之不得已乎？所以隐忍苟活，幽于粪土之中而不辞者，恨私心有所不尽，鄙陋没世而文采不表于后世也。

⑧ 古者富贵而名摩灭，不可胜记，唯倜傥非常之人称焉。盖文王拘而演《周易》；仲尼厄而作《春秋》；屈原放逐，乃赋《离骚》；左丘失明，厥有《国语》；孙子膑脚，《兵法》修列；不韦迁蜀，世传《吕览》；韩非囚秦，《说难》《孤愤》；《诗》三百篇，大底圣贤发愤之所为作也。此人皆意有郁结，不得通其道，故述往事，思来者。乃如左丘无目，孙子断足，终不可用，退而论书策，以舒其愤，思垂空文以自见[38]。

⑨ 仆窃不逊，近自托于无能之辞，网罗天下放失旧闻，略考其行事，综其终始，稽其成败兴坏之纪，上计轩辕，下至于兹，为十表，本纪十二，书八章，世家三十，列传七十，凡百三十篇。亦欲以究天人之际，通古今之变，成一家之言。草创未就，会遭此祸，惜其不成，是以就极刑而无愠色。仆诚以著此书[39]，藏诸名山，传之其人，通邑大都，则仆偿前辱之责[40]，虽万被戮，岂有悔哉！然此可为智者道，难为俗人言也。

⑩ 且负下未易居，下流多谤议。仆以口语遇此祸，重为乡党所笑，以污辱先人，亦何面目复上父母之丘墓乎？虽累百世，垢弥甚耳！是以肠一日而九回，居则忽忽若有所亡，出则不知其所往。每念斯耻，汗未尝不发背沾衣也。身直为闺阁之臣[41]，宁得自引深藏于岩穴邪？故且从俗浮沉，与时俯仰，以通其狂惑[42]。今少卿乃教以推贤进士，无乃与仆私心剌谬乎[43]？今虽欲自雕琢，曼辞以自饰，无益于俗，不信，适足取辱耳。要之死日，然后是非乃定。书不能悉意，略陈固陋。谨再拜。

题解

任安，字少卿，曾居益州刺史、北军使者护军等高位，后下狱被诛。他曾给司马迁写信，于是司马迁写下这篇千古名文回复任安，这也可算是司马迁对于整个不理解他的西汉上流社会的一封公开信。本文最早见于《汉书》，《文选》亦有收录。司马迁借着给任安回信的机会，倾诉了自己因李陵事件而受宫刑的全过程，叙述了自己忍辱著书的目的、决心、毅力及其极端痛苦的心情，也流露着对汉武帝、酷吏政治，乃至整个官僚社会的批评和厌恶。

注释

(1)太史公：司马迁自称。牛马走：自谦之辞。(2)任安，字少卿。司马迁故交。此时任安已因戾太子之事下狱。(3)此指为谁去做、叫谁来听。暗指无知己者。(4)大质：身体。点：玷污。(5)会东从上来：跟着皇帝从东方回来。(6)薄从上雍：迫于要跟从武帝到雍州去。不可为讳：指任安被杀。(7)左右：敬称对方。(8)阙然久不报：好久没有写回信。阙：通“缺”。(9)符：表现。后文的“端”“表”“决”“极”含义大致与此相同。(10)取与：接受、给予。(11)憯：同“惨”。(12)这里用了三个典故：卫灵公外出时让宦官雍渠同车，孔子坐在后车，孔子以为耻，离开卫国。商鞅通过宦官景监见秦孝公，后赵良劝说商鞅引退时，认为这不光彩。汉文帝外出时让宦官赵谈陪乘，袁丝认为不成体统，劝文帝让其下车。(13)常：通“尝”。厕：列。(14)引维纲：根据国家典章法纪(以论是非)。(15)阘茸：微贱之地。(16)负：辜负。(17)戴盆何以望天：头戴盆则望不见天。比喻做事需专注一头、全心全力。(18)自守奇士：以奇士的操节自守。(19)分别有让：待人接物有长幼之分别，谦逊礼让。(20)媒孽：添油加醋。(21)王庭：单于的大本营。所杀过当：杀敌之数较自己牺牲之数为多。(22)举：全部征调。(23)绝甘分少：自己不要好东西，分给别人珍稀之物。(24)得其当：得一份与其罪过相当的功劳。(25)沮贰师：诋毁诽谤贰师将军李广利。李广利是武帝宠姬李夫人之弟，时为伐匈奴主帅，李陵为其偏师。(26)愬：通“诉”。(27)佴：随后。蚕室：刚受宫刑者居住的温室。(28)理色：道义、面子。(29)诎体：肢体弯曲，指被绳索束缚。诎，同“屈”。(30)关木索：披枷带锁。(31)议：同“义”。定计于鲜：预先自杀。(32)惕：

惧怕。息：喘气。(33)罔：同“网”，法网。(34)尘埃：污秽，此指监狱。(35)以稍陵迟：等到已经越来越不行了。以：同“已”。(36)此指真正的勇士不一定要为名节而死，怯懦的人为好名声而轻易丧生的也不少。(37)臧获：泛指奴仆。(38)空文：文章著作，与功业相对。(39)以：同“已”。(40)责：同“债”。(41)闺閤之臣：宫廷内的臣仆。(42)通其狂惑：谦言自己随波逐流。(43)剌谬：不合。

课堂检测

1. 解释加点字，指出个别加点字的用法。
2. 指出划波浪线的句子在句式上的特点，并翻译成现代汉语。

文言积累

1. 下列选项中“乃”字含义和用法与其他三项不一样的是　（　　）

A. 在阘茸之中，乃欲仰首伸眉　　B. 而事乃有大谬不然者

C. 乃欲引节　　D. 要之死日，然后是非乃定

2. 下列选项中加点字不是通假字的一项是　（　　）

A. 仆虽罢驽　　B. 女为说己者容

C. 卒卒无须臾之间　　D. 今少卿抱不测之罪

3. 下列选项中加点字词活用现象与其他三项不一样的是　（　　）

A. 相见日浅　　B. 故祸莫憯于欲利

C. 一国共攻而围之　　D. 倡优所畜，流俗之所轻也

4. 将下列句子翻译成现代汉语。

(1) 夫以中才之人，事有关于宦竖，莫不伤气，而况于慷慨之士乎！

______

(2) 然陵一呼劳军，士无不起，躬自流涕，沬血饮泣，更张空拳，冒白刃，北向争死敌者。

______

(3) 所以隐忍苟活，幽于粪土之中而不辞者，恨私心有所不尽，鄙陋没世而文采不表于后世也。

______

阅读提示

1. 第①段引用伯牙、子期典故的作用是什么？

2. 根据第⑥段，“古人所以重施刑于大夫者”的原因是什么？

咬文嚼字

分析下列语段中个别字词的表达作用。

且李陵提步卒不满五千，深践戎马之地，足历王庭，垂饵虎口，横挑强胡，仰亿万之师，与单于连战十有余日，所杀过当。虏救死扶伤不给，旃裘之君长咸震怖，乃悉征其左、右贤王，举引弓之人，一国共攻而围之。转斗千里，矢尽道穷，救兵不至，士卒死伤如积。然陵一呼劳军，士无不起，躬自流涕，沫血饮泣，更张空拳，冒白刃，北向争死敌者。

1. “旃裘之君长咸震怖，乃悉征其左、右贤王，举引弓之人，一国共攻而围之”中的“咸”“悉”“共”是否重复？

2. 分析“然陵一呼劳军”中“一”字的作用。

合作探究

1. 清代学者李晚芳评论本文道：“此篇与《自序》，俱原文作史之由。《自序》重承先继圣，此重惜死立名。”结合《太史公自序》和本文，分析两者的差异。

2. 明代学者孙月峰评论本文道："直写胸臆，发挥又发挥，惟恐倾吐不尽，读之使人慷慨激烈，唏嘘欲绝，真是大有力量文字。"结合第⑧、⑨段，分析"大有力量"之处。

读史明理

清代学者孙执升评论本文道："识得此书，便识得一部《史记》。盖一生心事，尽泄于此也。"结合本书所选《史记》篇目，举一个例子分析此语。

参考答案

第一讲

五帝本纪

【课堂检测】

1. 习(练习);咸(都);禽(通“擒”,捉拿);邑(名作动;建城邑);常(固定的);举(推举);是(这);莫(没有人);发明(阐发);章(明显);弟(但,只是)。

2. 是为帝颛顼也;判断句;这就是颛顼帝。

【文言积累】

1. B

2. 如果不是好学深思,真正在心里领会了它们的意思,本来就很难向那些学识浅薄、见闻不广的人说明白。

【阅读提示】

1. 少典—黄帝(嫘祖)—玄嚣、昌意;昌意(昌仆)—颛顼—穷蝉;玄嚣—蟜极—帝喾。

2. 首先,炎帝只是侵扰诸侯,并未与黄帝直接对抗,而蚩尤则是直接违抗黄帝的政令。其次,炎帝在败于黄帝后能顺服他,而蚩尤则至死不屈,故黄帝只能以武力解决。

3. 巡视四方,安定统治;举行祭祀,敬服人心;制订历法,发展农业;举荐贤才,任其所长;阐明生死,天人分界;勤政爱民,节俭质朴。

【咬文嚼字】

1. 不能。这三处“咸”是为了强调黄帝得到众多部落的拥戴和支持,由此突出黄帝品德和才华的出众。也体现出蚩尤的残暴和不得人心。

2. 不能。从结构上来说，这句话放在黄帝擒杀蚩尤、受到诸侯尊奉之后，表示黄帝统一事业的总结。从内容上看，强调了黄帝此刻成为名副其实的“帝王”。

【合作探究】

1. 选文中，黄帝驯服各种猛兽作战，以“云”为军队名称和护佑，祭祀山川并与鬼神沟通，既缺乏必要的史料证据，也有违一般的常识，显得过分神奇。这些神奇“传说”，成为以后历代开国君主都会继承、发扬的传统，用来彰显自己的天赐之位、神圣英明，进而使天下民众诚心归服。这实际上是一种思想的控制，需要我们予以鉴别。

2. 首先，统一天下需要强大的武力保障，且不可松懈；其次，收服人心应主要依靠帝王的德行，而非炫耀武力；第三，选派官员应以德行和能力为标准；第四，注重发展农业，推行节俭风俗；第五：制定完善的礼仪制度，安和民众心理。

【读史明理】

1. 选文除了黄震所说几件“不经”之事外，大部分的事情都直陈其事，符合常理；且本文非常注重写明人物之间的血缘关系，以彰显帝位传承的脉络；三位帝王的事迹，并无太多的细节，是因为年代久远、缺少材料。以上都是《史记》“谨慎”风格的体现。

2. 本文没有按照“年代”的顺序交代几位帝王的事迹，而是简略交代他们统一天下、治国理政的主要事件和做法，以及帝位传承的“世系”，没有具体时间和细节。这就是“编世”的体现。这是因为五帝的年代久远，缺少太多材料，司马迁为了作史的严谨，选择了这样的体例。这是他为人严谨、用心作史的体现。

周本纪

【课堂检测】

1. 相(观测、审视)；焉(于之)；令(美好的)；修(学习、培养)；贬(废除)；其(大概，恐怕)；则(效法)；因(通过、经由)；益(增加)。

2. 崇侯虎谮西伯于殷纣曰：状语后置；崇侯虎向殷纣说西伯的坏话。是为武王:判断句;这就是周武王。

【文言积累】

1. D

2. C

3. (1)百姓都感念他,很多人迁来归附他。(2)不久(熏育)又来侵扰,想要夺取土地和人口。人民都很愤怒,想奋起反击。

【阅读提示】

1. 古公用委婉的语气预测自己的家族的兴旺,将在姬昌身上实现。言下之意,是希望两位长子能够让贤,让少子继任国君,从而让姬昌顺理成章成为下一任的国君。古公虽如此想却不直说,可见他对诸子的爱护与温和善良。太伯了解父亲的心意,毅然和弟弟出走他乡,可见他的孝顺和谦让。

2. 纣王只因为听了崇侯虎的谗言便拘禁西伯,此其没有主见且残暴。又因为收受美女、宝马等贿赂,轻易释放西伯,乃至赐予他征伐的权利,此其贪婪和短视。面对西伯的蚕食和忠臣的谏言,纣王未作反应,只是相信天命的护佑,此其迷信和暗弱。

【咬文嚼字】

不能。此处“盖”表揣测语气,有“大概”的意思。首先四个“盖”修饰的内容各不一样,分别为西伯即位时间、西伯作《易》、诗人称道西伯、周之兴盛的标志;其次,连用四次也是强调作者对于这些事件的真实性、确切性还不肯定,用“盖”修饰更严谨。这是《史记》实录精神的重要体现。

【合作探究】

1. “阴行善”,即暗中做善事。西伯性本仁善,故曰“性内事”。但当时西伯尚处于弱势,张扬善行恐为纣王所忌害,所以低调行事。另外,善事本该自发而为,如果只是将其当作表面功夫,便是“显为善”,容易招来左右小人歌功颂德的谗言,所以也不宜张扬。

2. “奥”,即深奥、精深。第一段记载姜原踩巨人足迹而生子,被抛弃的孩子得到自然万物庇护之事,这些传说神奇难解,此一“奥”。第二段记载后稷从小就善于种植,甚至被尧帝赞美封官,与上古的帝王勾连,此二“奥”。第三段记载后稷的几代后人,行文简略,不加细节,叙事风格质朴,此三“奥”。

【读史明理】

1. 首先,以发展推广农业为治国的基础,这可以保障百姓温饱,国家安定。其次,国君要以身作则,具备高尚的品德,爱民如子,不好逸恶劳,这就为天下人做出了榜样,也能让百姓真心亲附自己。第三,国君之位虽在皇室内传承,也应使有德行者居之,这就保证了国君的贤明。第四、国君应礼贤下士,这就让君主拥有众多助手,共襄盛举。第五,保持必要的军队实力,保障国家安全。

2. 主要的共同点有:注重农业、为人贤德、关心民生、重视继承人的挑选,以武力为保障。个人看法言之成理皆可。

第二讲

秦本纪

【课堂检测】

1. 赞(佐助);数(多次);将(率领);国(名作动;立国);遑(空闲,闲暇);卑(意动;看不起);焉(于之);修(遵循);苦(意动;以……为苦);便(意动;以……为便利);降(使动;使……投降)。

2. 宾客群臣有能出奇计强秦者:定语后置;有能献出高明计策使秦国强大的宾客和群臣。

【文言积累】

1. D

2. (1)秦国地处偏僻的雍州,不参加中原各国诸侯的盟会,(诸侯)像看待夷狄一样对待秦国。(2)三年,卫鞅劝说孝公实行变法,修订刑罚,在国内致力农耕,对外鼓励效死作战,给以相应的赏罚。孝公认为这很好。

【阅读提示】

1. "祠上帝西畤"是专属于周天子的权力。秦襄公这么做,说明他怀有不臣之心,甚至想取而代之。这表明秦国君主多有王霸之志,在长远目标上为统一打下了基础。

2. 首先当时天下只剩下七个大国,彼此纷争,正是人才崭露头角的好时机;其次,孝公既有恢复霸业的宏大志向,又能礼贤下士,并悬赏重金求才;最后,孝公用出兵西戎的实际举动证明了秦国的实力和决心。

【咬文嚼字】

1.“卒”是“最后”之意，表明孝公施行商鞅之法前遇到很大的阻力，下了很强的决心。一方面突出了秦国保守势力的强大，另一方面也更突出孝公改革旧制、励精图治的志向。

2.不能。从内容上看，第二个“百姓”强调了商鞅变法的对象和效果；从形式上看，前后两句话形成了对偶，加强了语势。

【合作探究】

秦国先祖大费参与大禹治水，为天下安定做出功劳，更受到贤君舜帝的封赏，这说明秦国历史之悠久和先人之贤明，是其统一天下的渊源。西周遇到灭顶之灾，当其他诸侯袖手旁观时，秦襄公护送周平王东迁，这说明秦国的仁义和勇敢，是其统一天下的精神基础。秦孝公不论出身广招人才，推行变法，从而使秦国一跃成为七雄中最强大的国家，这是其统一天下的政治、军事基础。

【读史明理】

1.《商君列传》中，详细记载了甘龙等人和商鞅的辩论，以及变法的具体内容和百姓的具体反应。这些内容在本文中均一笔带过，不做展开。然而秦孝公广招贤才的一番话，则详载于本文而略载于《商君列传》。可见，与商鞅有关的内容主要详载于其列传，与秦国国君有关的内容则详载于《秦本纪》，这与传记的主体对象有直接关系，由此更能突出主体的形象和价值。之所以略载，而非完全不记述，是因为商鞅变法与孝公时秦国之强大有直接关系，不可不录，故略而记之。

2.魏国是与秦国接壤的两个国家之一，秦国发展、强大的历史，伴随着魏国衰败、灭亡的历史。所以本段虽然与秦国没有直接联系，却是魏国败落的重要战役之一，也是秦国乘虚而入的良机，为下一段卫鞅带兵击败魏国军队做了铺垫。可见，司马迁的历史观是一种关注事物之间关系、变化的“大历史观”。

秦始皇本纪

【课堂检测】

1.恐(使动；使……害怕)；下(使动；使……屈服)；诚(如果)；游(结交)；固

（坚决地）；之（到达）；辜（罪过）；兵（兵器）；一（使动；使……为一，统一）；作（建造）；属（连通）；秘（使动；使……秘，隐瞒）；幸（宠信）；更（另外）；勋（功劳）。

2. 如此，则子议父，臣议君也：判断句；这样做，就是儿子议论父亲，臣子议论君主了。欲出周鼎泗水：状语后置；想要从泗水中打捞出那只落水的周鼎。

【文言积累】

1. C

2. C

3. (1)希望大王不要吝惜财物，给各国权贵大臣送礼，来打乱诸侯的计划，（这样）只不过损失三十万金，而诸侯就可以完全被消灭了。(2)现在如果不更改名号，就无法配得上我的功业，传给后代。还请你们商议帝号。

【阅读提示】

1. 不矛盾。第⑥段中秦始皇为求长生，对神仙恭敬。第⑦段中因为行程受阻，故迁怒于湘水神。两者看似矛盾，其实都是秦始皇为个人利益考虑。

2. 从选文中知，秦始皇专断独行，旁人一般难以亲近；他又宠信赵高，故外人自然也信任赵高；加之丞相李斯也参与其中，他位高权重，别人更不会怀疑有诈。

【咬文嚼字】

1. "竟"是"最终"之意。此指历代秦王各建功业，为秦始皇统一六国打下坚实基础。暗示统一之功，并非秦始皇一人之力，联系后文秦始皇"自以为"之语，有讽刺之意。

2. 此"而"表因果之意，指秦始皇自以为功高盖世，超越三皇五帝等贤君，故以与他们并称为羞耻。比较三皇五帝的德行和政绩，与秦朝二世而亡的结果形成鲜明反差。由此表现太史公对秦始皇狂傲自大的批评。

【合作探究】

1. 秦始皇的性格如何，本纪中没有正面描写，而是借尉缭之口侧面描写，认为他刻薄寡恩、有虎狼之心。由此表现出秦始皇在常人心目中的形象。且尉缭本是诚心投奔秦国之人，而非敌国之人，其评价当更为客观。他尚且如此批评秦王，他人对秦王的观感可想而知。

2. 第⑤—⑧段记述了秦朝统一后的行政举措，以及秦始皇巡游全国途中发生的重要事件。前者突出统一对于国家的重要意义，后者突出统一后秦始皇沉溺于个人享受、引发民怨的现象，这些都是关乎国家命运的“大事”。

【读史明理】

1. 六国衰微、秦国君臣一心，终至统一，这是秦国“得大势”的表现。秦始皇营造奢华的宫室，耗费财力巡游天下，妄求长生，独断专行，引发民怨，这是秦朝“失德”的表现。苏辙之意，君主治理天下应注重自己的德行，施行仁政，否则即便形势再好，也不免亡国。

2. 包藏统一天下的野心、广罗人才、刚毅果断，这是两者的相同之处。过分注重个人享受，乃至追求长生不老，施行暴政引发民怨，这是秦始皇的“过火”之处。

第三讲

项羽本纪

【课堂检测】

1. 族（名作动；灭族）；虽（即便）；惮（害怕）；后则为人所制（被动句；落后一步就要被人控制）；亡（逃亡）；眴（使眼色）；谕（告诉）；主（主持、操办）；徇（巡行、宣示）；少（稍微）；沈（同“沉”，沉没）；冠（位居第一）；无状（不礼貌、不像样子）；微（暗地里）；以（同“已”，已经）；假（临时）；就（到）；稍稍（逐渐）；阴（暗中）；已（不久）；宰（主持，主宰）；王（名作动；封王）；部（部署、统领）；发（掀翻）；与（对付）；间（离间）；详（通“佯”，假装）；其（难道）；苗裔（后代）；暴（突然）；矜（夸耀）。

2. 诸侯军救钜鹿下者十余壁：定语后置；前来援救钜鹿的诸侯军筑有十几座营垒。

【文言积累】

1. B

2. C

3. D

4. (1)章将军等人骗我们投降诸侯军，如今如果能入关灭秦，是很好；如果不能，诸侯军俘虏我们向东撤军，秦朝一定会把我们父母妻儿全部杀掉。(2)然而身穿坚甲，手持利刃，带头起事，暴露荒野三年之久，灭掉秦朝，平定天下的原因，都是各位将相和我项籍的力量啊。

【阅读提示】

1. 项羽学各项技艺均半途而废，可见他急躁且缺乏耐心。欲学“万人敌”，又要取代秦始皇，可见他志存高远，又不免狂妄自大。

2. 殷通只是把项梁当手下，想要自立为王。项梁则不甘居于人下，也想称王，故杀死殷通。可见项梁为人之狠辣果敢。

3. 楚军被大风所阻，错失追击汉军的好机会，这是天时不与项羽。面对陈平明显的反间计，项羽竟然中计，疏远最得力的谋士范增，这是自身识人的原因。天时人合都不利于楚军。

【咬文嚼字】

1. 不重复。“悉”指项羽全军出击，“皆”指项羽把所有的渡船都沉在水中，所指不一。且两个字连用，强调了楚军士气的团结高涨和必胜的决心。

2. 不重复。从表意上看，两句话的侧重点不一样，前一句侧重项羽对诸侯的号召力，后一句侧重诸侯对项羽的归附心。此处连用“诸侯将”，形成顶针的修辞，更能突出项羽在巨鹿之战中树立的威势。

3. 两者皆有道理。从《史记》角度看，连用三处“无不”，强调了项羽威势之强烈，使得诸侯军人人自危，且使语言更富节奏感。从《汉书》角度看，更侧重史书的精炼，一个“无不”已经足以表意，故省略。

【合作探究】

1. 项羽坑杀二十万秦朝降卒，既削弱了自身的实力，也失去了秦地的人心，更令其他诸侯胆寒，不再真心归附于他，故祸患自此而始。项羽在咸阳烧杀掳掠，进一步加深了他在诸侯心目中的残暴印象，更重要的是他未能以咸阳为都城，失去战略要地，故灭亡之势由此成型。

2. 立义帝后，项羽主要表现是灭秦的战斗，他勇猛果敢，大破秦军，尤其在巨鹿之战中惊艳天下，太史公在描写中突出了这种形象，多用正面的修饰语，这是“盛”。杀义帝后，项羽的主要表现是在楚汉战争中刚愎自用，渐渐被动，直至人心背离，身死乌江，太史公在此多用负面的修饰语突出其残暴、幼稚、贪婪的性格，这是“衰”。

【读史明理】

1. 从第⑧段来看，项羽灭秦后，分封诸侯，实际上成为当时天下权力的拥有者和施行者，虽然时间短暂，但的确称得上"天子"。司马迁将项羽放入"本纪"，是客观切实的做法。司马贞的说法，更多是从汉朝正统的角度考虑的。

2. 鸿门宴之后，楚军尚占据战略优势，汉军则还不强大。但项羽性格优柔寡断、刚愎自用，劝说他的言语决不能强势，更不能"剧透"后来的结果激怒他，所以要迂回奉承。言之成理即可。

高祖本纪

【课堂检测】

1. 有身(怀孕)；亡(逃跑)；因(趁机)；就(成功)；让(谦让)；诚(如果)；素(向来)；拔(攻占)；必(如果)；摄(整理)；谢(道歉)；延(请)；距(通"拒"，抵抗)；乘(登)；组(丝绦)；固(本来)；属(交付、委托)；抵(抵偿)；约束(盟约)；临(吊丧)；可(大约)；合(交锋)；缪(通"谬"，荒唐、错误)。

2. 择子弟可立者立之：定语后置；选择可以拥立的年轻人来拥立他。遇彭越昌邑：省略句、状语后置；在昌邑与彭越相遇。宛，大郡之都也：判断句；宛城是个大郡的都城。

【文言积累】

1. A

2. C

3. D

4. (1)如果现今安排将领不当，那么一旦失败就会让我们肝脑涂地。我不敢顾惜自己的性命，只是怕能力浅，不能保全父老兄弟。(2)(我)替您考虑，不如约定条件投降，封赏那个太守，趁势让(他)留下来守南阳，(您)率领他的士兵和您一起向西进军。

【阅读提示】

1. 两人都想取而代之，心怀大志。但项羽言辞直截了当，刘邦言辞委婉含蓄，表现出项羽性格急躁直爽，刘邦性格深思熟虑。

2. 刘邦人多势众，沛令势单力薄，害怕被刘邦控制。另外义军只是刚刚起事，沛令担心他们未必成功。

3. 刘邦不杀秦王子婴，不住秦朝宫殿，封存了秦朝的宝物，还与秦国父老约法三章，维持社会平稳安定，不侵扰百姓，所以秦人大喜。面对百姓的犒劳，刘邦坚持不受，进一步表现出谦逊、爱民之心，所以秦人益喜。

【咬文嚼字】

1. 不重复。这强调了将领和人民因秦朝暴政之苦，故渴望仁厚长者的心情。由此既突出了项羽残暴不得人心，又突出了刘邦仁厚深得人心。

2. “卒”是最终之意，暗示关于派遣谁攻入咸阳成为关中王，将领们之间尚有一番争执，可能他们有为难之处，有人或欣赏项羽，或被项羽势力所胁迫。但“卒”字也强调了将领们决心之坚定，由此侧面突出了刘邦受到拥戴程度之深。

【合作探究】

1. 第①段写刘邦的出生源于蛟龙附体，神奇难测，其实是刘邦称帝后附会的传说，所以太史公不具体描写，这是“虚”。第⑧段写刘邦入咸阳后的宽仁言行，有具体的语言描写和动作、肖像描写，这是“实”。由此太史公既照应了帝王的“天命”，也如实记载了历史。

2. 刘邦“踞床”，是自傲，也有轻视郦食其之意。郦食其“不拜”“长揖”，刻意降低礼数，是暗讽刘邦轻慢贤士，有碍伐秦大事。刘邦“摄衣谢之”，是表示悔过和诚意，以此显示他礼贤下士。

【读史明理】

1. 怀王众将以刘邦为长者，这是其一。刘邦能知错就改，诚恳对待郦食其，这是其二。刘邦听取建议，宽待宛城敌军，这是其三。进入咸阳，刘邦不杀子婴，与秦父老约法三章，这是其四。听闻义帝死讯，刘邦悲而吊丧，发兵讨伐项羽，这是其五。

2. 刘邦为人仁厚，能笼络、团结各类人物，乃至敌人。项羽却残暴无行，坑杀二十万秦军降卒，尽丧人心。刘邦还占据“先入关中”“为义帝而战”的道义，项羽却鲁莽地杀死义帝，背负着背弃道义的恶名。刘邦更能知人善任，得到韩信、张良等能人的帮助，项羽刚愎自用，不听范增的劝谏，直至最后疏远、弃用范增。所以最后刘邦战胜项羽，乃是必然。

第四讲

孝文本纪

【课堂检测】

1. 所以(用来);论(判决);治(管理);牧(治理);孰(通"熟",仔细、认真);乃(竟然);焉(于之);匡(扶助);饬(严管、整顿);设备(设置的防备);来(使动;使……来,招致);听(审理);当(判处);少女(小女儿);焉(于之);息(生长);称(符合);处(居住);间者(近来);暴(入侵);反(通"返",回到);军(名作动;驻军)。

2. 其咎安在:宾语前置;那过失出在哪儿呢? 以谕朕意于单于:状语后置;来让他们向单于说明我的意愿。诚哉是言:主谓倒装;这话千真万确。

【文言积累】

1. B

2. A

3. (1)天下的治与乱,责任在我一个人,你们众位执掌国政的大臣好比是我的左膀右臂。(2)现在法令中有诽谤朝廷妖言惑众的罪名,这就使大臣们不敢完全说真话,因而做皇帝的也无从了解自己的过失。这还凭什么招来远方的贤良之士呢?

【阅读提示】

1. 首先,法律和审判符合事实情理,百姓自然会遵纪守法。其次,官吏应该引导百姓向善,而非恐吓。再次,暴吏和严法只会对百姓造成伤害,诱发其不轨行为,引发更严重的问题。

2. 有虞氏时的法律宽松,且百姓大都守法。汉文帝以此对比当时法律严苛且百姓犯法现象众多的状况,从而突出当下法律过分严苛,也谦虚地突出自己德行的浅薄,从而为之后下令废除肉刑做铺垫。

【咬文嚼字】

1. "既"是"已经"之意,突出文帝认为自己一直以来都不够贤明,为之后他施行与匈奴和亲政策铺垫,表现出文帝的谦和与仁德。

2. 不能删去。此处的"今"意在强调单于对待汉朝的态度和过去完全不同,没有敌意、只有善意。由此突出文帝对于时势的明察与对和平的向往。

【合作探究】

1. 本段中，文帝先表示皇帝的使命是“养治”百姓，态度谦逊仁厚。然后在表达对异常天象的态度时，用“乃”字进一步突出他的谦逊之情。然后通过一系列诚恳的自我批评，强调文帝的反省精神和改革决心。最后直接道出撤去新增军队的决定，点明文帝休养生息的政策。本段全篇引用文帝的讲话，保留了“乃”“焉”“唯”等语气词，充分展示了文帝的性格，由此可见作者感慨、敬慕的情感。

2. 从内容上看，本段突出了一个“仁”字，并将文帝之仁上升到儒家“仁政”的高度，并给予文帝“善人治国”“德至盛”的高度评价。从形式上看，本段句式错综，富于节奏感，铿锵有力；还连用两句感叹句强化抒情效果。

【读史明理】

1. 文帝看到汉匈纷争不断的历史，意识到战争无法从根本上解决问题，这是他战略上的高明见识。进而采用和亲政策，诚恳地与匈奴联姻，这是具体战术上的良策。当匈奴再次入侵时，他并未求战，而是通过积极的防御自动逼退敌军，既抵挡了入侵，又避免了过多的损伤，这是“不战而屈人之兵”的最高艺术。

2. 首先，“德”体现在制定、执行法律的宽松上。其次，体现在诚心纳谏上。再次，体现在对农业的重视上。第四，体现在休战和亲的政策上。总之，文帝的“德”让百姓免于对严刑的恐惧，从而安居乐业；国家也长期处于和平建设环境，免于战争的侵扰。这是真正的仁德之君。

孝武本纪

【课堂检测】

1. 更（交相、争相）；治（从事）；识（同“志”，记得）；案（查看、考察）；食（给……吃）；合（符合，投合）；拜（授予官职）；莫（没有人）；合（应当）；必（如果）；草（草拟）；示（给……看）；幸（驾临）；就（靠近）；有（通“又”）；大（甚）。

2. 安期生，仙者：判断句；安期生是仙人。齐人之上疏言神怪奇方者以万数：定语后置；上书谈论神仙精灵和奇异方术的齐地人数以万计。

【文言积累】

1. D

2. D

3. (1)皇上如果想要跟神交往，而宫室、被服等用具却不像神(的样子)，神就不会降临。(2)(文成将军)就在一块帛上写了一些字来喂牛，装作不知道，说这头牛肚子里有怪异。

【阅读提示】

1. 不可信。首先，他的钱财来自信众的馈赠，并无神秘之处；其次，老者大父之事只有老者一个证人，李少君完全可以买通老者来欺骗他人；再次，铜器之事李少君只要事先买通宫人即可知晓，武帝崇尚仙术，他受宠后自然能回馈宫人。

2. 首先，李少君的法术已经使武帝信服；其次，武帝对于求访安期生以致长生抱有强烈的愿望，不想放弃；再次，即便他内心怀疑，为了保全面子也不会承认李少君的死亡。

3. 武帝想要开创前所未有的封禅大典，彰显个人的威严与功绩。但众儒生既不通晓封禅的礼仪，又拘泥于古制、处处规劝武帝低调行事，阻碍了他的封禅大计。

【咬文嚼字】

1. “亦”在语境中，指李少君并非第一个凭借法术被武帝宠信之人，由此突出表现了武帝一贯信奉仙术，想要长生不老，暗示了作者对武帝这种不切实际之贪欲的批评和嘲讽。

2. “尽”在语境中，指李少君的“仙术”让所有在场者大吃一惊，突出其法术之“高强”和众人迷信程度之深。由此暗示：缺乏主见、迷信仙术，并非武帝一个人的问题，而是当时常见的社会问题。当然作为一国之君，武帝对这个社会问题应该负有引导的责任。

【合作探究】

“摹拟处无一实境”，指的是写李少君的“仙术”并无切实的证据，反而都是荒诞不经的传闻。“论断处无一直笔”，指的是作者并未在本篇中直接论述观点，而是借“海上燕齐怪迂之方士多相效，更言神事矣”这样的叙述，委婉含蓄地暗示武帝行为的错误和恶果，由此表达其“殚讥讽”的态度，可算是“极纪载之能事”。

【读史明理】

本文主要记载了汉武帝迷信方士“仙术”和大搞封禅之事。两者都与民生无关，耗费大量民力物力，只为求得自己的“长生不老”。对比《孝文本纪》中太史公的褒扬态度，本文揭露了“盛世”背后武帝内心的真实想法，对这种不切实际的贪欲进行了批评和嘲讽，也“观盛知衰”地表达了对汉朝的隐忧。

第五讲

货殖列传

【课堂检测】

1. 极（尽）；劝（勉励）；辟（开发）；原（通“源”，源头）；富（使动；使……富有）；冠带衣履（使动；使……穿衣佩带，戴帽穿鞋）；焉（之）；修（治理）；匡（端正、稳定）；适（调节，使适合）。

2. 贫富之道，莫之夺予：宾语前置；贫穷和富有的规律，没有谁能改变它。

【文言积累】

1. D

2. (1)所以，最好的办法是听其自然，其次是因利随势引导，其次是加以教诲，再次是制定规章制度加以约束，最坏的做法是与民争利。(2)水深，鱼就在那里生存；山深，野兽就会前往；人富有，仁义就会依附于他。

【阅读提示】

1. 引文描述了老子对上古之世单纯质朴生活的描述，表现自给自足的古代农业社会并无商业的需求；进而推出本文的观点：将老子的理论迁移至今世，是行不通的；由此自然引出下文具体描述今世之变化。

2. 崤山东西、江南、龙门碣石等地各有特产，且彼此不同；这些特产是百姓需要的日常生活用品；所以这些用品的生产、加工、流通和交易，永不停歇，这是源于百姓的基本需求，而非朝廷的政令；这些用品价格的变化，也会随着需求而变化；这是符合自然法则规律的，必须尊重。

【咬文嚼字】

“终”是“终于”之意，文中指百姓钟情于物质欲望，即便朝廷施以教化，最终也不能感化他们，让他们摆脱物欲。强调了物欲乃是常人的本性，无法消除。由此引出“善者因之”的观点。

【合作探究】

首段反驳《老子》“小国寡民”的观点，对比鲜明地引出本文观点：商业之必要。第二段突出物欲是必然的，也是生产、加工，尤其是发展商业的根本原因。第三段列举各地特产及其用途，更形象地论证了商业的作用。第四段主要列举姜太公和管仲勉励生产、商业，使齐国强大的事例，更有力地论证了商业对于社会稳定发展的重要性。

【读史明理】

同意、不同意皆可。同意者，应从班固的立场出发，分析商业过度发展对于人心的利诱和败坏（可以联想葛朗台的形象）。不同意者，应从作者角度出发，分析商业存在之必然性和重要作用。

平准书

【课堂检测】

1. 衣（名作动；穿）；赋（收税）；益（更）；鄙（边邑）；僭（越分）；市（交易，买卖）；都（总管）；笼（掌握，控制）；本（农业）；再（二）。

2. 于是募民能输及转粟于边者拜爵：定语后置；朝廷于是招募能纳粮给官府或运送粮食到边地的百姓并封给他们爵位。于是弘羊赐爵左庶长：被动句；于是桑弘羊被赏赐左庶长的爵位。

【文言积累】

1. A

2. B

3. (1)所以吴、邓氏铸造的钱币遍布天下，因而禁止私铸钱币的命令由此产生。(2)因此人人知道自爱，把犯法看得很严重，崇尚行义，厌弃做耻辱的事。

【阅读提示】

1. 相同之处：双方都看低商人的价值和地位。不同之处：高祖对待商人更苛刻，高后放松了法律赋税上的限制。

2. 天下纷乱时经济便会萧条，商人会利用此契机囤货，物价随之飞升。天下安定后统治者往往会休养生息，经济于是逐渐复苏。上至天子，下至百姓都富有之后，会滋生奢靡之风，又逐渐引发新的社会危机。

【咬文嚼字】

1.“复”是“又”的意思，文中指高后时，朝廷又放松了对商人的严苛赋税。“复”字既突出了高后为顺应社会发展规律，不得不适当鼓励商业发展；也与上文天下纷乱时商业发达呼应，表现了商业无法抑制的“必然性”。并且暗示了高祖做法的不妥。

2.“亦”是“也”的意思，文中指高后时对商人虽有宽待，但基本延续了高祖时的歧视政策。突出了汉朝统治者对于商业和商人一以贯之的歧视，和统治者过度的强势。

【合作探究】

第③段记叙孝文帝时朝廷鼓励民间铸钱，吴王和邓通由此富甲天下，吴王更是借此积蓄了叛逆的资本，直至最后朝廷又因此禁止民间铸钱。此事表面上与“谤书”无关，只是客观记载一段史实，但通过朝廷短时间内政令的反复，突出朝廷经济政策的随意和偏私，暗示了作者的批评态度。

【读史明理】

同意与否，言之成理即可。同意者，应注意到平准制度的根本目的，在于聚集钱财供军事、方术、封禅、营造宫室之用，既不能造福民生，也埋下经济衰退的隐患。不同意者，应注意到地方豪强、巨富大贾的不法行为，以及国家对宏观经济进行管控的必要性。想得到更理性的观点，应当思考：在保证国家经济政策稳定的前提下，如何既维持国家的正常运行，又能鼓励商业的竞争发展？这或许是一个超越司马迁所处时代的大问题，有兴趣的同学可以深入思考。

第六讲

孔子世家

【课堂检测】

1. 适（去往）；乘（辆）；擅（占有）；信（果真）；诸（之乎）；间（空隙，此处引申为一段时间）；殚（穷尽）；所以（用来）；追迹（追索）；征（证明）；备（使动；使……完备);成(使动;使……形成);假(借);服(服丧);以(按照);庙(名作动;建庙);折中(取正、判断)。

2. 吾闻富贵者送人以财:状语后置;我听说富贵的人以财物送人。弟子及鲁人往从冢而家者百有余室:定语后置;相率前往墓旁居住的弟子及鲁国人有一百多家。

【文言积累】

1. C

2. D

3. (1)用这种精神来治理国家,即便统治天下也可以,做霸主还只算是小成就呢。(2)天下之人,从君王到贤人够多了,活着的时候显贵荣耀,死后却什么也没有留下。孔子是个平民,他的名声和学说已经传了十几代,读书人仍然把他当作宗师。

【阅读提示】

1. 老子先说喜欢评论、揭发别人的人会有危险,又说为人应当没有私心、勇于奉献。前后的确矛盾。但结合语境可知,前者是老子表达个人的想法,后者是对孔子想法的描述。老子以对比手法,暗示孔子言行的危险,是一种委婉含蓄的劝谏。

2. 本段记载了晋、楚、齐三个强国欺凌周边弱国,以及鲁国在这三个强国的夹缝中勉强求生存的窘境。通过叙述当时诸侯互相征伐的背景,突出了孔子学说的现实意义,说明孔子的主张乃是为了纠正这样混乱的秩序,引导迷失的人心。也暗示了孔子要推广其学说的艰难程度。

3. 因为晏婴认为儒者人格独立,很难控制;且崇尚礼节、消耗财富,实属浪费;其学说内容也过度复杂,难以穷尽。总之对治国教化有弊无利,不应对其有所优待。

【咬文嚼字】

1. “盖”有“大概”之意,“云”有“如此”之意。两个词都有揣测、不肯定之意。暗示孔子见老子之事并无确凿证据,姑且引用现存史料。由此表现出太史公严谨的作史精神。

2. “稍”有“逐渐”之意,文中指孔子弟子的数量逐渐增多。由此突出其弟子的增长是一个渐进的过程，增加记载的真实性；也暗示了孔子学说的魅力，并对上文老子的暗讽做出正面的回应。

【合作探究】

本段的“不用”指齐景公在听了晏婴的劝谏后，不分封土地给孔子，更不重用他。由此突出孔子虽然学识渊博、胸怀天下，但得不到当权者的赏识和任用。这恰是孔子一生主要的矛盾，也就是丁晏所说的“眼目”。将这个眼目作为线索，既点出了孔子的悲剧性，也流露出作者对他的同情和支持。

【读史明理】

1. 孔子虽然没有类似诸侯的爵位封土，但他的学说成为古代中国的显学，且儒家弟子代代相传，屡有杰出人士出现。而他修订编辑的《春秋》《诗经》等著作，更是流传至今，惠及后人。在司马迁之时，孔子已经被官方祭祀追念。所以在学说延续、弟子传承、文化流传、官方认可等方面，孔子都是毋庸置疑的“世家”人选。

2. 梁启超此语，意指司马迁赴鲁地孔子庙堂“实地考察”的行为，是作史者最上乘的做法。因为这样做富有实证精神，能最大程度还原历史的真相。而“真实”恰是历史最基本、最重要的标准。能够独立于各种势力，保持“实录”精神，是司马迁的一大特质，值得学习。

陈涉世家

【课堂检测】

1. 辍（停下）；会（恰逢）；度（估计）；亡（逃跑）；苦（意动；以……为苦）；数（屡次）；威（威慑）；间（暗中）；固（本来）；从（顺从）；矫（假托）；亡（使动；使……灭亡）。

2. 祭以尉首：状语后置；用将尉的头祭祀。

【文言积累】

1. D

2. D

3. (1)现在假使我们冒用公子扶苏和项燕的名义，向天下人民发出起义的号召，应该会有很多响应的人。(2)十二月，陈王退到了汝阴，回到下城父时，他的车夫庄贾杀了他然后投降秦军。

【阅读提示】

1. 通过语言描写，表现陈涉心怀远志、不甘人下的性格；也通过同耕者的反衬，突出陈涉的冷静和智慧。

2. 由原文可知，陈涉派武平君去管理秦嘉等人的义军，但义军首脑认为他年龄太小，不懂军事，更因为不甘听从陈涉指挥，便找个借口杀了武平君。由此可见陈涉虽然名义上是义军的首领，但并无实际的控制力。他贸然派人监军，也缺乏预判和规划，凸显其不成熟之处。这便为后文记载其兵败埋下了伏笔。

【咬文嚼字】

1. 不重复。这是在危急情况下对众人的演说，所以反复强调“死”的威胁，正是在提醒众人起义是唯一的选择，否则就会死亡。连续反复，也增强了语势，使说辞更具感染力。

2. 不重复。内容上第一个“皆”指三老、豪杰聚集之齐，第二个则指言语之齐。但两个“皆”都突出了百姓对陈涉义军的支持和拥护。反复出现，正有强调的作用。

【合作探究】

第④、⑤段记载了陈涉起义后，各地义军蜂起；陈涉派军队和将领四处出击，攻城略地之事。总体记叙风格简略，未展开详写，可谓“匆匆写去”。但对于重要的义军，作者都会记下他们的首领、起义地点，勾勒出各地义军大致的行军路线，可谓“一一详尽”。这种精炼的记叙手法，的确可谓“神手”。

【读史明理】

司马贞认为：陈涉起义后很快就失败了，也没留下后代，《史记》将其列入“世家”是因为他是灭秦战争的首事者。然而司马贞觉得陈涉出身低微，假托妖术，功绩微薄，配不上“世家”的标准，应该降级为“列传”。

同意与否皆可，须言之成理。不同意者，应该看到太史公对于历史大格局的把握。陈涉在灭秦战争中有首创的贡献，且名义上成为一时的统领，汉朝时也享受着后代人的祭祀，当得上“世家”。同意者，更应关注陈涉实际贡献的微薄，以及他缺乏战略眼光的短板，还称不上“世家”。

当然不管同意与否，司马迁的创举都值得我们思考和分析。

第七讲

留侯世家

【课堂检测】

1. 相（名作动；做丞相）；亡（逃跑）；褐（粗布短衣）；顾（回头）；业（已经）；兴（发迹）；略（通“掠”，攻占）；省（明白）；杜（闭）；劫（威逼）；虽（即便）；顾（但是）；诚（如果）；爱（吝惜）；易（更换）；燕（通“宴”，相聚喝酒吃饭）；卒（到最后）；而（通“尔”，你的）；计（估计）。

2. 为铁椎重百二十斤：定语后置；造了一个一百二十斤重的铁锤。与我会此：状语后置；跟我在这里相会。与萧何等俱封：被动句；张良同萧何等人一起被封爵。

【文言积累】

1. B

2. D

3. C

4. (1)和年长的人约会，反而后到，这是为什么呢？(2)在营帐中出谋划策，在千里之外决定胜负，这就是子房的功劳。(你)自己从齐地选择三万户作为封邑。(3)(四位老人)来了后，(你要)把他们当作贵宾，让他们时常跟着(太子)入朝，使皇上见到他们，那么(皇上)一定会感到惊异然后询问他们。

【阅读提示】

1. 首先说明他看中张良的人品和能力，所以耐心等候；其次说明他富有智慧，刻意磨炼张良的耐心和谦逊。由此可见“拾履”之事，多半并非偶然，而是老父考验张良用的计策。(苏轼的《留侯论》有详细分析，可进一步参考。)

2. 首先强调秦朝灭亡的主因是皇室的奢靡无道，暗示沛公不可重蹈覆辙。然后正面建议沛公低调朴素。再引用典故，突出沛公滞留秦朝宫室，实质上与秦二世之昏庸相同。最后考虑到自己劝谏有些犀利，用俗语来表明自己的诚意，也为沛公听取建议找了个台阶。

3. 孔子的话意指不可以貌取人，否则会错失有才华而长相不符合审美的人才。作者以此类比自己曾经对张良的“误解”，进而突出张良过人的才华和自己的惭愧反省之情。

【咬文嚼字】

1. “亦”是“也”的意思，文中指陈涉起兵不久，张良也举兵起事。由此突出张良是秦末义军中的一支力量，暗示其地位之重要。

2. 不重复。前者强调张良献策次数之多，后者强调沛公听取次数之多，内容上并不重复。但两者又同属一件事情，突出了张良、沛公彼此的了解和信任，进而突出了沛公知人善任的品质，暗示出其击败项羽、一统天下的深层原因。

3. “殆”是“大概”的意思，文中指张良慨叹沛公大概是上天中意的皇帝人选。这是张良基于沛公与他人对比后得出的结论，委婉地道出他跟随沛公的原因。若是直言其事，不免有阿谀之嫌，委婉道来，表现出他的言语智慧。

【合作探究】

授书和定太子两件事，相对张良辅助沛公平定天下来说，是两件次要的“小事”(尤其是前者)，这是“淡处”。且张良拾履、定太子时的内心活动和谋划过程，本文都未交代，只写了他的行动和最终建议，这是“虚处”。但恰是这样的小事，才更凸显出张良的真实性格，谦逊从容，睿智明理；这样的略写，衬托出他过人的智慧令人捉摸不透。

【读史明理】

1. 张良辟谷时，高祖已经称帝，并开始逐渐怀疑、诛杀功臣。张良借口身体孱弱，闭门休养，是为了巧妙回避高压政治威胁的不得已之举。这便是“不得已”。由此突出了高祖阴鸷狠毒的性格，和张良低调避祸的大智慧。

2. 魏禧此语，意指张良要报韩国被秦国所灭的仇恨，要辅助平定天下的贤君，只有选择刘邦才能实现以上两个愿望。由本文可知，秦末各支义军的领袖，大都有明显的缺陷，即便英勇如项羽者，也不免刚愎自用、残暴贪婪，只有沛公才符合贤君的标准。所以张良最终坚定不移地选择辅助沛公夺取天下。由此突出了沛公的贤德和张良识人的眼光。此事也告诉我们，不必执着于一个名义上的

“国号”，而要更重视实际上的贤德。

陈丞相世家

【课堂检测】

1. 游（交游）；假（借）；间（从小路）；刺（撑）；因（经由）；见（引见、推荐）；典（掌管）；出（使动；使……出）；谢（辞）；与（对待）；知（通“智”，智慧）。

2. 善，陈孺子之为宰：主谓倒装；陈家孩子分祭肉（的能力）真好。将魏王咎客在楚者以往：定语后置；让他率领魏王咎留在楚国的部下前往。士之廉节好礼者多归之：定语后置；具有清廉节操、喜欢礼仪的士人多归附他。

【文言积累】

1. B

2. C

3. (1)张负跟着陈平到了他家，陈家就在靠着外城墙的偏僻小巷，把破席子当门，但门外却有很多德高望重的人留下的车轮印迹。(2)汉王认为陈平说得对，于是拿出四万斤黄金给陈平，听凭他使用，不过问支出情况。

【阅读提示】

1. 第①段记叙陈平兄长休妻，侧面突出陈平对兄长的孝顺和过人的才华。第②段通过张负嫁女，侧面突出陈平的才华和交游面广泛。第③段通过父老和陈平关于分肉的对话，表现出陈平的决断能力和远大志向。

2. 当时楚汉相争，楚军占据上风，汉王亟待援助，故而会主动询问陈平，也会诚心倾听、采纳他的建议，同时也无形中抬高了陈平的身份。若是主动建议，汉王在烦躁中未必认真倾听，也无助于彰显陈平的个人价值。由此突出陈平过人的智慧。

【咬文嚼字】

1. “俱”是“一起”的意思，文中指陈平和另外六个投奔者一起拜见汉王。由此暗示当时他不过是个普通的投靠者，联系后文陈平当场进言并受官，衬托出他超越常人的智慧和胆略。

2. “乃”是“就”的意思，文中指汉王听取陈平进言后被他打动，当场授予其较高的官职。“乃”字突出汉王授予官职之迅速果断，表现汉王具有识人的眼光，也突出了陈平的智慧。

【合作探究】

1. 陈平逃难是一件小事，此闲处一；除了对陈平的描写，还写及无足轻重的船人的心理和动作，此闲处二。但这件小事和船人的行为，恰好突出了陈平沉着冷静、智慧聪颖的性格。

2. 项羽虽然对待部属态度亲和，但唯独吝惜赐予他们名位和领地。所以陈平的反间计，重在宣扬这些部属因未受封赏而不满的情绪。这既符合实际情况，也正中项羽最易猜忌的软肋，所以可谓是对项羽集团最致命的打击。

【读史明理】

同意谁的观点皆可，只需言之成理。同意林云铭者，应侧重于对陈平隐忍自保的真实目的分析，着眼其最终消灭吕氏势力的功绩，并且对比张良退居幕后的做法。同意黄震者，应侧重在吕后当权时陈平无所作为导致的种种消极影响，若他在吕后刚掌权时能有所行动，或许可以改变困境。

第八讲

伯夷列传

【课堂检测】

1. 典（主管）；伦（类）；以（认为）；用（因为）；让（推让）；兵（名作动；用兵器杀）；易（换）；与（帮助）；空（罄尽、贫困）；厌（通“餍”，饱）；竟（最终）；傥（通“倘”，如果）；乃（才）；没（同“殁”，死）；称（称赞）；作（出现）；睹（看见）；趣（通“取”，此指出仕）。

2. 此何以称焉：宾语前置；这又凭什么颂扬他们呢？父命也：判断句；这是父亲的遗命啊。

【文言积累】

1. D

2. D

3. D

4. (1)武王已经平定了商纣的暴乱，天下都归顺周朝，但伯夷、叔齐却认为这很耻辱，他们坚持仁义不吃周朝的粮食，在首阳山隐居，采摘野菜然后充饥。(2)有的人选好地方才肯迈步，在适宜的时机才说话，走路不敢经由小路，不是公正的事决不发愤去做，但像这样遭遇灾祸的人，数也数不过来。

【阅读提示】

1. 首先，武王还未以礼安葬父亲，又以臣子的身份讨伐君主，这是不仁不孝的行为；其次，这也是以暴易暴之举，算不上正义。

2. “天道”不应有所偏私，而应帮助好人，惩戒坏人。但现实往往并非如此，这便构成了太史公思考“天人之际”的源头之一。

【咬文嚼字】

1. “犹”是“还、仍然”之意，文中指学者虽然学问渊博，但在作史的时候还是以儒家经典为征信的依据。由此突出实录精神和维护儒家思想指导地位的倾向，也表现出太史公谦虚踏实的态度。

2. “盖”是“大概”之意，文中指司马迁不确定许由冢的真实性。由此表现出他对于史料和历史遗址“真实性”的要求。此标准不因个人好恶或外界压力而改变，是史家的可贵精神。

【合作探究】

伯夷、叔齐的诗歌以采薇起兴，先直言“以暴易暴”的错误，再慨叹先贤已逝，自己无处可归的困境，最后哀叹死亡的临近。此诗未直言武王，却暗讽其非贤君，此含蓄之一。太史公所处时代，武帝恰好也是个好大喜功、横征暴敛的君主，太史公以此暗讽武帝的弊政，此含蓄之二。

【读史明理】

1. 伯夷、叔齐不贪恋国君的地位而归隐深山，这是节义之一。他们坚持道义，不惧武力的威胁而劝阻武王，这是节义之二。武王统一后“义不食周粟”而饿死，这是节义之三。

2. 征信，是指追求史料的真实性和可靠性。所以太史公注重从儒家经典中寻求史料，而不仅限于道听途说，对于别家学说也保持谨慎态度而进行辨析。阐幽，是从现象中看到本质，从历史中看到现实的弊病。太史公从伯夷叔齐的事迹中看到节义和历史教训，更看到史传对于保留“君子之名”的重要作用。

屈原列传

【课堂检测】

1. 为(担任);娴(熟悉);害(嫉妒);伐(夸耀);疾(嫌怨);刺(批判);诚(如果);竟(最终);存(思念,挂念);足(值得);短(形作动;指摘缺点,揭发过失);举(全);见(被);为(表反诘,呢);祖(效法)。

2. 离骚者,犹离忧也:判断句;离骚,就是遭遇忧患之意。是时屈平既疏:被动句;这时屈原已被疏远。楚人既咎子兰以劝怀王入秦而不反也:状语后置;楚国人因子兰劝怀王入秦且怀王未能回来而责怪子兰。

【文言积累】

1. A

2. A

3. C

4. (1)屈平坚持公正,行为耿直,竭尽忠诚才智来侍奉他的君王,但小人却离间他和君王的关系,他的处境可以说很困窘了。(2)《离骚》的语言简约精练,用语含蓄,情志高洁,表现他廉正的行为,它的文句虽写的是细小事物,但它的意旨却很宏大渊博,它举的例子浅近贴切,但表现出的意义却极其深远。(3)然而亡国破家的事却不断发生,圣明之君、太平之国却好多代都未曾出现,这就是因为所说的忠臣不忠,贤士不贤啊。

【阅读提示】

1. 首先,屈原才华出众,擅长内政外交,遭到上官大夫等小人的嫉妒。其次,楚怀王昏庸无能,听信小人谗言,疏远屈原。再次,秦国使者张仪通过花言巧语贿赂楚国上层和宠姬,使楚王做出错误判断而不听取屈原意见。最后,屈原个人耿直的性格,也让他得不到楚王的喜爱。

2. 这段话表面写干净的井水无人问津,由此类比屈原不受楚王重用的困境,慨叹才华无处施展和楚王昏庸不明。引用经典,更暗示了苦难一再重复的悲剧性。

3. 这个“圣人”不会固守什么信条,而是随波逐流,跟随时势,从而保全自身,得到安逸生活。这是近于道家观念的圣人,而非儒家观念中的圣人。

【咬文嚼字】

1. 不重复。内容上前者意指楚国使者之怒，后者指楚王之怒。由此突出张仪反复无常、不讲信用的无耻，以及楚王轻信敌国的幼稚。

2. “悉”是“全”的意思，文中指楚怀王发动全国的兵力攻打秦国，由此衬托出他被欺骗后怒气之强烈。在当时七国纷争的背景下，倾全国之力出兵，自然有被他国乘虚而入的危险，为后文魏国袭击楚国做铺垫，也暗示了楚王在政治、军事上的幼稚和无能。

【合作探究】

1. “雅”指文辞优雅、文采出众。本段多用整散结合的句式，且以整句为主，富有气势。“婉”指行文委婉含蓄。本段未直说楚王昏庸、小人谗言、忠臣被逐，而是以《国风》《小雅》为类比，暗示屈原的悲惨遭遇。“凄怆”指情感极度悲伤痛苦。本段多用反问、感叹句，用强烈的语气抒发此情。

2. 本段中的“渔父”出口成章、见识不凡，显然并非真实的渔父，而更可能是被虚构出来，用以衬托屈原遗世独立、宁折不屈之精神的人物，这是虚笔之一。两人的对话并不涉及现实问题，而是各谈玄言哲理，以此暗示各自的心志，这是虚笔之二。如此，原本浓厚的抑郁情绪便含蓄地藏在了“虚笔”之下，更耐人寻味、引人遐想。

【读史明理】

同意与否皆可，需言之成理。同意者，应关注史传的核心价值，一是真实可靠的史料，二是关系国家民生的大事。屈原于此两点都有不合之处。不同意者，则应关注“怀才不遇”这个千古主题的延续，而这也是关系国家政事的重要问题。另外“文学”也是历史重要的组成部分，为文学家作传，有文学、文化上的意义(同理可以思考作者为伯夷叔齐作传的初衷)。

第九讲

管仲列传

【课堂检测】

1. 焉(于之，被桓公)；进(举荐)；贾(做买卖)；下(名作动；处于……之下)；多(形作动；称赞)；区区(狭小)；之(往)；信(使动；使……守信、践行盟约)；拟

(比、相等)。

2. 知我者鲍子也:判断句;真正了解我的是鲍叔啊!常强于诸侯:状语后置;常常比其他诸侯国强大。

【文言积累】

1. A

2. C

3. (1)管仲被任用后,在齐国执政,齐桓公凭借管仲而称霸,多次会合诸侯,使天下归正于一,这都是管仲的智谋。(2)我被囚禁遭受屈辱,鲍叔不认为我没有廉耻,知道我不因小的过失而感到羞愧,却把功名不显扬于天下当作耻辱。

【阅读提示】

1. 因为管仲在遭遇人生各种打击挫折时,鲍叔牙都能冷静分析原因,看到外在的不利条件,而不简单归咎于管仲。更可贵的是他还了解管仲内心真正的志向是扬名天下。

2. 重视经济发展,顺应民心民俗,善于将不利条件转化为有利条件,重视国家的宏观管控。

【咬文嚼字】

1. "终"是"始终"之意,文中指虽然管仲经常在钱财方面占鲍叔牙便宜,但鲍叔牙始终不以为意,反而善待他。由此表现出鲍叔牙对管仲的关爱和理解,以及管仲对鲍叔牙的信任。

2. "遂"是"于是、就"之意,文中指鲍叔牙在公子小白登位后,立即推荐了曾经是敌对方的谋士管仲。通过鲍叔牙推荐行动之果断、迅速,突出了鲍叔牙对管仲的信任和关切,也由此凸显两人交情的深厚。

【合作探究】

1. 本文内容上多写管鲍两人交往的琐事,此小品之一。行文多用排比手法,整散结合,富有节奏感,此小品之二。虽形似小品,但管鲍之交,恰是齐国强大的源头:若无鲍叔牙的真诚推荐,管仲就没有机会辅佐齐桓公。由此突出任人唯贤、用人不疑的哲学大义。

2. "结交推贤"指的是朋友之间的深交,以及不顾及个人利害的举荐。这是古今贤士都渴望的友情和知遇。而司马迁本人恰在"李陵之祸"中感受到满朝

“友人”的冷漠。这便是他寄托在本文中的深刻感慨。

【读史明理】

同意与否皆可，但需言之成理。同意者，应关注史传的基本定位和严肃性，且横向比较《史记》中其他篇章，本文的确显得头重脚轻。不同意者，应关注“偏锋”中太史公的深刻用意：管鲍之交看似琐碎，但恰是管仲得以出仕，齐国因而强大的重要原因，太史公这么写，正把握住了历史进程的关键节点。

晏婴列传

【课堂检测】

1. 重（第二种）；绝（断绝往来）；谢（道歉）；延（邀请）；御（车夫）；次（编写）；小（意动；以……为小，看轻）；勉（鼓励）。

2. 详哉其言之也：主谓倒装；这些书写得很详细了。

【文言积累】

1. A

2. B

3. (1)我虽然不仁厚，至少也从困境中解救了你，你为什么这么快就要绝交呢？(2)她丈夫替国相驾车，头上遮着大伞，挥动鞭子赶着四匹马，神气十足，洋洋得意。

【阅读提示】

1. 因为晏婴先解救他，表现出对他的了解；但随后却冷淡他，十分无礼。对越石父来说，这种被知己者侮辱的痛苦，还不如待在监狱里。

2. 车夫妻子偷看自己丈夫工作的样子，说明她对丈夫有所要求；她对比晏婴和丈夫的神态，发现丈夫骄傲自满，便以离婚的威胁来警醒丈夫，说明她聪明有抱负。总之，这是一个智慧贤淑、胸怀远大的奇女子。

【咬文嚼字】

不多余。“自”强调车夫主观上刻意要求自己谦逊低调，由此突出妻子对他教化作用之深刻，进而突出妻子的智慧，也同时显示晏婴观察力的敏锐。

【合作探究】

“志念深矣”是指晏婴虽然身为齐相，却为人谦逊，并不张扬外显，突出了他心怀远大志向、不以个人利益荣辱为意的特点。相对于他的“深”，车夫为驾车排场就得意扬扬便是“浅”。由此暗示了齐国强大的原因，是注重国力的发展，而非表面的炫耀。

【读史明理】

管仲是使齐国得以称霸的重臣，有开辟之功，所以得到百姓的称赞。他生活奢侈，既符合他的贡献，也能彰显齐国对人才的尊重，由此可以招来更多贤才。晏婴是维持齐国强大的重臣，并非开创者，而是继承者，这个阶段节俭比奢侈更重要，否则容易让举国臣民沉溺于享乐之中。而且他心怀振兴齐国的远大志向，并不在意物质生活。

赞同任一人皆可，需言之成理。赞同管仲者，应注重对于人才价值的肯定。赞同晏婴者，应关注高位者之清廉，对臣民的辐射性影响。

第十讲

司马穰苴列传

【课堂检测】

1. 患（担心）；素（向来）；乃（才）；勒（统率）；约束（纪律，规约）；谢（道歉）；徇（巡行、宣示）；次（驻扎地）；亡（失）；害（嫉恨）；竟（穷尽，充分体现）。

2. 君擢之闾伍之中：状语后置；君王把我从平民中提拔起来。

【文言积累】

1. B

2. D

3. (1)庄贾一向傲慢显贵，认为将军已经抵达军中，自己只是监军，所以就不很着急；亲戚朋友为他饯行，挽留他喝酒。(2)（齐景公）接见了田穰苴，任命他做大司马。田氏在齐国就一天天地更显贵了起来。

【阅读提示】

1. 军正负责军中的司法，司马穰苴以将军的身份询问军正，是为了彰显军法至高无上的地位，即便是自己也无权违反，由此树立军威。同时也是向庄贾暗示自己所为并非个人行为，而是依法办事。

2. 因为在司马穰苴的统领下，齐国军队士气高涨，奋勇争先，同时他们又怀有收复国土的强烈愿望，所以难以匹敌。

【咬文嚼字】

1. “素”是“向来”之意，文中指庄贾为人向来骄横显贵，不守法度。此处交代其性格，显示了他失约被杀的原因，进而突出司马穰苴树立军威的决心。

2. “皆”是“都”之意，文中指在外敌环伺的背景下，司马穰苴指出庄贾身为监军，其一举一动关系到所有百姓的命运，突出其地位的重要性。进而突出他失约行为的严重性，为之后诛杀庄贾做好了合理铺垫。由此表现出司马穰苴出色的口才和对军威的重视。

【合作探究】

1. “文能附众”意指在政令上能够聚拢人心，使众人甘心归附。“武能威敌”意指在武力上能够威慑敌人，使敌人不敢对战。这句议论性质的话，正是这篇列传主要内容的概括：司马穰苴在政令上果断诛杀庄贾，树立威信，聚拢人心；他在军事上鼓舞士气，奋勇进军，使敌军不战而退。这八个字使得传记的中心更为明确，起到提纲挈领的作用。

2. 庄贾向来娇贵，司马穰苴必然知晓，所以他预判庄贾必定会违反军纪，届时依法惩处这个国君的宠臣，就可以树立威信。另外，司马穰苴出身卑微，也必须通过诛杀庄贾这个贵人，来提升自己在军中的威信。

【读史明理】

黄震的话意指，作为将领只要坚持军令的严肃性，不畏外在的强权干扰，言必行、行必果，就可以树立自己在军中的威信，进而提升军队的执行力和战斗力。这样的话，即便出身低微，或是本人不通晓战斗策略，也能克敌制胜。此语虽然略微夸张，但突出了威信对于将领和军队的重要性，这是建设军队的基础，也是获胜的根源，所以如此突出威信的地位，并不为过。

吴起列传

【课堂检测】

1. 恶（说坏话）；谢（辞退）；拔（攻占）；赢（背）；哭（为……哭）；属（托付）；尚（娶君主之女）；卜（估测，推断）；捐（撤除）；却（使动；使……退却，击退）；坐

(犯……罪)。

2. 且鲁、卫,兄弟之国也:判断句;况且鲁国和卫国是兄弟国家。卒有病疽者:定语后置;有个生了痈疮的士兵。美哉乎山河之固:主谓倒装;这险要的山川多么壮美啊。

【文言积累】

1. C

2. B

3. (1)齐国军队攻打鲁国,鲁君想让吴起担任将军,但吴起娶了齐国女子为妻,因而鲁君怀疑他。吴起那时想成名,就杀了他的妻子,来表明他不亲附齐国。(2)统率三军,让士兵乐意为国拼死,敌国不敢图谋魏国,您和我比怎么样?

【阅读提示】

1. 不矛盾。前者是指吴起贪图名声,为了成名甚至可以杀死妻子。后者是指吴起不贪图钱财,与士兵同甘共苦。两者所指内容不同,故不矛盾。实际上吴起之"廉",正是他贪图功名的手段之一。

2. 吴起虽然在军事、理政方面强于田文,但在国家危急关头,田文更能让臣民信服,所以魏侯将国事委托给他打理,由此表现出田文对魏国的忠诚胜过吴起。上文强调吴起"贪而好色"也暗示了吴起过度看重个人名声,并非对魏国忠心耿耿。

【咬文嚼字】

1. "或"意指"有的人",文中指不知姓名的人向鲁国国君说吴起的坏话。这既可能暗示进言者心虚,不敢公布姓名;也可能暗示吴起的恶名众所周知。根据上下文,后者更为可能。

2. "终"意指"最终",文中指吴起母亲死去后,吴起最后都没有回家奔丧。此时吴起尚在曾子处学习,只是一介平民,而他又发过"为卿相才回国"的誓言,所以便不回去。由此突出吴起对名声之看重,甚至连亲情也可以割舍,进而暗讽了他残忍的性格。

【合作探究】

这句话的意思是:吴起和一般凭借勇力见长的武将不一样。联系本文,吴起除了带兵打仗外,还能规劝魏武侯修德、管理国家内政、改革楚国旧制度,且都有很好的效果,表现出他在政治方面的才能。可见,吴起并非单纯的武将,而是全面的人才。

【读史明理】

司马迁显然更赞赏司马穰苴,而对吴起略有微词。联系原文,司马穰苴进行的是抵抗侵略的正义战争,他关心士兵的做法主要是公平待遇、平分军粮;吴起进行的则是对外扩张的侵略战争,他关心士兵时除了一般做法,还亲自吮吸士兵的脓疮。由此可见,司马迁对于战争性质和行为尺度,都有明确的褒贬标准。

第十一讲

伍子胥列传

【课堂检测】

1. 更(另外);去(离开);稍(逐渐);致(招致);生(使动;使……活);会(有适宜时机);用事(执政);因(通过);蚕(名作动;养蚕);竟(最终);兴(发动);乃(才);求(寻找);雪(洗)。

2. 王且见禽:被动句;大王将要被抓住了。是为昭王:判断句;这就是昭王。何异蝼蚁:状语后置;这和蝼蚁又有什么区别。

【文言积累】

1. B

2. D

3. D

4. (1)楚王召见我们兄弟,并不想让我们父亲活命,只是担心我们逃跑,产生后患,所以用父亲做人质,假意召见我们二人。(2)伍子胥知道公子光在国内有野心,想杀死吴王僚,自立为君,不可以用对外的军事行动劝说他。

【阅读提示】

1. 首先他生性仁厚,比较听父亲的话。其次他担心逃跑后不能为父亲报仇,被天下人笑话。再次他也想用自己的死,坚定伍子胥复仇的决心。

2. 渔父在朝廷追击伍子胥的时候帮助他脱难,却不接受伍子胥的谢礼。这说明他是一个廉洁正直、急公好义的奇人。渔父,或许只是他掩饰真实身份的称谓罢了。

【咬文嚼字】

1. 不重复。两个“江”字连用，突出伍子胥已经逃至绝路，无路可走，渲染出当时紧急的氛围和他内心的焦虑。也为后文渔父的出现做了恰当的铺垫。

2. 不重复。此处是伍子胥逃亡路上最危险的一段，此段全用本名，不用代词，是为了强调伍子胥在本文中(即作者心中)的重要性，由此突出作者对于伍子胥的关切和肯定。

【合作探究】

怨毒，是“仇恨”之意。楚平王听费无忌媚言，霸占太子的未婚妻、迫害太子，这是怨毒之一。他们因为担心伍奢一家帮助太子，进而残杀伍奢、伍尚，追杀伍子胥，这是怨毒之二。楚国太子不知感恩郑国，反而受晋国蛊惑做内应，这是怨毒之三。公子光篡位杀吴王僚，这是怨毒之四。伍子胥最终带兵攻占楚国都城，鞭平王尸，这是怨毒之五。

【读史明理】

1. 吴王僚非但和伍子胥没有仇怨，对他还有收留之恩。所以伍子胥助公子光杀吴王僚，是“毁人”的不义之举。如果吴王僚的儿子有复仇之心，也可以向伍子胥复仇。同意与否皆可，需言之成理。同意者，应根据事实来分析伍子胥的不当之处。不同意者，应看到伍子胥为实现最终的复仇目的，“杀吴王僚”乃是必需的前提，故不得已为之。

2. 同意与否皆可。同意者，应从复仇对象和国家道义出发分析，伍子胥的仇人楚平王和费无忌已死，伍子胥实际上已经没有了复仇对象，故无须再出兵，更不应该鞭尸。这样做更是让自己的国家遭受了苦难，这对不起楚国君臣，更对不起世代侍奉楚国的伍家先祖。不同意者，应从复仇的具体层面来看，伍子胥只有亲自鞭尸仇人，才算是真正的复仇，否则他那么多年忍辱负重就失去了意义(太史公对此尤其有共鸣)，也无法向死去的父兄交代。

豫让列传

【课堂检测】

1. 如(去)；顾(难道)；数(责备)。

2. 彼义人也：判断句；他是义士。

【文言积累】

1. D

2. B

3. (1)唉！士人可以为了解自己的人去死，女子应该为爱慕自己的人梳妆打扮。如今智伯很了解我，我一定献身替他报仇，报答他，我的灵魂就没有什么可惭愧的了。(2)但我希望能得到您的衣服刺它几下，通过这样做来达到我报仇的意愿，那么即使死了我也没有遗憾。我不敢指望您答应我的要求，但我还是斗胆说出我的心意。

【阅读提示】

1. 首先，他认为豫让是一个义士。其次，智伯没有后人，豫让却甘愿冒死替他报仇，很有贤德，他不忍杀他。最后，赵襄子也不愿意背负杀义士的恶名。

2. 豫让毁自己的容貌，妻子认不出他，说明妻子不了解他，只能分辨他的外貌。朋友认出他，说明这个朋友深知豫让的神情和心志，是他的生死之交，所以豫让才会把刺杀赵襄子的秘密告诉他。

【咬文嚼字】

1. 不重复。首先本段出现的人物很多，写明“智伯”使行文更清晰，避免误解。其次，本段只道“智伯”，不用代词，也是为了强调智伯在豫让心中的重要地位，为后文他屡次行刺赵襄子做铺垫。

2. “卒”是“最终”之意，文中指赵襄子抓获行刺不成的豫让后，最终释放了他。由此暗示赵襄子内心的矛盾心情，直到最后被豫让的大义感动，由此衬托出豫让忠心为主的气节。

【合作探究】

1. 这句话说的是豫让不肯假装归附赵襄子，伺机刺杀他。这是因为他很重视人与人之间的名分和情义，一旦成为赵襄子的下属，便不可以背叛他，更不用提刺杀。由此突出豫让是一个正直磊落的义士。

2. “千载人”意指人物有特殊之处，可以传颂千年。赵襄子不计较豫让第一次行刺，无条件释放他，这是他胸襟宽大的表现。面对豫让临终的要求，他也果断答应，让他当众击刺自己的衣服，这是他对豫让的理解和成全。这两点让他也足以成为“千载人”。

【读史明理】

1. 同意与否皆可,需言之成理。同意者,应该从大局出发,看到豫让并没有真正帮助到智伯,甚至没有看出三家阴谋的眼光,所以并非高人才士。不同意者,更应关注豫让只是善于技击、忠诚踏实的家臣,不应对他有过分要求。况且当时智伯实力超过三家,他自大自满,也听不进他人的劝谏。

2. 两人都是为了血海深仇,付出许多代价执行复仇计划。不同处在于:豫让复仇的对象仅限于个人,伍子胥则将复仇范围扩大至整个楚国,且其直接复仇对象(楚平王、费无忌)死后,也没有停止复仇的行动。相对而言,豫让在人格上更为高尚正直,伍子胥则过分狠毒。

第十二讲

仲尼弟子列传

【课堂检测】

1. 称(称赞);焉(于之);发(发挥);稍(逐渐);因(通过);执(控制);比(使动;使……亲附);空(白白地);造(到);燔(烧);次(编排);阙(空缺)。

2. 贤哉回也:主谓倒装;颜回多么贤良啊。是为出公:判断句;这就是卫出公。

【文言积累】

1. BC

2. B

3. (1)被任用时,就努力作为,不被任用时,就隐居起来,只有我和你才有这样的处世态度吧。(2)求学的人往往提及孔子的七十弟子,赞誉他们的人有时言过其实,诋毁的人有时损害了他们的真实形象,总之都没有看到他们的本来面目。

【阅读提示】

1. 这些人都非儒家学者,且来自各地,但孔子都恭敬地对待,表现出他求学的谦逊和努力。

2. 子路是卫国大夫孔悝的臣子,卫国发生动乱、孔悝受到挟持,按照职分他应该救主。子路的性格忠勇耿直，所以虽然面临危险，他也勇往直前。客观上乱军人数占上风，子路寡不敌众，所以最后身死当场。

【咬文嚼字】

1. 不重复。内容上分别强调出公已经逃走、规劝子路离开。语气上则强调子羔焦虑的情绪和情况的危急程度，由此衬托出子路临危不惧的勇气。

2. “卒”是“最终”之意，文中指子羔劝阻子路不成后最终离开卫国。由此突出卫国情况的危急和子羔对子路的关心，进而衬托出子路赴难的勇气和决心。

【合作探究】

1. 此指孔子不喜欢没有棱角、谨小慎微的人，如果没有符合中庸之道的人，那他更喜欢具有个性的人。子路能积极向孔子提问，行动上忠勇直行、不避危难，所以深得孔子喜爱。由此可见孔子对于弟子的要求和期望。

2. 孔子之道，首先指对于学问的尊重和渴求，不耻下问。其次指注重德养和礼仪，不重功名利禄。再次指行为上勇于承担责任、正道直行。

【读史明理】

同意与否皆可，需言之成理。同意者，应关注“礼”的形式不可阻碍实际的功用，否则就是拘泥。不同意者，既应看到“礼”在原则上的指导意义，还应看到当时子路已然寡不敌众，并不存在“不至于死”的可能，他临死结缨，恰是保留了最后的尊严。

儒林列传

【课堂检测】

1. 恣（放纵）；论次（阐发编订）；适（到）；以（因为）；干（求取官位）；延（请）；靡（倒下）；详（详尽）；登（使动；使……升入）；劝（鼓励）；容止（仪容举止）；疾（恨）。

2. 儒术既绌焉：被动句；儒学已经被世人排斥。太常择民年十八已上，仪状端正者：定语后置；太常挑选十八岁以上仪表端正的百姓。得受业如弟子：状语后置；像博士弟子一样接受教育。

【文言积累】

1. D

2. D

3. C

4. (1)在齐威王、宣王当政时，孟子、荀卿等人都继承孔子事业进而发挥润色，凭自己的学说在当世显名。(2)于是(皇帝)把董仲舒交给司法官审判，判处死刑，但(皇上)又降诏赦免了他。于是董仲舒到最终也不敢再谈论灾异之说。

【阅读提示】

1. 本段提及孔子因周朝式微、礼崩乐坏，编订《诗》《书》等经典，传播礼乐文化。但他周游各国，都不被重用，所以编著《春秋》来宣扬王道。作者以此和后文汉朝儒学复兴对照，既彰显了儒学的发展轨迹，也突出了孔子在危难环境下推广儒学的不易和坚韧。

2. 武帝时，因为皇帝的推崇，儒学占据显学位置；有大量儒生入朝为官，甚至官居要职；为官的儒生待遇很好；儒学由此成为天下学士向往的学说。

3. 首先，天子听信诸生的谗言，认为董仲舒的《灾异之记》有讥讽朝廷的内容；其次，在不知道作者的情况下，董仲舒的弟子也否定此书的内容；最后，他侥幸躲过死刑，心中从此种下了畏惧。

【咬文嚼字】

1. “亦”是“也”之意，文中指胶西王虽然为人残暴，但仰慕董仲舒为人，所以像其他人一样也善待他，由此突出董仲舒学问和人品的高超。

2. “终”是“最终”之意，文中指董仲舒终其一生都没有经营自己的私产。既突出朝廷高压对于董仲舒的威胁，也强调了董仲舒对于学问的专注。

【合作探究】

1. 汉武帝用高官厚禄诱惑儒者，让他们为利益而学儒，受控于朝廷的管理，由此儒家正道趋向灭亡。相比秦始皇焚书坑儒，武帝的政令持续长久，且能破坏人心，所以更可怕。

2. 董仲舒是一个廉洁正直的人，即便是残暴的胶西王也尊重他。但他被同僚嫉恨，更被朝廷高压政策威胁，所以最终去官回到家中，也不经营私产，一生生活条件普通，突出武帝时真正儒者的悲惨命运，暗示武帝对儒家的高压控制，由此抒发作者的同情和不满。

【读史明理】

1. 综合选文,太史公表面上叙述了儒学在汉朝时的兴盛,但通过对朝廷“利诱”儒者和董仲舒不公平遭遇的记叙,暗讽了汉朝对儒者的利益诱惑和高压控制,这并不利于儒学的发展。

2. 子路和董仲舒都是有明确目标和理想的儒者,且都遭遇到来自上位者的威胁。相比之下,子路为人更直爽真诚,而且能始终坚持理想,保持言行一致,以至付出生命的代价;但董仲舒面对威胁选择了妥协和退让。另外董仲舒研究灾异之变,趋向迷信、无益现实。综上,子路更接近“君子儒”的标准,人格独立、正道直行、言行如一。董仲舒虽然不能算作“小人儒”,但在一些原则问题上已经不如子路。

第十三讲

商君列传

【课堂检测】

1. 进(推荐);会(恰逢);谢(道歉);禽(通“擒”,抓住);悖(荒谬);因(通过,经由);足(值得);让(责怪);暗(迷惑、不明白);知(同“智”,智慧);焉(于之);多(赞美);倍(名作动;加倍征收);率(标准、规定);被(承受、遭受);虽(即使);具(准备、备有);募民有能徙置北门者予十金(定语后置;招募能把木头搬到北门的百姓并赏赐十金);期年(一周年);擅(占据);恨(遗憾、后悔);内(通“纳”,送入);干(求取官位);发明(阐明、证明);有以(有原因)。

2. 龙之所言,世俗之言也:判断句;甘龙所说的,是世俗的说法。学者溺于所闻:被动句;读书人被见闻拘泥。

【文言积累】

1. C

2. (1)所以我用富国强兵的办法劝说君王,他才特别高兴。然而(这样)也就不能与殷、周的德行相媲美了。(2)(商鞅)离开(秦国)逃到魏国。魏国人怨恨他欺骗公子卬并且打败魏军,拒绝收留他。

【阅读提示】

1. 通过公叔座对他极高的评价和向魏王极力的推荐,侧面表现商鞅出众的才华。

2. 利用互相监督和严刑连坐，杜绝民间的私斗和犯罪；大力发展农业，抑制商业和无业流动群体；以高额赏赐激励军士杀敌，建立军功，且除此别无升迁的机会。

3. 这些人并非真心拥护变法，而更像见风使舵的小人，会败坏政治高压之下，本已统一的思想和民风。

【咬文嚼字】

1. 不重复。五个"复见"贯穿于秦孝公四次召见商鞅的过程，体现出他起初虽不接受商鞅的建议，仍然一再倾听其游说，进而突出秦孝公渴望富强的意志、广开视听的胸怀。

2. "亦"即"也"，此指秦国虽可强国，但在德行方面无法和殷周的仁政相比，表现出商鞅对于变法的隐忧和无奈，也与其后秦朝二世而亡的结局遥相照应。

【合作探究】

1. 诗歌前两句说的是商鞅变法重在取信于民，赏罚分明。这与商鞅为推广变法、树立威信，赏赐搬运木头的民众五十金之事呼应。后两句的意思是，今人不应该否定商鞅，商鞅令出必行的做法是值得效仿的。这后两句，表现了王安石为自己推行新法而设定的目标和榜样。

2. 商鞅以明确、严格的法令使得秦国大治，但他最后走投无路乃至被杀，也是因为自己推行的法令过严，让自己无处可去。且此法重视战功、抑制商业，对内约束过强，对外积怨过深，故商君之"法"正是秦国内外对他之"怨"的原因。太史公以此反思商鞅变法的失当之处，进而引导后人思考秦朝覆灭的根源。

【读史明理】

应模拟民众口吻，突出"自己"对于日常生活、参军作战、民间风气等的感受，言之成理即可。

白起列传

【课堂检测】

1. 相（名作动；做相国）；拔（攻占）；迁（升迁、迁官）；走（使动；使……走，赶走、驱逐）；当（抵挡）；军（名作动；驻军）；阴（暗中）；详（通"佯"，假装）；归（使动；

使……回去);少(稍微);笃(重);焉(之)。

2. 而秦奇兵二万五千人绝赵军后:定语后置;而一支两万五千人的秦军突袭部队已经切断了赵军的后路。我何罪于天而至此哉:状语后置;我对上天有什么罪过竟落到这个地步。

【文言积累】

1. D

2. (1)远行越过黄河崤山去争夺别人的国都,赵军在城里应战,诸侯军在城外攻击,击破秦军是必然的。(2)长平之战,赵国投降的士兵有几十万人,我欺骗他们然后把他们全都活埋了,这完全可以定死罪了。

【阅读提示】

1. 本段提及的数字,皆为白起攻占城邑和斩杀敌人的数量,且都有"多"的特点。由此突出白起出众的军事才能和残忍的性格。也为后文他在长平之战中坑杀赵军四十万人做了合理的铺垫。

2. 因为王龁的能力和威名都逊于白起,且长久对抗之下,赵军也已习惯于他的军事部署。若赵军得知白起担任主将,则会提高警惕,不利于秦军之后使用奇计断赵军粮道。由此侧面烘托了白起的军事才能和震烁六国的威名。

【咬文嚼字】

1. 此指赵军被编为四队,反复了四五次冲击秦军壁垒。在已经被围四十六天、断粮断水的情况下赵军还能如此勇敢、有组织地进行反击,既表现了赵括一定的军事才能,也突出了赵军的英勇不屈。在本文白起雄才、赵括无能的叙事之外,保留了另一种史实。

2. 前一个"尽"字,是白起谋划之语;后一个"尽"字,是白起行动之实。既表明他残暴言行的一致,也突出被坑杀赵军人数之多,故不能省略。

【合作探究】

1. 白起先从战略上指出六国与秦国积怨已久,言下之意此次灭赵之举会触动六国的底线,促使其团结一致对抗秦国。其次,白起从秦国自身角度分析,长平之战后秦军也亏损过半,需要休整,不宜立即投入一次大规模战役。再次,他从具体战术上分析,秦军远赴敌国作战,补给不足、敌军里应外合,并无胜利的把握。白起的谋略综合了战争各方面的形势,把握住胜负的关键因素,可谓"得事理之实"。

2. 本文第一段交代白起攻打六国，略写经过，只交代战果，但以铺陈笔法突出战功之显赫，已然初步表现了白起的军事才华。随后本文详写了长平之战，将作战双方的筹划和战役的具体过程都详细记载下来。相较第一段的中小型战役，长平之战的参战人数和战略意义都更为重大，甚至称得上是战国后期最重要的战役，所以此处不仅正面突出了白起的才华，也用赵军的英勇和调度，侧面烘托了白起的强大。

【读史明理】

贡献方面，商鞅主要在于内政。他使秦国政令更为统一、有效，并推动秦国走上"耕战一体"的道路，鼓励士卒奋勇杀敌，建立功勋。白起则在对外的战争中攻城略地，在军事方面成为秦军最关键的胜负手，为之后嬴政统一六国打下了坚实的基础。

然而，商鞅苛政可以行于一时，民众却难以始终生活在高压之下，且统一后不再有战争，民众的动力来源也由此枯竭。时日一长非但六国民众会反抗，就是秦地百姓也难以承受这种生活状态。白起屠杀六国士卒甚多，也为秦国积下了难以化解的仇怨。"楚虽三户，亡秦必楚"便是典型例证。总之，两人也对秦朝二世而亡负有责任。

第十四讲

平原君列传

【课堂检测】

1. 盖(大概)；相(名作动；做相国)；愿(希望)；乃(竟然)；稍稍(渐渐)；所以(用来)；乃(就)；造(到)；谢(谢罪)；焉(于之)；赞(称颂、赞美)；是(这)；蚤(通"早"，早日)；得(能够)；特(只是)；目(名作状；用眼神)；废(停止)；比(等到)；是(这)；而(你的)；县(通"悬"，关联)；臣(使动；使……臣服)；诚(实际上)；当(抵挡)；举(攻占)；焉(之)；因(依靠、依赖)；矫(假托)；且(将要)；患(担心)；被(通"披"，穿)；厌(通"餍"，满足)；自若(状态自然如常的样子)；飨(用酒食招待)；德(感恩)；却(后退)；以(在)。

2. 今楚地方五千里，持戟百万，此霸王之资也：判断句；如今楚国领土纵横五千里，士兵百万，这是争王称霸的资本。赵亡则胜为虏，何为不忧乎：宾语前置;赵国灭亡我就要做俘虏,为什么不担忧呢。

【文言积累】

1. A

2. (1)秦国围攻邯郸时,赵王派平原君去求援,和楚国合纵,(平原君)约定跟门下有勇有谋文武兼备的食客二十人一同前往楚国。(2)现在您如果能命令夫人以下的全体成员编到士兵队伍中,分别承担劳役,把家里所有的东西全都分发下去供士兵享用,士兵正当危急困苦的时候,是很容易感恩戴德的。

【阅读提示】

1. 毛遂用比喻的手法,暗示自己虽有才能却一直未得任用,所以始终籍籍无名;这显示了他过人的口才和应变能力;同时平原君恰好也急需一人凑齐随行人数。

2. 成功结盟后,毛遂当众对另外十九个门客炫耀自己的功绩、蔑视他们的庸碌无为,这种刻薄自傲的性格,便容易让他受到冷落和孤立。

3. 邯郸陷入绝境,弹尽粮绝之际,平原君依然维持着奢华的生活水准,可见当时赵国贫富分化的严重,和上层对平民疾苦的漠视。所以军队的士气和斗志必然低迷,这正可以与秦国商鞅变法后的局面比较分析。

【咬文嚼字】

1. 不能。此处承接上文,再次提及"士",是为了突出"士人"地位的重要性和他们对于平原君的敬仰。所以不能换。

2. 不能。第三处"臣"是躄者为了强调自己的地位而用,不能换用代词。第五处"臣"是为了突出笑话躄者的美人之浅薄轻浮,以及对自己侮辱程度之深,所以也不能省略。

3. 不能。上文虽已有"笑",此处再用"笑"字,既是显示平原君笑声延续之久,由此突出他对躄者的轻视;也突出了平原君重色轻义,所谓"求贤"之名的虚伪。所以不能省略。

【合作探究】

1. 陈仁锡的意思是,毛遂等人都是自我推荐后才被平原君任用的,所以平原君并无很强的识人的眼光,只是善于弥补过失罢了。本传中毛遂、李同等人得到平原君重视的过程,也的确如此。躄者的要求也是在门客逐渐离去的情况下被满足的。由此可见平原君识人的眼光平平，不能主动发现人才；但他能够亡羊补牢，一旦人才自荐或是劝谏，他能够及时听取意见，予以任用，也算为时未晚。

2. 毛遂对楚王进谏，开头三句都以“王”起首，这是“重沓用字”的一例。反复直呼“王”，显示了毛遂言语对于楚王的紧逼和其过人的胆识，显示其宁为玉碎的决心。

毛遂说到白起对楚国的战功，有“一战……再战……三战”之语，这是“复句回顾”的一例。此处采用排比手法，层层递进地渲染秦军对于楚国的践踏和侮辱，突出两国之间的深仇大恨，为后文楚王同意结盟铺垫，也显示了毛遂口若悬河、善于辞令的天赋。

3. 首先是因为秦楚两国之间本就有血海深仇；其次赵国一旦灭国，唇亡齿寒，楚国也将面临更大的威胁；然而楚王生性犹豫，又害怕秦国的报复，直到毛遂的性命相胁，才最终下定了决心。

【读史明理】

1.“太史公曰”中，司马迁认为平原君没有大局观念，贪图小利而让赵国陷入危机。可见如果身处太平之世，平原君也会因为缺乏大局观而让国家面临政策危机。另外，从李同之言可以看出，平原君迷恋奢华生活，不顾及民间疾苦。还有，从躄者之事可以看出，平原君也并非真正知人敬士。所以宋祁之言有理。

2.“劈面相迎”，首先是指笔墨的分配。“毛遂定约”一段，作者没有交代任何铺垫，直接切入宫中辩论的场景，可谓详略得当。其次是指毛遂的行动和言语，都雷厉风行、果断坚决，没有任何的犹豫，司马迁突出其人胆识和应变能力。再次是指毛遂的一席话有战国辩士的风格，多用复句、反问和典故，气势磅礴，奇崛雄伟。

魏公子列传

【课堂检测】

1. 亡（逃跑）；释（放下）；阴（私下的）；摄（整理）；枉（屈就，委屈）；过（拜访）；俾倪（同“睥睨”，斜视）；谢（告辞）；立（使动；使……站立）；谢（答谢）；怪（意动；觉得……奇怪)；拔(攻占)；让(责怪)；乘(辆)；再(两次)；诚(如果)；存(慖问、慰问)；乡(通“向”)；勒(统率、控制)；谢(告辞)；谢(道歉)。

2. 复博如故：状语后置；又像刚才一样玩起博戏。安在公子能急人之困也：主谓倒装；公子能够把他人的困境当作最要紧事情的名声，在哪里啊？何功之有哉：宾语前置；有什么功劳吗？

【文言积累】

1. D

2. (1)我只是个夷门的守门人，可是委屈公子亲自驾车马，亲自在大庭广众之中迎接我，(我)本不该再去拜访朋友，今天公子竟屈尊陪我拜访他。(2)我用来对待侯先生的礼数算是够周到的了，天下无人不晓，如今我将要赴死，可是侯先生竟连一言半语都没有来送我，我难道对待他有闪失吗？

【阅读提示】

1. 魏王不相信公子所言，担心赵王带军入侵，所以“恐”；情况果如公子所言，赵王只是打猎，所以“惊”于公子能够未卜先知；知道公子手下能人众多，以至于赵王身边都能安插眼线，魏王自然担心公子能力太强，甚至威胁自己的王位，所以“畏”。

2. 公子担心赵国安危，但魏王不肯发兵，平原君的使者又不断催促，走投无路以至于怀着必死之心前往战场——此刻他的心情焦灼愤慨，是听不进他人的谏言的。所以侯嬴要故意刺激公子，激发他追问自己不与其告别的原因，待其冷静下来之后方才进言。

【咬文嚼字】

1. “复”字突出公子面对疑似入侵的消息时，淡定从容的姿态，也暗示了公子在魏王面前始终不卑不亢的态度，故不能省略。

2. “辄”解释为“就”，突出上报速度之快，进而突出这位眼线能力之强和公子对其控制之有效，故不能省略。

3. 本句中以“国政”修饰公子，突出公子的能力本当担负国家大政；且本传中多次重复称呼他为“公子”，也是表达作者敬仰之意。故不宜改成代词“其”。

【合作探究】

1. 此处举两例：赵王田猎之事中，以魏王惊慌失措、无计可施，反衬出公子的胸有成竹、冷静沉着。窃符救赵之事中，以晋鄙的冷静勇武，正衬出朱亥的勇猛果决。

2.《平原君列传》中，平原君为了宠妾而不顾跛脚者的感受；想要带二十个门客去楚国游说，却凑不齐二十之数。这是他重在求名，不真心重士的表现。本文中，信陵君却在侯嬴的一再羞辱下始终保持恭敬的态度，并且得到侯嬴、朱亥等多位门客的效死帮助，可见他是真心招揽士人。本文中，更是通过毛公、薛公之例，直接对比出两人对于士人的不同态度。

平原君养士，除了结盟楚国之事外，对赵国并无太多贡献，甚至兵临城下尚且锦衣玉食。魏公子养士，沟通情报、援救赵国、对抗秦国，都是为了魏国的安危，这是信陵君更大的不同之处。

【读史明理】

1. 讲述经过要注意两点。第一，符合人物的基本性格；第二，符合人物当时的认知情况(如侯嬴并不知道公子到晋鄙军营以后的事情)。发表观点，实质上是通过人物性格和立场，发表对于此事件的评价(如魏公子既为救赵而欣喜，也为窃走兵符、擅杀老将而愧疚)。

2. 不见于《战国策》原因大致有二：首先，四公子只是各自国内的贵族，对于时局并无太大的影响(即无法有效组织对抗秦国的入侵)。其次，《战国策》重在记载游说之士的政治主张和游说之辞，四公子并不以此见长，不录于书中也属正常。

《史记》以人物为中心，重在发扬有才华者在历史中的作用和地位。四公子虽然最终没能改变秦国统一六国的结局，但各自招贤纳士，挖掘、培养了一批诸如毛遂、侯嬴、朱亥这样的忠勇之士，成为历代传颂的英雄人物，也为中华文化注入了重贤爱士、士为知己者死等精神内涵，这便是《史记》的提示指点之处。

第十五讲

乐毅列传

【课堂检测】

1. 焉(于之)；辟(通“僻”，偏僻)；矜(夸耀)；堪(承受，忍受)；害(恨)；徇(巡行、宣示)；会(恰逢)；患(担心)；让(责怪)；谢(道歉)；所以(用来)；假(利用)；厕(使动；使……参与、混杂其中)；不必(不一定)；是(意动；认为……是对的)；闻(使动；使……听闻)；唯(希望)；废(停止、放下)。

2. 而使乐毅复以兵平齐城之不下者：定语后置；燕昭王让乐毅继续带兵平定还没拿下来的齐国城邑。

【文言积累】

1. B

2. (1)齐湣王在济水西边被打败后，就逃跑到莒邑，并据城固守。(2)然而(燕军)不及早攻克的原因，听说是乐毅与燕国新即位的国君有嫌隙，想要建立军事联盟并且留在齐国，准备在齐国称王。

【阅读提示】

1. 赵国动乱未定，乐毅没有用武之地。燕国虽然大乱，但昭王有“怨齐”之心，又能礼贤下士，且乐毅本人也受到燕王的礼遇，所以他投奔燕国，以发挥他“好兵”的所长。

2. 首先齐国强大，对诸侯构成威胁；其次齐国东征西讨，连败楚、赵、魏、韩、秦，并灭了宋国，事实上侵害了各国的利益；再次齐湣王一度称帝，触犯众怒；第四，齐湣王为人骄傲自大，各国也不堪忍受。

3. 结合注释可知，两人都是靠口舌立身的辩士，而乐毅这封书信辩词张弛有度，更体现了忠诚坚贞的立场，并非一般左右摇摆之士可比，所以其品德、才华都令人敬佩不已。两人的哭泣，既有对乐毅的敬仰，也有对他遭受不公待遇的同情和怜悯。

【咬文嚼字】

1. “悉”是“全、都”之意，此处突出燕昭王对齐国作战，发动了全国的兵力。这既表现了他对齐国怨恨之深，也突出了他对乐毅人品才华的信任，故敢于把举国的兵力托付给他。

2. 不能。此处的“乐毅”，强调了乐毅在军中至高无上的统领地位，进而暗示了他才是伐齐之战大胜的关键因素，也体现了乐毅对于彻底平定齐国的决心。

【合作探究】

1. “不可遂拔”，指的是乐毅认为不可急于攻占剩下的两城。董份之意，燕国只是短时间占领了齐国的国土，还没有在齐国施行仁政、收拢人心，所以燕国在齐地的统治基础非常薄弱，故“不可遂拔”。另两座城池，田单所在的即墨坚守难攻，齐湣王所奔的莒则牵动齐国人心，也不宜骤然攻打。总之乐毅出于长远考虑，为巩固战果，没有攻取两城。

2. 史传的一般“格式”，是按照时间顺序记录人物的言行，以叙事为主。本文则略写乐毅的事迹，详细记录他的一篇文章《报燕王书》，这是第一重含义。《报燕王书》流露出乐毅对燕国的忠诚、对燕昭王的知遇之恩的感激、对燕惠王错误的委婉讽谏，和对自己独立人格的坚守——这些内容恰好对应着本文记载的乐毅之事迹，这些史实便好似《报燕王书》的注脚，让这篇文章更显真实有力，这是第二重含义。

【读史明理】

同意与否皆可，但都应联系文本分析。若同意金圣叹的观点，须关注乐毅对于燕惠王委婉而明确的讽谏，以及在压力下仍坚持不变的忠诚，相比之下，《出师表》的规劝则略显宽泛无力，孔明所处环境也较乐毅要优厚。

田单列传

【课堂检测】

1. 见（被）；已而（不久）；习（熟悉，通晓）；且（暂且，姑且）；然（正确，对的）；下（名作状；到下面）；师（名作状；像对待老师一样）；诚（实际）；约束（法令，条令）；遗（送给）；其（恐怕，大概）。

2. 唯恐见得：被动句；只怕被敌人捉住。画以五彩龙文，束兵刃于其角：状语后置；在上面画着五颜六色的蛟龙图案，在它们的角上绑好锋利的刀子。

【文言积累】

1. B

2. (1)（田单）命令装备整齐的精锐部队都埋伏起来，让老弱妇女登城防守，又派使者去和燕军约定投降事宜，燕军官兵都高呼万岁。(2)燕军纷乱，溃散逃命，齐军紧紧追击溃逃的敌军，所经过的城邑都背叛燕军，归顺田单。

【阅读提示】

1. 田单用计保全家人逃难，表现出他临危不惧、沉着冷静、足智多谋、富有远见的性格。

2. 田单首先制造神异现象，并尊奉一士卒为神人，彰显即墨城得到神灵的庇护，使得全城人心里安定；又谎称齐人畏惧燕军酷刑、掘墓，诱导燕军实施恶行，从而激发齐国军民同仇敌忾的决心。由此，田单从精神层面做好了决战准备。

【咬文嚼字】

1. “皆”是“全部”的意思，此指在燕军看来，即墨城上没有一个强壮的士兵，只有老弱和女子，突出田单误导燕军认为即墨城的士卒已经伤亡殆尽，几乎失去抵抗力，从而麻痹燕军斗志的妙计。

2. 不能。收礼的虽然只是燕军将领，但必然被身边的士兵看在眼里，渐渐传播出去；另外，燕军将领松懈的心态，也会传染到军中，使得军心松懈；当然，作为施计的一方，“即墨富豪”也一定会尽量大张旗鼓地宣传，让燕军误以为齐军投降在即。此处“燕军”一词，强调的是燕国军队整体心态的松弛，与后文其一溃千里呼应，不能调换。

【合作探究】

1. 首先，本文具体描写了火牛的装束，且后文中以燕军视角呼应“龙文”的描写，真实且富有画面感；其次，火牛出奔一幕，本文具体写到火焰燃烧、牛群愤怒，生动形象；再次，又从动静两个角度描写齐国军民的反击（五千军队衔枚是静，百姓城头鼓噪是动）。总之，场面描写具体生动，能从不同阵营的视角刻画，富有层次感，故有“亲见”之感。

2. 归有光的意思，是本传按照事件发生发展的顺序记叙，没有加入其他事件，也没有使用倒叙、插叙等手法，故显得“简淡”。然而本传内容并不平淡，首段临危逃亡之事，已然富有传奇色彩；即墨之战详写田单的“神鬼之计”，令人不可捉摸；胜利之后，又乘胜收复齐国全境，更是难得一见的大捷：这些常人所难料的奇计妙算，是本文的“笔端曲尽”。

【读史明理】

本题不设固定答案，答者可结合两篇传记，发挥想象。相对而言，乐毅应该显得雄才大略、胸襟开阔；田单则更神机妙算、坚定不移。

第十六讲

刺客列传

【课堂检测】

1. 曩(刚才);固(本来);已而(不久);再(两次);臣(使动;使……称臣);厌(满足);数(多次);诚(如果);则(如果);唯(希望);豫(事先);迟(意动;以……为晚);所以(……的原因);就(走向);逆(迎击);比(相当,等同);顾(回头);谢(谢罪);假借(宽容);发(打开);引(后退);卒(通“猝”,突然);秦法(名作状,按照秦国的法律);拔(攻占);具(详细地);义(义举);较然(明确的样子);欺(违背)。

2. 群臣侍殿上者不得持尺寸之兵:定语后置;在殿上侍从的大臣不能携带任何兵器。甚矣吾不知人也:主谓倒装;我不了解这个人(的程度)太严重了。

【文言积累】

1. D

2. A

3. D

4. (1)那些秦国大将在国外独揽兵权,而国内出了乱子,那么君臣就会彼此猜疑,趁此机会诸侯便能合纵,一定能打败秦国。(2)秦王再次攻击荆轲,荆轲遭受八处创伤。他自知大事不能成功,就倚在柱子上大笑,张开两腿坐在地上骂:“大事没成功的原因,是我想活捉并胁迫你,一定要和你订立(归还诸侯土地的)契约来回报太子。”

【阅读提示】

1. 首先,幼时的好友秦王恶待太子丹,这是私怨;其次,当时秦国力强,逐渐吞并各国,燕国同样危险,刺杀秦王可以引发争端、缓解秦国的攻势,这是公事。

2. 秦舞阳虽然为人勇武,但紧要关头却害怕不已。可见荆轲等待之人,应该拥有过人的胆识和沉稳的心态。

【咬文嚼字】

不重复。这三个“乃”都是“就”之意,且主语都是太子丹,文中指太子丹抓紧时间为荆轲整理行装、配备副手,并在荆轲等候远客时催促其出发。三个“乃”字前后呼应，突出了太子丹对“刺秦”的迫切心情，暗示其对秦王怨恨之深切，也暗示了因为其准备之匆忙，使得刺杀行动不够周密完备，为后文荆轲的失败做了铺垫。

【合作探究】

1. 盖聂、鲁句践都曾因为争执而对荆轲发怒，荆轲却默然回避。对照下文，荆轲并非懦弱无能之士，可见他之所以回避，是因为不想在小事上和他人争执，这是一种成熟深沉的性格。

2. 选文最后鲁句践既为荆轲剑术不精（导致刺秦失败）而惋惜，也反省自己当初眼光不够，未能看出荆轲的勇敢。结合选文，这也代表了太史公对于荆轲的观点。这个评价不由“太史公曰”表达，而是借助传记中人物之口传达，显得更为客观、委婉。

【读史明理】

1. 柳宗元的意思是嬴政倚仗欺诈和武力，与齐桓公讲究信用的性格不一样。所以荆轲效仿曹沫，即便嬴政当时答应，也不可能实现太子丹的愿望。对照前后的时代背景（诸侯林立之于秦国独大）和帝王性格（诚信守义之于狡诈残暴），柳宗元的评论确有道理。

2. 荆轲身处战国晚期，是士人彰显才华、渴望建功立业的时代（这一点可参考《平原君列传》和《魏公子列传》），所以荆轲对于赏识重用自己的太子丹，怀有“士为知己者死”的激烈情感；他又非常自尊、自强，所以有一种不惧生死、诚信守诺、抵抗强暴的人格。

游侠列传

【课堂检测】

1. 志（怀念）；缓急（紧急）；涉（经历）；胜（尽）；砥（磨炼）；摈（排斥）；恨（遗憾）；足（值得）；丑（意动；以……为丑）；负（倚仗）；亡（逃跑）；微（暗中）；多（称道）；乃（才）；之（到）；严重（尊重）；身（本人，自己）；迹（追踪）；穷治（彻底追查）；以（因为）；当（判处）。

2. 及若季次、原宪，闾巷人也：判断句；至于像季次、原宪，是平民百姓。邑中贤豪居间者以十数：定语后置；城中前来调解的贤者豪杰有数十人。已又杀杨季主：省略句；后来郭解的门客又杀死杨季主。此罪甚于解杀之：状语后置；这个罪过比他自己杀人还严重。

【文言积累】

1. C

2. A

3. D

4. (1)现在的游侠,他们的行为虽然不符合法律和道德,但他们说话一定守信,做事一定果敢,已经答应的事必定践行,不吝惜他们的生命,去救助别人的危难,已然经历了生死存亡的考验,却不夸耀自己的能力,也羞于夸耀自己的功德,这大概也有很多值得赞美之处吧。(2)(郭解)已经救了别人性命,却不自夸功劳,但他内心仍然残忍狠毒,像过去一样为小事突然怨怒行凶。并且当时的少年仰慕他的行为,也常常为他报仇,却不让他知道。

【阅读提示】

1. 首先,儒家和游侠都曾被韩非否定,被认为是扰乱社会秩序的人群。其次,儒家的地位在汉朝突飞猛进,成为显学,而游侠依然被歧视,由此对比显示出游侠遭受的不公待遇,也为后文正面描写游侠的形象铺垫。再次,也是借儒家的正面形象,暗示游侠中也有德义崇高,值得钦佩之人。

2. 首先,儒、墨两家都公然否定游侠,影响了世人的认知。其次,秦朝之前游侠的事迹都没能流传下来,以至于世人无从得知。再次,世人又不能分辨当时游侠与暴虐豪强之人的区别,所以不知道游侠的真面目。

3. 籍少公本不认识郭解,但郭解初次见面就坦诚相待,籍少公被他打动。同时,也可看出籍少公是一个富有同情心、果敢勇决之人。所以为保守秘密,保护郭解,他以自杀封锁消息。

【咬文嚼字】

1. “甚”是“厉害、强烈”之意,文中指郭解年长后虽然收敛,但内心任侠的想法更强烈了。由此突出郭解快意恩仇、不愿受法律约束的程度之深。也为后文他被灭族埋下伏笔。

2. “亦”是“也”之意,文中指当时的少年都仰慕郭解为人,也像郭解一样以武力为他报仇,并不让他知道。由此突出郭解对于时人影响之广泛、深远。

【合作探究】

1. 伯夷叔齐这样的困厄中的士人,虽然德行才智都很出色,但因为世道昏暗或不合人主之意，常常遭遇灾祸。他们既然得不到来自上层的帮助，唯一的解脱出口就是游侠之士，此难得一。游侠群体自身也处于社会下层，受到朝廷打压，却仍能挺身而出，此难得二。

2. 武帝已然是西汉鼎盛之时，但郭解及其门客仍然凭借武力报复仇人、解决争端，这说明当时民间仍然缺乏法制约束、崇尚武力、矛盾不断。其次，雒阳豪族纠纷需要郭解来调和，说明世人对于官府并不信任，暗示官员能力和品德上存在问题。再次，郭解屡遭追击，却直到武帝动怒才身死族灭，说明官府众人都畏惧郭解报复，举国行政近于懈怠，乃至都要依靠皇帝一人决断，突出出行政效率之低。另外，当时大一统的法制已然有了雏形，民间却仍留存战国的任侠之风，郭解的悲剧是他正处于中间过渡时期。

【读史明理】

1. 太史公为李陵辩护而受到宫刑时，处于弱势无助的境地，但满朝文武、亲朋故旧都畏惧武帝威势，不曾帮助他。此时游侠不惧生死、救人急难的品质便显得格外珍贵。所以太史公写《游侠列传》，表面上是赞扬游侠的精神，暗地里也是讽刺、批判世人忘恩负义、胆怯懦弱的品格。

2. 同意与否皆可，需言之成理。同意者，应看到郭解等人的实际行为已然违法，且多有滥杀无辜之举，影响了社会秩序；且个人并不应该具有“执法权”乃至“生杀大权”，故不值得同情。不同意者，应站在当时的社会环境中看待郭解：在法制文明并未完全成型，先秦游侠之风尚在，许多不公现象无法通过合法途径解决的环境中，郭解此类人的存在有合理性。

第十七讲

黥布列传

【课堂检测】

1. 相(为……看相)；坐(犯法)；论(判罪)；间道(小路)；阴(暗中)；畔(通“叛”，背叛)；诮让(责备)；搆(同“构”，成)；如(按照)；朝(朝见)；语次(交谈之间)；端(迹象)；系(拘押)；微验(暗中调查)；疏(分)；使(假如)；劫(挟持)；陈(通“阵”，军阵)；绐(同“诒”，欺骗)；被(遭受)；暴(突然)；用(因为)。

2. 破之垓下：状语后置；在垓下大败楚军。何能为乎：宾语前置；他还能做什么。

【文言积累】

1. D

2. B

3. D

4. (1)项王正对北方的齐国、赵国感到担心，在西边又担心汉王，和他联盟的只有九江王，他又称道英布的才能，打算亲近任用他，因此没有攻打他。(2)淮南王英布见贲赫因为畏罪逃跑，上书揭露他谋反，本来已经怀疑他说出自己国中暗中的部署；汉王使臣又来了，也查到了一些迹象，就杀死贲赫全族，起兵造反。

【阅读提示】

1. 受到黥刑，说明他是个不安分守己、犯禁无行的人；受重刑后笑谈看相人的话，说明他勇敢泰然；服徭役时交结他人逃亡为盗，说明他富有谋略和领导力。

2. 项羽派他杀死义帝是嫁祸之举，让他不悦；项羽和刘邦征战不休，更让他首鼠两端，不急于帮助项羽；由此惹怒项羽，他害怕项羽的报复；最后汉王使者随何的说辞和急中生智的逼迫，让他下定决心背叛项羽。

3. 首先，黥布已是功臣，封赏丰厚，无须谋反；其次贲赫之语只是一面之词，可能是陷害；最后，应先派人暗中调查贲赫之语是否真实，在此之前关押贲赫，能够让黥布安心。

【咬文嚼字】

不可以。“九江王”三个字，强调项羽是以天下霸主的身份命令黥布，暗示项羽的强制。其次，“九江王”也暗示这是以下犯上的弑君之举，暗示黥布内心的抵触和不满，为后文他背叛项羽铺垫。

【合作探究】

1. 此时随何虽然基本说动黥布，但黥布仍未下定决心，然而军情紧急，项羽使者又在催逼，不容耽搁。所以他当着使者面说出此话，揭开矛盾，黥布即便想要继续跟从项羽，根据项羽的性格，也势必更引发他的疑心。所以黥布只能立即下决心背叛项羽，归附刘邦。

2. 刘邦初见黥布时，礼数怠慢，态度倨傲，让他感受到君主高高在上的威势，这是峻礼。但当他回去时，却发现刘邦给予他同等的待遇，这是悦心。这种精神上的打压和物质上的利诱，让黥布心甘情愿为他效力，这便是刘邦的权术之道。

【读史明理】

1. 英布是汉朝开国功臣，且本来并无谋反之心，而是被韩信彭越事逼迫、被冤枉之后无奈起兵。但联系全文，英布又是一个勇猛自负之人，临阵喊冤这样的示弱之举，他也不屑为之。“英布身分”指的就是他这种突出而不可改变的性格。

2. 凌稚隆是指本段连续记载黥布朝见汉高祖之事。结合当时不断有人谋反的背景，太史公由此暗示黥布并无谋反之心。加之淮阴侯、梁王连续被冤杀，更是揭示了黥布的“谋反”源于高祖和吕后的威逼。基于本文的史实和韩信、彭越传记的记载(可参考《淮阴侯列传》《魏豹彭越列传》)，凌稚隆的观点基本正确，因为黥布在物质上和精神上都没有谋反的必要，相反汉高祖为了稳定政权、收回权力，势必要蚕食异姓诸侯王的领地和军队，这符合大一统王朝的根本利益。

淮阴侯列传

【课堂检测】

1. 无行(不检点)；竟(从头到尾)；哀(同情)；若(你)；孰(通“熟”，仔细地)；度(估计)；谒(拜见)；拜(授予官职)；诣(到)；军(名作动；驻军)；下(使动；使……归顺)；掉(摇动)；亨(同“烹”，用开水煮)；边(意动；以……为边，临近)；蹑(踩)；卒(终)；行(巡行)；见(被)；媚(讨好)；固(本来)；过(拜访)；不(通“否”)；挈(拉)；弟(同“第”，只管)；强(勉强)；如(到)；良(的确)。

2. 淮阴屠中少年有侮信者：定语后置；淮阴屠户中有个侮辱韩信的年轻人。辞于淮阴侯：状语后置；向淮阴侯辞行。

【文言积累】

1. B

2. C

3. C

4. (1) 早饭时间韩信去了，(亭长妻子)却不给他准备饭食。韩信也明白她的用意，很生气，最终离开不再回来。

(2) 假使韩信学习道家谦恭退让的精神，不夸耀自己的功劳，不炫耀自己的才能，那他在汉朝的功勋就差不多可以和周公、召公、太公这些人相比，后世子孙也可以享祭不绝。

【阅读提示】

1. 韩信少年时，漂母曾连续几十天供应他饮食，突出韩信贫困程度之深，暗示其隐忍能力之强。韩信封王后重赏漂母，不仅突出他感恩之心，也突出他张扬的性格，这很容易引起猜忌，便为后文他被吕后诛杀做铺垫。

2. 韩信在郦食其已经劝降齐王的情况下，坚持出兵攻打齐国，既是嫉贤妒能的表现，也突出他对权势的渴望。

3. 此举表面宽宏大量，但结合上文韩信逼死郦食其、要挟汉王封自己为齐王之事，可知韩信并非心胸宽阔之人。且他还对其他手下说少年当年“辱”他、他“忍”少年之事，这是在暗示将相们慢慢折磨少年，替他复仇，是韩信的心胸狭隘、隐忍冷酷的体现。

【咬文嚼字】

1. 不重复。此时正是汉王被楚军追击之时，连用三个“汉王”意在强调汉王窘迫程度之紧急，由此交代后文汉王夺取韩信、张耳军权的原因。也暗示了汉王对于韩信的不信任，为后文汉王诱捕韩信铺垫。

2. “独”是“唯独，仅仅”之意，文中指汉王逃脱楚军的追击时，身边只有滕公(夏侯婴)一人相随，由此突出汉军损失之大和汉王窘迫之深，进而突出韩信军队对于汉王的重要性。联系后文汉王夺取军权，也突出了韩信对于汉王统一天下的重要贡献。

【合作探究】

1. 何焯所举的“他人”的例子是概括性的记叙，保留了基本的史实，但没有细节描写，无法凸显人物的性格和历史的微妙之处。而第⑦段“汉王大怒，骂曰”的肖像描写，生动刻画出他作为君主的霸气和对韩信的不满；随后张良等人的动作描写，则表现出他们的冷静和智略；最后汉王“复骂曰”的语言描写最精彩，表现出他急中生智、顺势而为的机智，还暗示了刘邦、韩信之间隔阂产生的缘由。太史公的“入神”之处，既在于对人物性格的生动刻画，也在于对历史事件原因的剖析。

2. 列传的名称，大都用传主本人的名字，韩信传记不以其名而以其封号，重在强调他建立的功勋。太史公以此作为传记名，也是意在突出高祖封“淮阴侯”事件背后的阴谋和韩信的无辜。

【读史明理】

1. 可支持任意方的观点，或自陈己说，需言之成理。凌稚隆方的观点，重在治军的一般原则，可以和周亚夫治军的严明对比。冯班方的观点，重在考察具体情况，当时天下纷乱，汉王夺印符是无奈之举。梁玉绳方的观点，重在对于史实真实性的辨析，汉王亲自驾临，不应没有人认出，印符乃军权象征，不可能轻易被夺，韩信和张耳直到睡醒才知道事情过程，略显夸张。

2. 结合上下文，邓以瓒的观点基本成立。首先，韩信和陈豨的“密谈”并无第三人知道，陈豨远在巨鹿，韩信出于个人利益也不可能“招供”，所以这段对话很可能是吕后、高祖为了陷害韩信而编造的“罪证”。其次，被降级为淮阴侯的韩信已无军权，以他的见识，应该知道依靠临时拼凑的苦役和官奴不可能有所作为，所以可能这些人也是被“派往”他身边的，或是安插在韩信身边的人故意而为。再次，韩信的舍人应该就是朝廷安插在他身边的间谍(对照高祖杀彭越、杀黥布，都是因为身边人的“告发”，如此雷同，恐怕并非巧合)。太史公不能明示高祖、吕后的阴谋，便详细录入韩信谋反的“全过程”，在其他史实的对照下，以微言大义揭露出韩信被陷害的真相。

第十八讲

匈奴列传

【课堂检测】

1. 常(固定的)；约束(约定)；引(拉)；少(稍微)；被(通“披”，穿)；会(遇上)；兵(名作动；出兵)；间(暗中)；期(相约)；乡(通“向”)；倍(通“背”，背叛)；饶(丰厚地)；葆(通“保”，依托，躲藏)；纵(出击)；胜(尽)；中(迎合)；病(疲惫)；降(使动；使……投降)；章(通“彰”，直白)。

2. 卒之堕指者十二三：定语后置；冻掉手指的战士有十分之二三。汉伏兵三十余万马邑旁:状语后置;汉军在马邑城附近埋伏了三十余万军队。

【文言积累】

1. D

2. B

3. C

4. (1)(匈奴军队)形势有利就进攻,不利就后退,不把逃跑当作羞耻。只要有利可得,就不管礼义是否允许。(2)匈奴采用赵信的计谋,向汉朝派遣使者,说好话请求和亲。天子把问题交给臣子商议,有人主张和亲,有人主张趁机让匈奴臣服汉朝。

【阅读提示】

1. 匈奴人以畜牧为业,故逐水草丰茂处居住;文明程度较低,没有文字;重视年轻人,轻视老人;男子从小习猎,全民皆兵,故天性好征战掠夺。

2. 首先,突出匈奴军队人多势众,暗示包围之重;其次,不同种类的马各在一方,突出匈奴军队管理有方,军容整齐,进而表现战斗力之强大。

3. 单于带军入境百余里,只见野外散布牛羊,却没有放牧之人,这是明显违反常理的现象,暗示百姓已逃难或被汉军管制;其次,单于尝试攻打一座岗哨,被俘的小吏交代了计谋。

【咬文嚼字】

1. "亦"是"也"之意,文中指汉军在杀死、俘虏八九万匈奴人的同时,也损失数万人。由此突出汉军虽然战功显赫,损失也非常严重。暗示汉军对匈奴的战争得不偿失。

2. "辄"是"就、立即"之意,文中指汉朝扣留匈奴使者后,单于也立即扣留汉朝使者来对抗汉朝。由此突出单于怒气之盛,进而暗示汉朝处理与匈奴外交关系做法之唐突和不妥。

【合作探究】

本文记载汉高祖发兵攻打匈奴,结果损失惨重,惊险逃脱;武帝时马邑之战本想诱敌深入,却被匈奴识破,引发连续的劫掠。又多处记载汉军与匈奴战争的巨大损失和微小收益。由此委婉地批评汉朝,尤其是武帝朝对于匈奴征伐战略的失当。

【读史明理】

1. 此句意指要振兴国家，必须挑选合适的官员。这是暗示武帝好大喜功，又听信王恢、任敞此类小人的谄言，大兴武力，穷兵黩武，在匈奴问题上未任用合适的官员。联系选文中匈奴、汉朝的特点（匈奴居无定所、天性好掠夺，但又容易被利诱；汉朝不擅野战，且战争相对和平政策耗费过大），太史公的观点客观理性，较为中肯。

2. 同意与否皆可，需言之成理。同意者，应注重和亲政策的局限性，它并未根本改变边疆少数民族与中原汉族王朝的矛盾，反而经过掩饰和拖延，扩大激化了矛盾。要解决问题，还应关注核心问题。不同意者，则应更多站在当事人的立场，以古人的眼界和能力，除了和亲与边疆贸易，也没有更好的办法避免战争。且坚持和亲（或和平）政策的王朝，大都能保持长时间稳定的对外关系。

南越列传

【课堂检测】

1. 中国（中原）；足（值得）；假（代理）；和集（安抚团聚）；别异（意动；认为……不同）；逾（翻越）；侔（相等）；喻（告知）；亲（父母）；让（责备）；谢（谢罪）；屯（驻扎）；焉（于之）；饬治（整理）；具（准备）；相（名作动；做相）；尚（娶帝王之女）；发（发动，动手）；介（倚仗）；阴（暗中）；区区（弱小的）；谩辞（谎言）；晏如（安然）；咸（都）；陷（攻占）；乃（才）；离（通“罹”，遭受）；从（通“纵”，放纵）；殖（繁多）。

2. 宗族官仕为长吏者七十余人：定语后置；他当官做长吏的同族人有七十多人。

【文言积累】

1. C

2. C

3. (1)而且番禺依靠险要的山势，又把南海当作屏障，东西几千里，还有些中原人辅助我们，这也是能当一州之主（的形势），可以凭借它来建立国家。(2)（太后和王）于是就通过使者上书，请求比照内地诸侯，三年一次朝见天子，撤除边境的关塞。

【阅读提示】

1. 安国少季与南越太后有故交,派他出使意在联络感情,宣示皇恩;终军善于辩论,派他出使期以说服南越人;魏臣是武士,派他出使是弥补安国少季武力之不足,维护国威;路博德驻扎桂阳,意在以军力震慑南越,使其不敢反抗使者。总之,汉武帝此举考虑周全,深谋远虑。

2. 首先,韩千秋军队人数太少,寡不敌众;其次,他对南越情况不熟悉,只凭一腔热血,未做到知己知彼;再次,南越人先用酒食招待汉军,让其误以为南越已经臣服,由此麻痹大意,中伏失败。

【咬文嚼字】

1. 从语法角度看,的确重复。但就文章来看,两词连用,强调赵佗自立为帝之果断、迅速,由此突出吕后对南越逼迫之紧和赵佗雄心之盛。

2. "即"是"就"之意,文中指吕后去世后,汉军立刻撤军,突出汉军撤退速度之快,暗示南越战事之艰难、汉朝损失之严重和汉军士气之低落。

【合作探究】

1. 赵佗的上书看似对汉朝谦恭,其实先暗示吕后等人不义在先,又蔑视南方其他小国,更明言南方地理环境恶劣,不宜汉军作战——这些都是"倔强处"。总体而言这些言辞格局不大,局限于一隅的得失,没有长远的考虑,所以又是"蛮夷酋长"的面目。

赵佗上书先言吕后等不义之举,又罗列南方小国的割据,暗示这是边疆的常态,最后谦称自己称帝是"自娱"行为,占据了道义和礼数,让汉朝没有借口挑衅。这就是"自占地步""极聪明"之处。

2. 南越知道汉朝出兵,已经做好防御准备,汉军已然失去先机;南越又远隔千里,汉军跋涉疲惫,且不熟悉当地环境,也没有地利人和;最后,两千人实在太少,不足以平定南越。

【读史明理】

1. 高帝刚刚消灭项羽,平定天下,各路诸侯和功臣还未完全臣服于他,叛乱也不时发生,此时最重要的事是平定中原的叛乱,稳定内政。国家没有多余的精力再出兵边疆。而且即便出兵,万一中原生变,远在边疆的军队可能来不及回来救援,所以他及时结束了对匈奴的战争,也不再南征百越之地,甚至册封赵佗为南越王,承认了他的地位,稳定了百越之地。这是高帝对于建国初期急需稳固政权的高明见识。

2. 本题不设固定答案,读者可结合两篇传记,发挥想象,言之有理即可。

第十九讲

史记·彭越列传

【课堂检测】

1. 谢(拒绝);期(约定);谢(告诉);令(管束);解(溃散);亡(失去);给(供应);即(如果);如(按照);谢(谢罪);治(审理);被(遭受);摄(掌握)。

2. 请论如法:状语后置;请求皇上依法判处。

【文言积累】

1. B

2. C

3. (1)汉王三年,彭越经常往来出没替汉王游动出兵,攻击楚军,在梁地断绝他们的后援粮草。(2)大王当初不去,被责备了才去,去了就会被捕。不如就此出兵造反。

【阅读提示】

1. 首先,他和众人约定第二天集中的地点和时间,并明言迟到者斩;其次,在有十多人迟到的情况下,他言简意赅地说明情况,不顾众人求情果断杀死最后到的一人;再次,迟到者很多,但彭越只杀一人,恩威并施,既震慑了手下,也不至于让他们过分恐惧而逃走。

2. 首先强调彭越的情况,他正值壮年,名望颇高;其次分析具体形势,彭越若是到了边远的蜀地,就拥有了东山再起的可能;再次明确提醒高祖杀死彭越,有助于稳定政权。

【咬文嚼字】

1. 不重复。内容上前者是彭越和众人的约定时间,后者点明第二天的具体时间,指涉不同。就表意角度看,连续使用是为了强调彭越对于约定时间的看重,及他人的不重视,由此突出彭越的领导能力和威势。

2. 语法上的确重复，但从表意角度看，三个词连用突出了彭越杀人、设坛、下令等一系列举动之流畅迅速、果断威严，暗示他为此早已做好准备，并非随意而为，进而突出彭越果敢坚决且富有领导力的性格。

【合作探究】

1. 陈胜起义后，天下豪杰纷纷响应。对比之下，身为群盗的彭越却按兵不动，更以简明生动的比喻告诫手下坐山观虎斗。这表现出他冷静果敢、老成干练的特点。

2. 本文反复言及彭越朝见汉高祖，这是他忠诚的直接体现。得罪高祖后彭越想要亲自谢罪，也是出于他对高祖的敬畏。高祖派人抓捕他，他却没有防备，这更能证明彭越没有谋反之心。最后自言无罪，应该是肺腑之言。总而言之，彭越或有怠慢高祖之心，但并没有拥兵自立的谋反之意。

【读史明理】

“太史公曰”点明魏豹和彭越不自杀的原因，是不甘湮没无名，想要抓住机会翻身，从而再次施展自己的才华和理想。彭越成为梁王，正是施展才华的机会，而且并没有谋反之心，所以一直在向朝廷求情。太史公对于这个官方口径中的“反贼”，没有简单地加以贬斥，而是还原他的真实想法。这和他自己遭到宫刑、忍辱苟活来完成《史记》的心境异曲同工。

汉书·彭越传

【咬文嚼字】

1. 不妥当。“群”是“多”之意。由此可知彭越的势力已成气候，具备一定规模，进而突出他的领导潜质。

2. 不妥当。“大惊”较之于“惊”，程度更深，更能体现彭越的果敢冷酷给予群盗的震惊与威慑。“莫”可作否定代词，意指“没有人”，“不”则不行。“莫”字意在强调“没有一个人”敢于仰视彭越，突出他转变之突然和个人之威势，为后文他拥兵自立铺垫。

【文采措辞】

从表达简洁角度看，《汉书》修改得当。但从文辞角度看，《史记》的三个短句主语各异（上、梁王、使），情态不同（阴使、浑然不知、迅雷不及掩耳），描写更为生动传神，更能突出高祖的蓄谋已久和梁王的毫无防备，暗示了太史公对于梁王的同情态度。

【读史明理】

1. 不妥当。“汉王”较之“汉”，指向更明确，强调了彭越对于汉王的支持和拥护，也与上文汉王兵败后，彭越独居河上、坚持抗楚呼应。

2. 不妥当。表达简洁角度看，《汉书》的删除没问题，因为前文已记“十年”，后面的“十年秋”便不必重复。但此处正是太史公“微言法”的运用：“十年秋”有陈豨反汉之事，彭越则继六年、九年之后连续第三次，于高祖十年朝长安。一年之内，一逆一忠的对比十分鲜明。“十年”的重复，强调的是彭越对于汉室的忠心。

3. 此处是本篇传记《汉书》修改相对妥当之处。联系前文，彭越此时已被废为庶人，确实应该直呼本名，而非称其为“彭王”。《汉书》的修改更符合史实。《史记》写作“彭王”，更多出于太史公个人的情感倾向。

第二十讲

太史公自序

【课堂检测】

1. 适（恰好）；典（掌管）；为（担任）；论（研究）；则（意动；以……为准则）；本（意动；以……为根本）；让（推辞）；害（嫉恨）；壅（抑制）；仪表（准则）；纪（纲领）；权（变通）；犯（侵犯）；宗（根本）；焉（于之）；推（推崇）；殊俗（风俗不同的边远国家）；堕（同“隳”，毁坏）；莫（没有什么）；故事（历史事件）；喟然（叹气的样子）；惟（思考）。

2. 诸侯奔走不得保其社稷者不可胜数：定语后置；出奔逃亡不能保其国家的诸侯数不完。欲以何明：宾语前置；你想要用这阐明什么呢？

【文言积累】

1. B

2. D

3. (1)如今汉朝兴起，海内统一，对于明主贤君忠臣死义之士，我担任太史却未能记录评论他们，断绝了天下的修史传统，我对此很惶恐，你千万要记着啊！(2)礼在坏事发生之前禁绝它，法在坏事发生后惩治罪犯；法的作用显而易见，礼的禁止作用却隐晦难知。

【阅读提示】

1. 首先，司马迁从小记诵古文，打下了文章的基础。其次，他少年时游历各地，实地考察了许多历史遗迹，访问了健在的历史见证者（可参考《魏公子列传》《淮阴侯列传》的“太史公曰”），积累了第一手资料。最后，他还大量阅读了皇室收藏的书籍，其中包括许多前代的珍贵史料，积累了更充分的史料。

2. 因为孔子作《春秋》，不仅记录史实，还借此宣扬了王道，划清了是非的界线，文字中蕴含了对于历史人物的褒贬。由此后代的君臣父子，只要以《春秋》为目标，行义事、远小人，就能立身治国，远离灾祸。

3. 这些人都是在遭遇人生痛苦挫折后，不悲伤消沉，而是振作发愤，成就了自己的事业和功绩。如此，他们的挫折便不是人生的苦难，而是他们人生的财富和动力。太史公以此类比自己身受宫刑的苦难，突出自己要完成《史记》、名留青史的决心。

【咬文嚼字】

不矛盾。前者是指《诗经》的篇目大部分是圣贤发愤之作，后者是指以上罗列的所有事例，都是发愤之作。前者着眼于《诗经》篇目之多，未必都是发愤之作，体现了语言的严谨。后者着眼于事例的整体属性，所举之例的确都是发愤而作（当然这里太史公对史料进行了一些加工，有些事例并非完全真实，这是表现手法上的考虑）。

【合作探究】

1. 司马谈先说作史的事业要断绝在自己手里，转而又将重任交给儿子司马迁；托付以后，再次念及自己无法参与的封禅之事，伤心不已，转而又强调作史之事的重要性，提高至“孝之大者”和继承孔子事业的高度。由此，表现了司马谈对于不能参加封禅、完成史书的遗憾之深，和对期盼司马迁继承其事业的寄托之重。这番话里多用感叹句和整句，进一步突出了他凄凉伤痛的心情。

2. 崔适是指太史公所言“五百岁”只是虚指，重在强调写作史书精神的传承，所以不必考证具体的年数。显然这是文章的修辞，是为了突出传承和增强文章气势，所以崔适之语有理。

【读史明理】

1. 太史公先以继承《春秋》自任，源于父亲的嘱托和自己对写作历史传承的认识，即宣扬儒家的王道，规范君臣父子等各阶层人物行为的准则，使天下平和稳定。但他借壶遂之口说出了当时的质疑(这是常见的主客问答之法)，即汉武帝是时人公认的“盛世明主”，何来“贬天子”“退诸侯”？所以他又表明自己写作《史记》，只是为了继承“盛世作史”的传统，记录下盛世之德，并非讽谏。

联系原文和《史记》全书，前者显然才是太史公的真实想法，后者虽然也并非完全虚假(《游侠列传》《循吏列传》《李将军列传》等篇章也记录了太史公心目中的正面人物)，但他作《史记》，更多是站在客观的立场，对于汉朝的历史颇有讽谏之处。只是为了避免武帝的迫害，不得已才隐晦而言。

2. 举例不限，能引用原文、言之有理即可。“君不君”的例子，可举楚灵王、秦始皇、汉武帝；“臣不臣”的例子，可举赵高、费无忌、黥布。

报任少卿书

【课堂检测】

1. 再(两次)；曩(先前)；望(怨恨)；相(你)；顾(只是)；尤(责怪)；耻(意动；以……为耻)；绪业(余业)；显(使动；使……显达)；奏(进献)；亡(通“忘”，忘记)；善(交好)；徇(为……献身)；诚(的确)；虽(即便)；指(通“旨”，意)；理(法官)；固(本来)；婴(缠绕)；审(确切)；苟(姑且)；胜(尽)；焉(于之)；稽(考查)；被(遭受)；无乃(恐怕，难道)。

2. 又迫贱事:被动句；又被烦琐之事逼迫。尚何言哉:宾语前置；还能说什么呢！安在其不辱也:主谓倒装；一个人能不受辱的事又在哪里呢。

【文言积累】

1. B

2. D

3. C

4. (1)对一般才智的人来说，一旦事情和宦官有关，没有人不感到伤心的，更何况气节高尚的士人呢？(2)但是，当李陵振臂一呼，鼓舞士气的时候，兵士之中没有谁不奋起的，他们流着泪，满脸是血，强忍悲泣，赤手空拳，冒着白光闪闪的刀锋，向北拼死杀敌。(3)我忍辱苟活，陷在污浊的监狱中却不肯死的原因，是遗憾我内心的志愿还未实现，并把平庸而死、文章不能在后世显露当作耻辱啊。

【阅读提示】

1. 伯牙、子期的典故意指知音之间互相欣赏。文中指司马迁在受宫刑后内心绝望，自认为不配成为任安的朋友，故也无心无力完成任安的嘱托。司马迁以此典故强调自己已是“刑余之人”，于世间再无一个知音，由此表现出其煎熬痛苦的心情。

2. 因为再勇敢、有气节的士大夫，一旦成为阶下囚，受到权势的打压折磨，也会渐渐失去勇气和气节，徒受侮辱。同时，这也是君主不尊重士大夫的体现。

【咬文嚼字】

1. 不重复。内容上“咸”指匈奴众首领都为李陵的勇力而震撼，“悉”指匈奴首领率领所有的部下攻击李陵军队，“共”指战斗时匈奴军队乃是一起围攻，而非逐个攻击。如果删去任意一个字，表意上都不明确。表达效果上，三个字连用，突出了匈奴对于李陵军队震撼、重视的程度，由此暗示出李陵过人的指挥能力、勇气和对汉朝的忠诚，也强调了李陵之降确实是因寡不敌众。

2. “一”是程度副词，表示“一个”动作。文中指李陵军队在弹尽粮绝的情况下，只要李陵一声令下，士兵马上就全力以赴投入战斗。由此突出李陵在军队中的威信，以及他对士兵的关爱和他的高尚作风。

【合作探究】

1. 两篇文章都述及写作《史记》的原因。《太史公自序》侧重继承父亲司马谈的遗志，以及从周文王到孔子再到汉朝太史令的“作史传统”。本文则强调相对自杀保全名节，完成《史记》来留下名声是更重要的事，由此突出流芳后世才最能凸显生命的价值。

2. “大有力量”指文章风格健朗硬气，充满激昂的情感。第⑧段先以一串排比句罗列曾受到折磨羞辱，后显名声的名人典故，气势非凡；紧接着再次强调左丘明和孙子如果没有遇到挫折，便不可能有所创造，这正是“惟恐倾吐不尽”的反复。第⑨段则详细叙述《史记》的结构组成，更以一组排比句直言写作的目的，延续并升华了前文的气势；再以一句简短铿锵的反问句，突出自己甘受耻辱、绝不后悔的心迹。

【读史明理】

本文借给任安回信的机会，详细论述了自己写作《史记》的心路历程和真正目的，即《史记》是自己一生最重要的事业，为此他可以承受任何耻辱和迫害，从而完成著作，使之流传后世。如此，司马迁当时的“身体”虽然残破不堪，但他千百年后的“名声”得以永久流传、光彩熠熠，远胜过当世所谓的名门贵族，甚至超过名赫一时的汉武帝。

《史记》一书中，凡是身世遭遇与自己相近的人，太史公都特别留意，不吝赞美之词。如屈原、伯夷叔齐、孔子、陈涉、张良、伍子胥、毛遂、侯嬴、荆轲、郭解、韩信……都是先受痛苦，复扬名世间的例子。